Comprendre l'islam

Dans la collection Eyrolles Pratique :

- *Petite histoire de l'Inde,* Alexandre Astier
- *Comprendre l'hindouisme,* Alexandre Astier
- *Communiquer en arabe maghrébin,* Yasmina Bassaïne et Dimitri Kijek
- *QCM de culture générale,* Pierre Biélande
- *Le christianisme,* Claude-Henry du Bord
- *La philosophie tout simplement,* Claude-Henry du Bord
- *Comprendre la physique,* Frédéric Borel
- *Marx et le marxisme,* Jean-Yves Calvez
- *Comprendre le catholicisme,* Jean-Yves Calvez, Philippe Lécrivain
- *L'histoire de France tout simplement,* Michelle Fayet
- *Citations de culture générale expliquées,* Jean-François Guédon et Hélène Sorez
- *QCM Histoire de France,* Nathan Grigorieff
- *Citations latines expliquées,* Nathan Grigorieff
- *Philo de base,* Vladimir Grigorieff
- *Religions du monde entier,* Vladimir Grigorieff
- *Les philosophies orientales,* Vladimir Grigorieff
- *Les mythologies tout simplement,* Sabine Jourdain
- *Découvrir la psychanalyse,* Edith Lecourt
- *Comprendre l'islam,* Quentin Ludwig
- *Comprendre le judaïsme,* Quentin Ludwig
- *Comprendre la kabbale,* Quentin Ludwig
- *Le bouddhisme,* Quentin Ludwig
- *Les religions,* Quentin Ludwig
- *La littérature française tout simplement,* Nicole Masson
- *Dictionnaire des symboles,* Miguel Mennig
- *Histoire du Moyen Age,* Madeleine Michaux
- *Les mots-clés de la géographie,* Madeleine Michaux
- *Histoire de la Renaissance,* Marie-Anne Michaux
- *Découvrir la franc-maçonnerie,* Alain Quéruel
- *Citations philosophiques expliquées,* Florence Perrin et Alexis Rosenbaum
- *L'Europe,* Tania Régin
- *Citations historiques expliquées,* Jean-Paul Roig
- *Histoire du XXème siècle,* Dominique Sarciaux
- *QCM d'économie,* Marion Stuchlik et Jean-François Guédon
- *QCM Histoire de l'art,* David Thomisse
- *Comprendre le protestantisme,* Geoffroy de Turckheim
- *Petite histoire de la Chine,* Xavier Walter

Quentin Ludwig,
avec la collaboration
de Cyril-Igor Grigorieff

Comprendre l'islam

Sixième tirage 2008

EYROLLES

Éditions Eyrolles
61, Bld Saint-Germain
75240 Paris Cedex 05
www.editions-eyrolles.com

Direction de la collection « Eyrolles pratique » : gheorghi@grigorieff.com
Maquette intérieure et mise en page : M2M
Corrections : Johan Rinchart
Illustrations : Nicolas Thomisse, à l'exception des gravures des XVIIIe et XIXe siècles
(pages 30, 33, 36, 42, 45, 68, 70, 89, 96, 108, 113, 126, 168, 171, 175, 179, 181, 187, 199)
Illustrations provenant de collections libres de droits : pages 40, 53, 54, 73, 83, 101,
149, 150, 151, 173, 195
Photographies Corel : pages 117, 128, 143, 164, 191, 192, 204

Sommaire

Introduction

« La différence d'opinion au sein de mon peuple est un signe de la générosité de Dieu. » (Hadîth de Mahomet)

« Si tous les éléments de la foi pouvaient être découverts par la réflexion humaine, pourquoi Dieu aurait-il parlé ? » (Ibn al-Râwandî)

Pas un jour sans qu'un journal télévisé, une radio ou un quotidien ne porte le discours sur l'islam, l'islamisme ou l'un ou l'autre élément religieux, politique ou social se rapportant à la religion dont Mahomet est le Prophète.

L'islam intrigue, l'islam fait peur, l'islam est partout (Mahomet est au sommet des prénoms mondiaux et placé second en France). Pourtant l'islam reste mal connu car quelques milliers d'extrémistes (les islamistes) occupent le devant de la scène et occultent un islam très différent de ce qu'il nous est donné quotidiennement à entendre.

Chassés de la très catholique Espagne (en 1492) et du Portugal (en 1496), c'est dans un pays musulman, la Turquie ottomane, que les Juifs cherchent asile (voir note page 11).

Ignorants des écrits philosophiques, mathématiques ou médicaux de leurs prédécesseurs grecs, c'est dans des traductions arabes que les savants européens du XIIe au XVIe siècle prennent connaissance de ces écrits. Ainsi, la filiation du monde occidental à son héritage antique (surtout grec) passe par le monde arabo-musulman.

L'homme occidental (même cultivé et bien informé) n'a jamais ouvert le Coran (d'ailleurs qu'irait-il y lire sans une formation préalable ?). Il possède sur l'islam quantité d'informations disparates et de préjugés. Parmi ceux-ci retenons l'inégalité homme/femme, un imaginaire sur les vierges du Paradis, la « guerre sainte », etc. Notons, pour l'instant, qu'à bien lire le Coran, l'inégalité homme/femme n'est pas aussi évidente qu'il y paraît (pour ne prendre qu'un exemple, si la femme reçoit toujours une plus faible part d'un héritage, c'est parce qu'elle ne doit jamais — théoriquement — subvenir à l'entretien de la famille), la « vraie » guerre sainte (*jihâd*) est celle que l'individu doit mener contre lui-même, etc. De nombreux concepts musulmans, ainsi extraits de leur contexte, ne signifient plus rien. N'oublions pas que le Coran, auquel se réfèrent les musulmans, a plus de treize siècles d'existence. Comment traitait-on, au VIIe siècle, les femmes dans nos campagnes (et même nos villes) ?

Le vrai problème c'est que l'interprétation du texte coranique s'est arrêtée il y a plusieurs centaines d'années déjà, figeant ainsi pour des siècles le monde musulman dont c'est la référence majeure.

Notre but, en écrivant ce volume, est de fournir à l' « honnête homme » une information claire et débarrassée de tout préjugé concernant l'Islam. Pour ce faire, nous avons opté pour la présentation sous forme d'articles courts axés autour d'un mot ou d'un thème spécifique. La difficulté fut de choisir les mots et les thèmes qui devaient impérativement figurer dans cet ouvrage. Tout est intéressant mais tout intéresse uniquement le spécialiste et non pas celui qui désire simplement être informé. Si, il y a une dizaine d'années, nous avions préparé un tel ouvrage, nous n'aurions certainement pas sélectionné les mêmes mots. Il est certain que voile ou versets sataniques n'auraient pas eu l'honneur d'une entrée spécifique et il est vraisemblable que taliban et ayatollah n'y figureraient pas. Le mot islamisme aurait, lui, par ailleurs, un sens tout différent. Aujourd'hui, nul n'ignore ces mots mais quel est le lecteur qui sait exactement en quoi consistent ces versets sataniques et en quoi ils pourraient ébranler la foi des musulmans ?

Dans cet ouvrage, nous allons tenter de répondre aux questions que se pose tout « honnête homme » : pourquoi une nouvelle religion ? Comment expliquer son expansion aussi rapide ? La Charia est-elle définitive ? Comment le monde arabe peut-il évoluer[1] ?

Bien entendu, en quelques pages, nous pouvons seulement donner quelques éléments de réponse mais ceux-ci ouvrent la piste pour une information plus complète.

Bien entendu, quoi qu'on en dise, aucune discipline ne peut être convenablement décrite sans commencer par un historique. L'islamologie n'échappe pas à cette règle ; c'est pourquoi nous recommandons à nos lecteurs de commencer leur lecture par la très brève description de l'Arabie préislamique.

Cet ouvrage, où les mots-clés sont rangés par ordre alphabétique, comme dans une encyclopédie, est ainsi d'une lecture aisée : chaque article est indépendant et peut être lu au gré des intérêts sporadiques. Le lecteur peut également décider de lire l'ouvrage du début à la fin en sautant les articles qui ne l'intéressent pas (encore).

Chaque fois que c'était possible, nous avons également introduit dans le texte le mot arabe correspondant au concept. Le lecteur qui connaît déjà de nombreux mots arabes (bazar, baraka, marabout, charia, mollah, etc.), à la fin de sa lecture, en connaîtra une centaine de plus ; ils lui seront bien utiles pour ses futures lectures et découvertes.

Remarques

Pour ce qui concerne l'orthographe des noms, nous avons décidé, la plupart du temps, de suivre les auteurs du *Vocabulaire de l'islam* paru, en 2003, en « Que sais-je ? ». Ils y adoptent une orthographe simplifiée. Néanmoins, certaines graphies étant aujourd'hui adoptées par tous les médias, nous écrirons, contrairement aux auteurs du dictionnaire, La Mecque et non La Mekke. Le lecteur qui s'étonne de ne pas trouver un mot qui lui paraît essentiel a donc intérêt à rechercher (dans l'index) s'il n'existe pas sous une autre graphie (ainsi, nous écrivons *charia* et non *sharia*, *mutazilites* et non *moutazilites* et *qibla* et non *kibla* ; par contre nous écrirons *kitab* et non *qitab*). Le lecteur avisé se souviendra donc de « l'équivalence » : k/q, ch/sh, u/ou, c/k, etc.

Pour ce qui concerne les citations du Coran, nous utilisons toujours la dernière version de la traduction de R. Blachère (*Le Coran*, Maisonneuve et Larose, Paris, 1999). Cet ouvrage ne s'adressant pas à des spécialistes, nous avons parfois simplifié la traduction en omettant, par exemple, les remarques placées entre parenthèses par R. Blachère.

Enfin, le symbole ☾ placé derrière un mot, signifie qu'un complément d'informations est disponible à l'entrée du mot ainsi référencé. Afin d'éviter les redites, nous invitons le lecteur à s'y reporter.

1492

1492 est une année charnière. C'est, en effet, à cette date que :

— Christophe Colomb découvre les Amériques.

— L'Espagne chasse tous ses Juifs hors des frontières (début de la Diaspora).

— Grenade tombe aux mains des chrétiens (fin de la Reconquista).

— Martin Behaïm construit le premier globe terrestre.

Arabes, musulmans, islam, Islam, islamisme, orientalisme

Dans le langage quotidien, beaucoup de personnes amalgament souvent les termes Arabes/musulmans et islam/islamisme. Pourtant, de nombreux Arabes ne sont pas musulmans (ils sont, par exemple, juifs ou chrétiens) et de très nombreux musulmans ne sont pas Arabes mais, par exemple, Indiens ou Turcs. La même confusion s'installe entre les termes islam, Islam et islamisme. Pour la clarté de cet ouvrage, il nous paraît essentiel de définir d'abord les limites de certains termes.

Arabes

Les Arabes sont les habitants natifs de la péninsule arabique dont la langue principale est l'arabe. Cette péninsule englobe aujourd'hui une dizaine de pays (Arabie Saoudite, Yémen, Oman, Qatar, Koweït, etc.).

Musulmans

Est musulman celui qui se soumet à Allah et adhère aux dogmes de la religion musulmane. La communauté des croyants — la Umma — est forte aujourd'hui de près d'un milliard d'hommes répartis sur les cinq continents. La plupart des musulmans ne sont donc pas Arabes et ne parlent pas la langue arabe (même s'ils récitent le Coran en langue arabe « pure », l'arabe littéraire, la seule admise pour les prières).

Islam

Lorsque le mot est écrit avec une minuscule, il désigne exclusivement la religion musulmane. Lorsqu'on l'écrit avec une capitale, on fait référence à toute la civilisation islamique.

Islamisme

Jusqu'à ces dernières années, ce terme désignait l'étude de la civilisation musulmane : c'est ainsi qu'il doit être pris sous la plume des spécialistes – historiens, philologues, juristes, orientalistes – du siècle dernier. Aujourd'hui, ce terme a radicalement changé de sens et désigne l'extrémisme religieux (et politique) de certains groupes de musulmans.

Orientalisme

On désigne ainsi tout ce qui a trait à l'étude, à la connaissance et à la description de l'Orient (et tout spécialement du Moyen-Orient) par des savants mais aussi par des peintres (les fameuses écoles « orientalistes »), des géographes voyageurs, etc.

© Eyrolles Pratique

Mots-clés

L'abattage rituel

L'abattage rituel fait partie du quotidien des musulmans. Pour ceux qui vivent dans les grandes villes et surtout dans les pays non musulmans, c'est parfois un véritable problème de trouver de la viande conforme aux prescrits de la loi musulmane. En effet, pour être apte à la consommation, la viande doit être *halâl*, c'est-à-dire licite, autorisée.

Le licite et l'illicite

La loi coranique fait une distinction très nette entre ce qui est licite (*halâl*) et ce qui est interdit (*haram*). Pour qu'une viande soit halâl, deux conditions doivent être remplies : il ne doit pas exister d'interdit alimentaire sur l'animal proposé à la consommation (comme c'est, par exemple, le cas pour le porc) et l'animal doit avoir été égorgé selon les règles rituelles.

Bien que les règles concernant l'abattage rituel soient surtout d'application pour la consommation quotidienne de la viande vendue en boucherie, c'est davantage au moment de la grande fête de l'Aïd el-kebir (où chaque famille veut égorger un mouton en souvenir du sacrifice d'Abraham ⊂) que se pose le problème de l'abattage rituel [1bis].

L'abattage rituel en France

En France, l'abattage rituel est réglé par trois décrets (1er octobre 1980, 18 mai 1981 et 1er octobre 1997). Ces décrets précisent les conditions de l'abattage :
- l'animal doit au préalable être immobilisé et étourdi ;
- l'abattage doit impérativement avoir lieu dans un abattoir ;
- l'animal vivant ne peut être introduit dans un établissement d'équarrissage ;
- l'abattage doit être pratiqué par un sacrificateur habilité.

Pour la vente de la viande halâl, la France dispose seulement de 3000 boucheries — dont plus de la moitié sont situées en Île-de-France — et de 400 sacrificateurs. Ces chiffres démontrent clairement que 80 % de la viande vendue, en France, à des musulmans (qui sont près de cinq millions) n'est pas halâl. Ceci explique la création, au moment des fêtes, où réapparaît le sentiment religieux, de nombreuses filières domestiques et clandestines d'abattage rituel. ■

Aïd el-kebir

C'est la plus grande fête des musulmans. Elle est fête à deux titres : c'est le souvenir du sacrifice d'Abraham mais c'est aussi la communion avec la communauté des pèlerins de La Mecque qui — par un sacrifice identique — clôturent leur pèlerinage. L'animal sacrifié doit être partagé en trois parties égales : une pour la famille, une pour l'aumône et la troisième pour les amis et les voisins. En aucun cas la viande du sacrifice ne peut être monnayée.

L'abattage halâl

Pour être halâl, un abattage doit :
- se pratiquer sur un animal appartenant à une espèce licite (ovins, caprins, bovins, camélidés) ;
- être pratiqué sur un animal sain et valide ;
- être exécuté en couchant l'animal sur son côté gauche et en le tournant vers la direction de La Mecque (*qibla*) ;
- être effectué avec célérité et dextérité ;
- être sacrifié de manière coranique : en tranchant la gorge, l'œsophage et les veines jugulaires de l'animal, le sacrificateur doit invoquer le nom d'Allah.

La transformation des aliments

Un aliment licite peut devenir illicite. Ainsi, un jus de raisin, lorsqu'il est fermenté, devient illicite. Par contre, un vin transformé en vinaigre devient licite.

Un aliment illicite peut aussi devenir licite en changeant de nom ou en se transformant chimiquement (ainsi les excréments des animaux — illicites — deviennent au bout d'un certain temps de la terre. Cette terre est non seulement licite mais peut servir à se purifier en cas d'absence d'eau — voir l'article consacré à la prière).

Polémique

Comme dans certaines régions il est extrêmement difficile de se procurer de la viande halâl, les musulmans sunnites sont autorisés à consommer de la viande **kasher**, c'est-à-dire de la viande qui répond aux spécificités de la loi juive (le mode d'égorgement étant plus ou moins identique dans les deux religions). En effet, en France, par exemple, on trouve davantage de boucheries *kashers* que *halâl*. Malheureusement, les produits proposés dans les boucheries kasher sont relativement onéreux.

Bien qu'autorisée pour les sunnites, la consommation de viande kasher est interdite aux chiites, plus rigoureux sur ce point.

Signalons, pour terminer, que l'essentiel de la polémique concernant l'abattage rituel réside dans l'opposition du monde occidental à ce mode d'abattage des animaux.

Versets coraniques

« Quand l'enfant eut atteint l'âge d'aller vers son père, celui-ci dit : "Mon cher fils ! En vérité, je me vois en songe, en train de t'immoler ! Considère ce que tu en penses !" - "Mon cher père", répondit-il, "fais ce qui t'est ordonné ! Tu me trouveras, s'il plaît à Allah, parmi les Constants." Or, quand ils eurent prononcé le salâm et qu'il eut placé l'enfant front contre terre, Nous lui criâmes : "Abraham ! Tu as cru en ton rêve ! En vérité, c'est là l'épreuve évidente ! Nous le libérâmes contre un sacrifice solennel..." » (XXXVII-100 et ss).

Abraham

Abraham (Ibrâhîm, pour les arabes) est le père de toutes les religions mono-théistes. Pour le Coran, c'est l'**Ami de Dieu** (al-khalîl, IV-125) ou l'Élu de Dieu (II-124, XXXIII-7). Dans la religion musulmane, Abraham/Ibrâhim occupe un rôle tout à fait particulier pour de nombreuses raisons : il a accepté de sacrifier son fils, a restauré la Kaba, était déjà musulman (*hanîf*) avant même la naissance du Prophète. Ces particularités méritent quelques explications. Rappelons qu'Abraham est enterré à Hébron (en Palestine), où son tombeau est vénéré tant par les juifs que par les musulmans.

Le sacrifice d'Ismaël

Abraham a le dégoût des idoles et, mal-gré son sentiment filial, il s'oppose avec violence à son père dont il renverse et détruit toutes les idoles. Ami de Dieu, il fut mis à l'épreuve par celui-ci : Dieu lui demande de sacrifier son fils Ismaël (c'est la version arabe — pour les Juifs, c'est Isaac qu'il doit sacrifier). Ce n'est qu'au tout dernier moment que Dieu, ayant pitié de sa douleur, l'autorise à remplacer son fils par un animal. C'est ce sacrifice que les musulmans célèbrent sous le nom de grande fête ou d'*Aïd el-kebir*.

Abraham est hânif

Pour les musulmans, le Coran (incréé) a toujours existé (Mahomet n'en a été que le révélateur à une époque donnée). Ainsi, pour la loi islamique, tout homme naît musulman (une conversion à l'islam serait donc une *reconversion*) mais les circonstances de la vie en font parfois un chrétien, un juif, etc. Un problème surgit immédiatement avec les hommes nés avant la révélation de Mahomet. Peut-on espérer pour eux le Paradis et doit-on craindre leur précipitation en Enfer ? Pour répondre à cette interrogation drama-tique pour une religion ayant le sens aigu de la famille, les théologiens musulmans ont imaginé le concept de hânif. Un hânif est un adepte de la religion monothéiste première, celle dont Abraham serait le grand défenseur. C'est une personne ayant intérieurement aspiré au mono-théisme, alors qu'il n'existait pas encore de religion monothéiste[2]. Dans le Coran, l'islam est même désigné comme la reli-gion d'Abraham (*millat Ibrahim*).

La restauration de la Kaba

La Kaba (ou cube) abrite, à La Mecque, la Pierre Noire, objet du pèlerinage des musulmans du monde entier. Selon le Coran, cette cabane aurait été construite par Abraham avec l'aide de son fils Ismaël. Cet édifice cubique de 15 mètres de côté a été choisi par Mahomet pour devenir le lieu vers lequel se tournent les musul-mans (pour la prière, pour le pèlerinage, pour l'abattage des animaux, etc.). Cette direction — la *qibla* — est également indi-quée dans toutes les mosquées par la présence du mihrâb (petite niche dans le mur de fond orienté vers La Mecque). Aujourd'hui, on trouve dans le commerce de petits objets électroniques qui indiquent cette direction et qui sont, dès lors, bien pratiques pour déterminer la manière de poser son tapis de prière.

Selon les légendes, la Kaba est également l'emplacement où Adam, chassé du Paradis et regrettant sa curiosité, aurait imploré Dieu, lequel, dans Sa Clémence, lui aurait envoyé une tente et une pierre blanche. À cause des péchés des hommes, cette pierre, objet du pèlerinage des musulmans, devint noire. Durant toute sa vie, Adam vénéra cette Pierre Noire, laquelle, sous Noé, fut élevée au ciel lors du Déluge. C'est à Abraham que revint le mérite de la reconstruction de ce sanctuaire (une empreinte de son pied figure d'ailleurs dans une des pierres).

À l'époque de Mahomet, la Kaba, qui servait de sanctuaire polythéiste et se présentait dans un fort piteux état (surtout les rares jours de pluie), fut reconstruite par les quatre principales tribus de La Mecque. Un fort bel exemple du talent de médiateur de Mahomet⊂ nous est d'ailleurs rapporté dans le Coran. ∎

Polémique Ce n'est que tardivement que Mahomet accorda à Abraham la distinction de hânif et de premier musulman. On suppose que c'est après ses controverses avec les juifs que Mahomet voulut donner à l'islam la priorité sur le judaïsme (fondé par Moïse) et sur le christianisme (fondé par Jésus). Pour cela, il eut l'idée lumineuse d'instituer le Patriarche de l'Ancien Testament comme fondateur de l'islam. Il est intéressant de noter que c'est sa confrontation avec les païens (voir l'article consacré aux versets sataniques) puis avec les juifs qui conforta Mahomet dans son monothéisme et lui fit rechercher pour l'islam une prestigieuse généalogie.

L'abrogation c'est l'annulation d'un verset coranique par un autre verset coranique. Compte tenu de l'importance des versets coraniques dans la direction de vie de tout musulman, il est très important de connaître les versets abrogés, c'est-à-dire ceux dont les commandements ne doivent plus être suivis.

Les versets abrogés

Dans le Coran, le nombre de versets ainsi abrogés est assez important et pose pas mal de problèmes aux exégètes. En effet, le Coran n'étant pas chronologique, en présence de deux versets, il est parfois difficile de toujours déterminer lequel est antérieur à l'autre. Lorsqu'on sait qu'un verset est mekkois et l'autre médinois, l'application de la règle d'abrogation est facile mais ce l'est beaucoup moins, par exemple, pour deux versets tous deux médinois. Il existe, bien entendu, des règles d'exégèse qui permettent de préciser l'antériorité d'un verset sur un autre mais la certitude n'est jamais absolue.

Abû Bakr (573-634), le premier calife, ami et beau-père de Mahomet avec lequel il avait fui La Mecque pour Médine.

Parmi les versets abrogés, l'un des plus connus est celui qui abroge la direction dans laquelle doit s'effectuer la prière. Dans les premières années de l'islam, cette direction était celle de Jérusalem ; ce n'est que par la suite — suite au refus des juifs de le reconnaître comme Prophète — que Mahomet décida que dorénavant la direction (*qibla*) de la prière serait celle de La Mecque. ∎

POUR EN SAVOIR PLUS

L'abrogation, en arabe, se dit *naskh*. Le verset abrogé est dit *mansûkh* et le verset abrogeant est dit *nâsikh*.

Organisation du Coran

1. L'ordre des chapitres du Coran n'est pas celui de la révélation. Les chapitres (ou sourates) sont rangés selon leur longueur. Personne ne peut expliquer ce qui a présidé à ce choix.

2. Mahomet a d'abord vécu à La Mecque et puis à Médine. Les spécialistes distinguent ainsi les éléments du Coran qui ont été révélés à La Mecque (sourates mekkoises) et ceux révélés à Médine (sourates médinoises).

Les règles de l'abrogation

Dans le Coran, il est stipulé que Dieu abroge un verset pour le remplacer par un autre verset meilleur. Il ne s'agit pas d'une erreur divine mais bien d'une évolution dans la situation humaine : Dieu tient compte des circonstances. Ainsi, qu'un verset coranique en abroge un autre est admis par toute la communauté islamique. Par contre, le problème se pose lorsqu'un verset du Coran et un hadîth sont en contradiction. De nombreux exégètes estiment que c'est le hadîth qui abroge le verset coranique mais il n'y a pas de consensus sur cette question. On notera que les questions suscitées par l'abrogation ont donné lieu à une véritable science, la « science de l'abrogeant et de l'abrogé ». Pour expliquer les abrogations, il faut se souvenir que le Coran a été révélé pendant une vingtaine d'années : il faut donc tenir compte de la chronologie des événements pour expliquer et comprendre les différents commandements qui y figurent. À ceux qui font remarquer qu'outre les abrogations la version finale du Coran (la Vulgate) est incomplète (des sourates ont été omises ou oubliées), certains répondront que Dieu a laissé dans le Coran ce qu'il avait l'intention d'y laisser et qu'il n'y a rien à regretter. Une formule qui n'ouvre pas réellement la discussion...

L'abrogation est plusieurs fois nommée dans le Coran. L'abrogation peut survenir pour plusieurs raisons : Satan a glissé un message dans le discours coranique (voyez plus bas, le second verset), la situation sociale a évolué (il existe plusieurs versets contradictoires sur la manière de se comporter avec les juifs), une nouvelle décision est prise (la direction de la prière change de Jérusalem vers La Mecque), un verset doit être clarifié, etc.

Polémique Il arrive quelquefois que des versets du Coran et des hâdiths de la Sunna (c'est-à-dire les paroles du Prophète) s'opposent. En principe, le Coran — Parole de Dieu — devrait avoir le pas sur la parole du Prophète. Cependant, les hâdiths du Prophète sont supposés clarifier le Coran... Qui abroge quoi ? Un véritable problème pour lequel il n'existe toujours pas de consensus bien qu'en pratique — paradoxalement — le hâdith « abrogera » la sourate.

Versets coraniques

« Dès que Nous abrogeons une aya ou la faisons oublier, Nous en apportons une meilleure ou une semblable. Ne sais-tu point qu'Allah, sur toutes choses, est omnipotent ? » (II-100)

« Avant toi, Nous n'avons envoyé nul Apôtre et nul Prophète, sans que le Démon jetât l'impureté dans leur souhait, quand ils le formulaient. Allah abrogera donc ce que le Démon jette d'impur dans ton message, puis Allah confirmera Ses aya (versets). Allah est omniscient et sage. » (XXII-51)

Au même titre que la religion juive, la religion musulmane se préoccupe beaucoup de la consommation de la nourriture : que manger ? quand manger ? Sans entrer dans les détails, pour l'islam, la consommation de certains aliments est licite (hâlal) alors que d'autres substances sont illicites (harâm). En outre, il existe également des prescrits concernant le jeûne.

Le jeûne

Le jeûne (sawm) fait partie des cinq piliers^G de l'islam. Il consiste à se priver non seulement de nourriture mais également de boissons, de tabac, de plaisirs des sens et de relations sexuelles durant toutes les journées du mois de ramadan^G. À ce jeûne obligatoire (sauf conditions exceptionnelles telles que le jeune âge, une santé déficiente, etc.) viennent se greffer des jeûnes surérogatoires comme, par exemple chez les chiites, le jeûne pour la fête d'Achoura qui célèbre la mort violente d'al-Husayn, le petit-fils de Mahomet et fils d'Ali, à la bataille de Karbala (lieu de pèlerinage des chiites).

Les aliments licites (hâlal)

Ce sont tous les aliments pour lesquels il n'existe pas de prescription en interdisant la consommation (voir l'article consacré à l'abattage rituel).

Les aliments illicites (harâm)

Ce sont principalement le porc, le vin, les animaux malades et les viandes d'animaux non égorgés de manière rituelle.

Interdits alimentaires

Les interdits alimentaires sont fréquents dans les religions. La religion chrétienne fait exception car, aujourd'hui, elle n'interdit aucun aliment mais en restreint seulement la consommation certains jours de la semaine ou durant une certaine période (Carême). À l'origine, cependant, les premiers chrétiens respectaient les mêmes règles alimentaires que les juifs (kashrouth). Ils s'interdisaient également de partager la même table qu'un païen, etc., exactement comme les juifs. C'est à la suite d'un rêve de saint Pierre (voir encadré) qu'il fut décidé d'abandonner définitivement les règles alimentaires juives de la kashrouth (par la même occasion, les premiers chrétiens abandonnèrent également la circoncision, laquelle était pratiquée durant les premières années du christianisme).

Ainsi, les musulmans, comme les juifs, s'interdisent la consommation de certains aliments considérés comme impurs (haram). Vingt-quatre versets du Coran sont consacrés à des interdits alimentaires, c'est la preuve que ce sujet préoccupait beaucoup Mahomet.

Parmi les aliments interdits notons :
- la viande des animaux impurs : porc, sanglier, charognards ;
- la viande des animaux domestiqués : chiens, chats, ânes, mulets ;
- les animaux prédateurs utilisant leurs canines pour tuer : lion, loup, tigre ;
- le rat ;

Classification des aliments

Pour les auteurs musulmans, les aliments sont classés en quatre catégories :

1. **Halâl** (licite) : ce sont les aliments que l'on peut consommer sans crainte.
2. **Mubah** (permis) : la consommation est laissée au choix de la personne.
3. **Makruh** (réprouvé) : la consommation est déconseillée mais elle n'est pas interdite.
4. **Haram** (illicite) : la consommation est interdite.

Interdiction de tuer

La loi musulmane interdit de tuer certains animaux : grenouilles, fourmis, abeilles, huppes, pies, perdrix, chauves-souris.

Elle interdit également la chasse pour le plaisir (c'est-à-dire sans nécessité) et pendant la période du Pèlerinage à La Mecque.

La notion de péché

En islam, la notion de péché est très éloignée de ce que connaissent les chrétiens et les juifs. Rappelons que le péché originel n'existe pas. Que les musulmans n'imaginent pas la possibilité d'un péché collectif et que personne ne peut être rendu responsable de la faute commise par un autre. En outre, le péché est réellement une affaire « privée » entre Dieu et le pécheur. Si l'acte est commis dans la discrétion, il n'y a pas de péché non plus (Allah ne voit pas ce que la communauté ne voit pas). Pour ce qui concerne les interdits alimentaires, le Coran insiste plusieurs fois sur l'absence de péché s'il n'y a pas la volonté de commettre le péché : « Mais quiconque est contraint à en manger sans l'intention d'être rebelle ou transgresseur, nul péché ne sera sur lui. Allah est absoluteur et miséricordieux. » (II-173).

- les oiseaux rapaces ;
- les animaux non tués selon les préceptes ;
- le sang ;
- les animaux offerts aux idoles ;
- les animaux qu'il est interdit de tuer ;
- le vin et les boissons fermentées ;
- le lait d'ânesse ;
- les œufs de tortue et d'aigle ;
- les animaux dans lesquels des hommes ont été métamorphosés (singe, éléphant, etc.).

On notera qu'il existe de grandes similitudes entre les interdits juifs et musulmans. D'ailleurs, le musulman peut acheter de la viande dans une boucherie juive (voir l'article consacré à l'abattage rituel). Néanmoins, il existe quelques différences. Ainsi, le juif ne peut consommer de lapin ou de chameau : nourritures autorisées pour les musulmans. Par contre, les musulmans ne connaissent pas l'interdiction juive de mélanger la viande avec du lait (il est ainsi doublement impossible, en Israël, d'obtenir un sandwich jambon avec un café crème !). ■

Polémiques ■ On retiendra que Mahomet ne se privait pas des plaisirs durant le Ramadan, même pendant la journée.

■ Certains musulmans (les alévis) limitent le jeûne du Ramadan à quelques jours seulement. En Occident, on connaît et on parle assez peu des alévis, lesquels représentent pourtant plusieurs millions de musulmans et le quart de la population turque.

■ Il existe plusieurs polémiques concernant les aliments licites ; tout particulièrement en ce qui concerne la chasse.

■ La consommation du vin n'est pas proscrite par tous les musulmans (ainsi les soufisᶜ, dont le vin accompagne les cérémonies, en font-ils largement usage). Certains théologiens autorisent la consommation du vin de dattes (moûd de dattes ou *nabid*). Enfin, les connaisseurs apprécieront qu'un vin rare sera distribué généreusement au Paradis. Les règles au Paradis seront sans doute très différentes puisque le vin ne provoquera jamais l'ivresse et que les vierges resteront toujours vierges...

■ Le vin et les boissons fermentées sont interdits car ils agissent sur la conscience du croyant. Cependant, les soufis (mystiques musulmans) font régulièrement référence au vin, anticipation de ce qui les attend au Paradis.
Le vin est cependant produit par quantité de pays musulmans (Algérie, Tunisie, Maroc, etc.).

Le vin est une boisson du Paradis : « Il s'y trouvera des ruisseaux d'une eau non croupissante, des ruisseaux d'un lait au goût inaltérable, des ruisseaux de vin, volupté pour les buveurs. » (XLVII-16)

■ Tout dans le cochon est-il mauvais ? Certains juristes estiment que le cochon est en soi une souillure mais pour d'autres le Coran n'interdit que la viande de cochon (les poils et la peau peuvent ainsi être utilisés).

■ Selon les écoles juridiques, des espèces d'animaux sont déclarés *hâlal* ou *harâm*. Pour les définir ainsi, les juristes se basent sur ce qu'aurait mangé ou aimé Mahomet : on conçoit que la source ne soit pas parfaitement fiable.

■ Les chiites sont beaucoup plus restrictifs que les sunnites. Ainsi, ils refusent de consommer de la viande provenant de boucheries juives. D'autre part, pour les animaux aquatiques, ils suivent rigoureusement les préceptes bibliques n'autorisant que les animaux aquatiques dépourvus d'écailles.

■ La consommation de certains animaux aquatiques est également interdite à cause du nom qu'ils portent. Ainsi, selon certains légistes, il est interdit de consommer du dauphin (parce qu'il est appelé *porc de mer*), du requin (appelé *chien de mer*), etc. Par contre, si l'animal est usuellement appelé d'un autre nom, sa consommation est licite.

POUR EN SAVOIR PLUS

Mohammed Hocine Benkheira. *Islam et interdits alimentaires*. PUF. 2000. 224 pages.

Sami A. Aldeeb Abu-Sahlieh. *Les interdits alimentaires chez les juifs, les chrétiens et les musulmans* (sur Internet : *www.le-sri.com/Tabous.html*).

Les interdits alimentaires en milieu chrétien

Les premiers chrétiens appliquaient tous les interdits alimentaires des juifs. Cependant une parole du Christ levait déjà tous les interdits : « Il n'est hors de l'homme rien qui, entrant en lui, puisse le souiller ; mais ce qui sort de l'homme, c'est ce qui le souille. » (Marc 7.15) C'est cependant à la suite d'un rêve de saint Pierre et du premier concile que les interdits furent définitivement levés pour les chrétiens.

Le rêve de saint Pierre : « Pierre monta sur le toit, vers la sixième heure, pour prier. Il eut faim, et il voulut manger. Pendant qu'on lui préparait à manger, il tomba en extase. Il vit le ciel ouvert, et un objet semblable à une grande nappe attachée par les quatre coins, qui descendait et s'abaissait vers la terre, et où se trouvaient tous les quadrupèdes et les reptiles de la terre et les oiseaux du ciel. Et une voix lui dit : « Lève-toi, Pierre, tue et mange. ». Mais Pierre dit : « Non, Seigneur, car je n'ai jamais rien mangé de souillé ni d'impur. Et pour la seconde fois la voix se fit encore entendre à lui : « Ce que Dieu a déclaré pur, ne le regarde pas comme souillé. » (Actes des Apôtres 10, 10-15).

Cette abolition des interdits (et de la circoncision) fut décidée lors du premier concile (à Jérusalem).

Plus tard, saint Paul confirmera cette abolition dans ses épîtres aux Romains et aux Corinthiens : « Je sais et je suis persuadé par le Seigneur Jésus que rien n'est impur en soi, et qu'une chose n'est impure que pour celui qui la croit impure » (Épître aux Romains 14,14).

On notera que durant les premiers siècles les chrétiens s'interdisaient la consommation de sang et de viande de cheval. Aujourd'hui, des interdits alimentaires ne sont appliqués que par quelques sectes chrétiennes (adventistes, mormons, témoins de Jéhovah, etc.).

Le tabac

En principe, le tabac, comme le vin et l'alcool, est interdit aux musulmans. Cependant, comme le tabac n'est pas expressément cité dans le Coran (pour cause, il n'avait pas encore été découvert), il y a une très large tolérance dans le monde musulman (à l'exception des journées durant la période de ramadan).

Versets coraniques

« Allah a seulement déclaré illicite pour vous la chair d'une bête morte, le sang, la chair du porc et ce qui a été consacré à un autre qu'Allah. » (II-168)

« Mangez ce que Allah vous a attribué comme licite et excellent ! » (V-90)

Dans l'islam, les deux plus grands péchés sont l'apostasie et l'associationnisme. Il s'agit de péchés dirigés contre Dieu. Lorsqu'on lit de la littérature se rapportant à l'islam, il ne faut jamais oublier que le musulman est « soumis » à Dieu. Ainsi rien ne peut être plus grave qu'un rejet de Dieu, une insulte envers Dieu (ou son Prophète) et le rejet du monothéisme (par l'association à Dieu d'autres divinités). L'apostasie est la renonciation volontaire à sa religion.

Renoncer à sa religion

Dans l'islam, l'homme ne peut renoncer volontairement à sa religion et, ainsi, l'apostasie est punie de la peine de mort. L'apostasie (ou *ridda*) est apparue très rapidement dans l'islam — dès la mort de Mahomet — lorsque les tribus arabes qui avaient embrassé l'islam refusèrent d'obéir à son successeur (le premier calife, Abû Bakr, qui était aussi son beau-père). ■

Allah

Allah désigne le Dieu des musulmans. Il était connu en Arabie préislamique mais Mahomet en a fait le Dieu unique des musulmans. C'est Allah — d'abord nommé Rabb (Seigneur) — qui ordonne à Mahomet de « réciter » les paroles qui lui sont révélées par l'ange Gabriel. Ces paroles forment le Coran. D'autres paroles de Dieu ont également été révélées à Mahomet au cours de songes, états mystiques ou hypnagogiques mais elles ne font pas partie du Coran : ce sont les hadîths[C] quansi. Dieu possède cent noms dont seuls 99 sont connus ; ce sont les « Beaux Noms » de Dieu. En principe, c'est tout ce que l'on sait de Dieu et la théologie spéculative (kalâm) n'a jamais rencontré un très grand succès en islam bien que de nombreuses questions ont été posées concernant les Attributs de Dieu, ses qualités, sa justice, etc. Si Mahomet ne rencontrait pas Dieu lorsque le Coran lui était révélé, la Tradition dit cependant qu'il le rencontra face à face lors de son « Voyage Nocturne » (Ascension ou *al-Mirâj*). Ce « Voyage nocturne » est un épisode assez controversé de la vie de Mahomet. Réveillé par l'ange Gabriel, il se rend, de nuit, à Jérusalem chevauchant al-Bûraq, une monture fantastique. Arrivé au Dôme du Rocher, à Jérusalem, il emprunte une échelle céleste, visite les sept cieux, rencontre Moïse et, enfin, Dieu. Après quoi, la même nuit, il revient à La Mecque (voir la sourate XVII-1).

Les peines légales

Il existe assez peu d'actions qui sont interdites par la loi divine et pour lesquelles il existe — dans l'application de la *charia* ou loi religieuse — une peine légale (coups de fouet, section d'un membre, mort). La plupart du temps, l'homme est libre de ses actes et c'est Dieu qui le punira ou le récompensera à sa mort. Le droit islamique distingue entre les droits d'Allah (qui sont susceptibles d'une sanction pénale) et les droits des hommes.

Les actes interdits sont au nombre de cinq : apostasie (*ridda*), brigandage, fornication (*zinâ*), vol (*sâriqa*) et consommation du vin (*khamr*). On notera que la loi (charia) est très stricte sur les preuves à fournir ; rendant ainsi l'application de ces peines quasi impossible. En outre, les faux témoignages et les peines excessives (quelques coups de fouet de trop) sont également sévèrement punis.

Associationnisme (*shirk*)

C'est le plus grave péché — contraire au credo de l'unicité divine — que puisse commettre un musulman : associer Dieu à d'autres divinités. Dans le Coran, il est dit « Dieu n'a pas d'associé ». Pour les musulmans, comme pour les juifs, d'ailleurs, le christianisme avec sa Trinité et ses multiples saints n'est pas un monothéisme strict.

Polémique Bien que Mahomet ait dit « pas de contrainte en religion », quelques conversions forcées à l'islam furent à déplorer. Que faire avec ces convertis lorsqu'ils souhaitaient revenir à leur ancienne religion ? En principe, comme apostats, ils méritaient la mort. Heureusement, ce ne fut pas toujours le cas et l'on cite généralement le philosophe et médecin Maïmonide qui, forcé de se convertir, revint dès qu'il le put au judaïsme. Reconnu par un ancien compatriote, il fut accusé d'apostasie. Le *cadi* (juge) devant lequel sa cause fut instruite estima que sa conversion forcée n'avait aucune valeur et que, dès lors, il ne pouvait être accusé d'apostasie.

Versets coraniques

« Allah – nulle Divinité excepté Lui – est le Vivant, le Subsistant. Ni somnolence, ni sommeil Le prennent. À Lui ce qui est dans les cieux et ce qui est sur la terre. Quel est celui qui intercédera auprès de Lui, sinon sur Sa permission ? Il sait ce qui est entre les mains des Hommes et derrière eux, alors qu'ils n'embrassent de Sa science, que ce qu'Il veut. Son Trône s'étend sur les cieux et la terre. Le conserver ne Le fait point ployer. Il est l'Auguste, l'Immense » (II-256).

Ce verset très important est suivi par le non moins important commandement qui ordonne : « Nulle contrainte en la religion. » (II-257)

L'arabe (langue et écriture)

Dans l'introduction de son cours de langue arabe (Paris, 1846), J.F. Bled de Braine écrit : l'arabe « est une des langues vivantes les plus facile à apprendre, les plus simples à écrire, les plus aisées à prononcer ; les différents cours qui nous ont été confiés à Paris nous autorisent à dire que cette langue peut être apprise sans maître, et avec plus de succès que dans l'étude de la langue italienne, à laquelle nous la comparons, tant sa syntaxe et ses différents idiomes sont faciles ». Voici donc de quoi encourager le lecteur à s'initier à cette langue, d'autant plus qu'il existe aujourd'hui d'excellents manuels en collections de poche et des méthodes performantes sur cédérom. Le but n'est cependant pas, ici, de vous donner des rudiments de la langue arabe mais de montrer l'état de cette langue au siècle de Mahomet et les nombreuses difficultés rencontrées par ses scribes, d'abord, puis par les différents copistes et « lecteurs » pour produire une Vulgate du Coran ᶜ.

Le Coran : un texte oral

Le Coran, on le sait, était d'abord une « récitation ». C'est d'ailleurs le cas, à cette époque, et dans cette région, pour tous les « textes » dont le contenu était destiné à un grand public (en Occident aussi, on utilisait des « crieurs publics » car rares étaient les personnes sachant lire). Ce n'est que par la suite que cette récitation est devenue un livre (pareil à celui des juifs et des chrétiens). Les premières récitations de Mahomet étaient, selon les circonstances, notées par des « scribes » bénévoles sur différents supports, en fonction de ce qui était disponible (végétaux, os, cuir, etc.). La langue des récitations était l'arabe et l'écriture utilisée était celle de l'arabe primitif. Disons rapidement un mot sur cette écriture.

L'écriture arabe

L'arabe est une langue sémitique qui s'écrit de droite à gauche (à l'exception toutefois de certains signes indiquant les nombres). L'ordre des pages d'un livre arabe est donc l'inverse de celui d'un livre français. Comme toutes les autres langues sémitiques, l'arabe ne possédait à l'origine ni voyelles, ni signes de doublement de consonnes, ni signes diacritiques (signes permettant la distinction entre mots homographes[3]).

Dans le cas d'un discours, si la prononciation de l'orateur n'est pas parfaite, l'ambiguïté est toujours possible. Bien entendu, l'absence de signes diacritiques n'est pas l'unique cause des ambiguïtés : la structure des phrases peut y contribuer considérablement ainsi qu'une ponctua-

tion inexacte. Tout ceci, en principe, vous l'avez appris au cours de votre étude du français... Il en est de même pour toutes les langues avec seulement certains problèmes spécifiques selon la langue.

La notation du discours de Mahomet

Le discours de Mahomet, avons-nous dit, était noté par les scribes. Cette notation, souvent phonétique, était de plus perturbée par l'absence de voyelles et de signes diacritiques. Ce qu'écrivaient les scribes était donc parfois non seulement différent de ce que Mahomet disait (par suite d'une mauvaise compréhension du discours) mais aussi écrit dans un alphabet permettant plusieurs lectures différentes.

En fin de compte, **la lecture d'un texte écrit ne pouvait servir que d'aide-mémoire à celui qui connaissait déjà le texte**. On a vu qu'un texte de ce type pouvait donner lieu à de multiples interprétations et lectures. Pour prendre un exemple classique (hors du champ de l'islam), on sait que le tétragramme IHVH se lit aussi bien Jehovah que Yahvé. Cette *scriptio defectiva* posait ainsi d'innombrables problèmes de lecture. Aussi, après qu'une Vulgate fut constituée (sous Othman, le troisième calife — voir l'article consacré au Coran), les docteurs, hommes politiques et savants imaginèrent un système permettant une meilleure présentation du Coran (par un découpage en versets) et une graphie du texte ne permettant plus aucune interprétation. Le promoteur de l'idée d'un Coran contenant des signes d'écriture complémentaires fut al-Hajjaj.

Les formes calligraphiques de l'écriture

Il est établi aujourd'hui que l'écriture arabe dérive de la cursive utilisée par les Nabatéens de Pétra[4]. Cette écriture (ainsi que nous l'avons vu, dépourvue de signes diacritiques et de signes de vocalisation) ressemble à l'écriture coufique utilisée dans les premiers manuscrits du Coran. Par la suite, d'autres formes d'écriture furent utilisées : le style mekkois, le style médinois, le style de Bassora. On peut ainsi, d'après la forme de l'écriture, dater un Coran ancien.

Différences entre *scriptio defectiva* et *scriptio plena* dans le Coran

La *scriptio defectiva*, telle qu'elle est utilisée au temps de Mahomet, ne comprend que les consonnes et parfois quelques voyelles longues (î, û et â). C'est l'écriture utilisée par les « scribes » de Mahomet. C'est également l'écriture dans laquelle nous a été transmise la Vulgate du calife Othman (voir l'article consacré au Coran). Dans ce type d'écriture seul le squelette du mot est écrit.

La *scriptio plena* comprend quantité de signes particuliers qui fixent le texte et en permettent une lecture irréprochable. Depuis le VIIIᵉ siècle, les principaux signes

utilisés pour fixer l'écriture sont les suivants :

- les *signes diacritiques des lettres de formes semblables* (b, t, th, n et y) : ce sont des points simples, doubles ou triples qui sont placés en certains endroits des lettres pour les différencier. Ces signes sont toujours de la même couleur que la lettre. Notons, au passage, qu'en russe on continue de faire ainsi, en écriture manuscrite, pour certaines lettres très proches.
- les *voyelles courtes* : elles sont également indiquées au moyen de signes placés au-dessus des lettres (ce qu'on appelle la vocalisation) mais pour bien indiquer que ces signes n'appartiennent pas au texte primitif, ils sont notés dans une couleur (rouge, jaune, vert et bleu) alors que le texte est en noir.
- la *gémination* (doublement de la consonne) : indiquée par un petit signe qui ressemble à notre « w ».
- la *voyelle longue â* (alif).
- la *consonne d'attaque ou de détente vocalique* (hamza), cette dernière est seulement marquée d'un signe spécial, lequel est d'une couleur différente de ceux utilisés pour les voyelles courtes.
- *l'allongement d'un a long* ou d'un hamza : c'est le *madda* (une sorte de tiret au-dessus de la lettre).

Ce sont ces différents signes placés à des hauteurs distinctes, au-dessus ou en dessous de la ligne d'écriture, qui donnent à l'écriture arabe cet aspect si compliqué... mais on s'y fait très vite.

Les racines sémitiques

Les mots de la plupart des langues sémitiques (c'est-à-dire surtout l'arabe, l'hébreu et l'éthiopien) sont formés à partir d'une racine (généralement trilitère[5], plus rarement quadrilitère ou même bilitère) composée exclusivement de consonnes. Il est intéressant de noter qu'une racine identique se retrouve très souvent dans les trois principales langues sémitiques. Sur cette racine vient se greffer un schème de voyelles (comprenant des variations et des alternances significatives) ; c'est ce schème de voyelles qui donne un sens à la racine. Bien entendu, lorsque seule la racine est écrite, le lecteur peut imaginer le schème de voyelles qu'il veut… et donc donner différents sens au mot. Rien ne vaut un exemple ; celui qui suit a le mérite d'être très clair.

- Racine KTB (cette racine renvoie à l'acte d'écrire)
- + schème de voyelles â-i (ce schème désigne celui qui fait quelque chose)
- = le mot *kâtib*.

Le mot kâtib signifie donc « celui qui fait quelque chose avec l'écriture » ; donc c'est celui qui écrit.

L'ensemble des voyelles et consonnes qui composent un verbe (à la 3e personne du masculin singulier) est appelé thème ; c'est peu ou prou notre infinitif (ainsi *kataba* — « il a écrit » — est un thème). On notera aussi que ce sont les racines trilitères (= trois consonnes) qui servent au classement des mots dans les dictionnaires.

La même racine KTB peut ainsi donner les mots suivants :

- kitab = le livre (substantif verbal)
- kataba = il a écrit (thème)
- kâtib = le secrétaire (participe actif)
- maktub = écrit (la lettre, ce qui est écrit) (participe passif)

À condition de connaître les règles des thèmes et les racines, on peut ainsi retrouver le sens de la plupart des mots… Les plus ingénieux pourront utiliser ce système pour créer des néologismes.

Signe de
gémination

Alif

Hamza

Madda

Qâf

Thâ

Arabe classique et arabe dialectal

L'arabe classique est celui des poètes de l'Arabie centrale du VIe siècle et du Coran (on a tout lieu de croire que l'arabe du Coran est également l'arabe des poètes teinté d'un peu de dialecte mekkois). Néanmoins, c'est le Coran qui est à l'origine de la codification et de la diffusion de cette langue classique. Le Coran est la référence de la langue arabe, comme, dans une certaine mesure, Dante est la référence de la langue italienne et Pouchkine la référence de la langue russe : ce sont des monuments littéraires sur lesquels la langue s'est construite. Tout arabe lettré comprend cet arabe classique appelé aussi arabe littéral.

L'*arabe dialectal* (ou arabe parlé) est l'arabe parlé dans une région ou un pays. Cet arabe peut s'écarter sensiblement de l'arabe classique (ainsi, le mot merci en arabe classique se dit « soukran » et, en arabe dialectal tunisien, se dit « barakalaoufik »). ■

C'est le vendredi (jour de la création d'Adam), lors de la prière hebdomadaire, que la Communauté musulmane (*Umma*) prend tout son sens et s'affiche face à Dieu et au monde. Dans son sermon (*khoutba*), l'imâm n'oublie jamais de s'adresser au souverain des lieux et rappelle régulièrement l'unité de la Communauté musulmane.

L'écriture hébraïque

L'hébreu biblique connaissait les mêmes problèmes que l'arabe : il était possible de lire un même mot de plusieurs manières (et ainsi lui donner plusieurs sens différents). De nombreux essais furent tentés pour remédier à cette *scriptio defectiva*. Le plus abouti (celui qui est encore utilisé aujourd'hui) est dû à des rabbins de Tibériade, les Massorètes, qui notaient sept timbres vocaliques.

הַגָּדָה שֶׁל פֶּסַח

לְךָ בָּרוּךְ לְעָלֶה וּלְקַלֵּם לְמִי
שֶׁעָשָׂה לַאֲבוֹתֵינוּ וְלָנוּ אֶת כָּל
הַנִּסִּים הָאֵלוּ. הוֹצִיאָנוּ מֵעַבְדוּת
לְחֵרוּת. מִיָּגוֹן לְשִׂמְחָה. וּמֵאֵבֶל
לְיוֹם טוֹב. וּמֵאֲפֵלָה לְאוֹר גָּדוֹל.
וּמִשִּׁעְבּוּד לִגְאֻלָּה. וְנֹאמַר לְפָנָיו
שִׁירָה חֲדָשָׁה הַלְלוּיָהּ׃

POUR EN SAVOIR PLUS

Nous recommandons vivement l'ouvrage de G. Mandel Khân, *L'écriture arabe (alphabets, styles, calligraphie)*, 180 pages, paru aux éditions Flammarion (2001). Beau et intéressant. Un ouvrage qui intéressera non seulement les calligraphes mais aussi tous les curieux (signalons également, dans la même collection, *L'écriture hébraïque* — la comparaison des deux ouvrages permet de vérifier combien les langues sémitiques se ressemblent).

Versets coraniques

« Par l'Écriture explicite ! Nous avons fait de celle-ci une Prédication en arabe ! Peut-être raisonnerez-vous. En vérité, cette Écriture, dans l'Archétype auprès de Nous, est certes sublime et sage ! » (XLIII-1/4)

« C'est une Révélation en langue arabe pure. » (XXVI-195)

L'Arabie préislamique

L'islam est né dans une province située entre le Yemen (au Sud), la Syrie (au Nord) et la Mer Érythrée (à l'Ouest). Cette province a pour nom le **Hidjaz** et est peuplée principalement de nomades (les Bédouins) et de quelques sédentaires (15 % de la population), lesquels occupent les oasis et trois villes principales : **Yathrib** (qui deviendra **Médine**), **La Mecque** et **Taïf**.

Si les villes sont occupées principalement par les Arabes, les **oasis** sont occupées et mises en valeur par les Juifs. On le voit, ce sont ainsi les populations nomades qui sont à l'origine de la réception puis de la diffusion de l'islam.

Une tradition orale

Au moment où naît Mahomet, les populations bédouines possèdent une langue nationale et une culture essentiellement orale, laquelle s'exprime sous la forme d'une poésie variée. Il est important de noter que, tout comme la population principale qui est nomade, la culture l'est également. **Toute la culture est donc placée sous une forte prédominance de l'oral par rapport à l'écrit.** Contrairement à ce qui constitue la norme dans nos sociétés, pour le nomade, seul l'oral possède une valeur, une authenticité. Cette manière de voir ne sera pas sans effets sur l'islam, dont le Coran était d'abord essentiellement transmis par voie orale. On retiendra donc qu'à l'époque de Mahomet, **l'oral avait une valeur juridique et de fiabilité bien plus grande que l'écrit.**

Des tribus et des clans

La société préislamique était organisée en clans et tribus. Dans ce type de société, l'individu ne compte que parce qu'il fait partie d'une tribu. C'est la tribu qui le défend mais c'est aussi la tribu qui est responsable de ses crimes et délits. On connaît les redoutables règles de la vendetta (ici nommée *thâr*) équilibrée, autant que faire se peut, par la loi du talion (« œil pour œil, dent pour dent », laquelle – rappelons-le – est une disposition de justice et non de haine).

La tribu est au centre de la vie du désert. Sans l'appartenance à une tribu, l'homme n'est plus rien ; moins encore que ce voyageur anonyme qui constitue une excellente proie et que l'on peut dépouiller sans vergogne. Appartenir à une tribu est donc indispensable et s'en faire bannir (ce qui arriva pourtant à Mahomet) est un malheur dont on se remet rarement. Le chef de la tribu est le *sayyid* ou *cheikh* (depuis que la première appellation est réservée aux descendants du Prophète).

La tribu des Qoraich

Parmi les principales tribus du territoire (le Hidjaz), retenons celle des Qoraich, maîtresse de La Mecque, où elle est installée depuis des centaines d'années. C'est à cette tribu de riches marchands qu'appartient Mahomet. La Mecque occupe une position tout à fait particulière dans la naissance de l'islam car elle constitue un triple pôle : économique, politique et religieux. Située géographiquement sur le passage obligé des grandes routes caravanières, La Mecque possède également un lieu de culte commun à toutes les religions, la Kaba, et un puits, proche de la Kaba, auquel s'abreuvaient hommes et animaux : le puits de Zamzam. Ces deux sites auront une importance toute particulière pour l'islam.

La Kaba et son bétyle

La Kaba préislamique était un édifice rectangulaire soumis aux vents et aux pluies

Le chameau auquel on fait habituellement référence est en fait un dromadaire. Rappelons que le chameau possède deux bosses, est plus petit, est recouvert en hiver d'une longue toison, vit en Asie et est très rare aujourd'hui. La bosse du dromadaire constitue sa réserve d'eau et de nourriture. Au cours d'une longue traversée, sans rien boire, le dromadaire peut perdre jusqu'à 100 kilos. Au prochain point d'eau, il reconstitue ses réserves en avalant cent litres en dix minutes. Sans les dromadaires, la vie dans les paysages désertiques serait quasi impossible et aucune civilisation n'aurait pu naître et s'épanouir.

diluviennes (la pluie dans le désert est une expérience inoubliable) abritant une pierre (bétyle) devenue noire. Cette Pierre Noire était adorée, de diverses manières, par la plupart des caravaniers ainsi que par la tribu des Qoraichites qui dominait la région. Cette Pierre Noire, au centre de cultes divers, n'était pas la seule pierre divine adorée par cette population litholâtre. Assez curieusement, si on la compare aux autres civilisations (grecque, romaine, égyptienne, mésopotamienne, etc.), la civilisation préislamique, bien que polythéiste, n'utilisait aucune représentation humaine ou animale pour figurer ses dieux : les pierres étaient adorées dans leur simplicité naturelle, même si parfois les forces de la nature avaient sculpté ces bétyles. La civilisation litholâtre n'était donc pas une civilisation idolâtre. Le lieu du culte était entouré par une zone sacrée (le *harâm*) où hommes, animaux et même végétaux bénéficiaient du privilège exceptionnel de l'asile. À certains moments de l'année, un chameau était sacrifié, son sang versé sur les bétyles, ce qui donnait lieu à de rituelles circumambulations (*tawâf*) autour des bétyles et à des processions ponctuées de stations de bétyle en bétyle.

Le rituel préislamique

Un lieu de culte sans ostentation, une zone de protection sacrée (le *harâm*), des sacrifices d'animaux, des processions rituelles, une circumambulation autour d'un bétyle, une absence de représentation du vivant, une source (le Zamzam) pour les ablutions, une tribu maîtresse des lieux : on le voit, les éléments de base caractéristiques du culte islamique étaient déjà présents dans l'Arabie préislamique et tout particulièrement à La Mecque qui allait devenir le haut lieu du culte de la future religion. Seul manquait encore le monothéisme, lequel transformerait al-Lah, dieu parmi les autres, en *Allah hou akbar* : le plus grand Dieu, et plus tard, le Dieu Unique, concurrent du Dieu Unique des juifs et des chrétiens. ■

La jâhiliyya

La jâhiliyya (ou âge de l'ignorance) est la période culturelle qui précède l'islam et à laquelle, nous l'avons vu, celui-ci a emprunté de nombreux éléments, entre autres rituels. Cette période porte donc le nom de l'âge de l'ignorance, c'est-à-dire du culte des idoles et de la dépravation morale. Les historiens arabes se sont très peu occupés de cette période, sans intérêt pour eux. Elle nous est essentiellement connue grâce aux nombreux poèmes qui constituent le patrimoine culturel arabe. C'est aussi à partir de ces poèmes que les savants ont été en mesure de préciser certains mots du Coran.

Circumambulations

Les circumambulations font partie aujourd'hui du pèlerinage à La Mecque. On notera que selon la légende, sur le conseil de l'ange Gabriel, Noé fit avec son arche sept fois le tour du sanctuaire contenant la Pierre Noire (la Kaba).

Lors du Grand pèlerinage à La Mecque (*hajj*), l'arrêt sur le mont Arafât – à vingt kilomètres de la Kaba — est un des moments privilégié pour la prière collective et privée.

Le puits de Zamzam : Ismaël est sauvé de la mort

Pour toutes les populations, mais principalement pour les nomades, les points d'eau sont des lieux de rencontre extrêmement importants. Il en est ainsi dans l'Arabie préislamique dont certains points d'eau ont acquis un statut particulier et font l'objet de pèlerinages. C'est le cas de la source de Zamzam qui, aujourd'hui encore, est intégrée dans le pèlerinage de La Mecque. À cette source sont rattachés les souvenirs d'Adam, d'Abraham et d'Ismaël. La légende dit aussi que c'est le grand-père de Mahomet qui était chargé de donner à boire l'eau du puits de Zamzam aux pèlerins qui venaient à la Kaba. Cette tradition s'est perpétuée jusqu'à aujourd'hui. L'islam populaire affirme aussi que tremper son vêtement dans l'eau de la Zamzam facilite l'entrée au Paradis. Les courses entre les deux collines sacrées de Safâ et de Marwa (non loin de La Mecque) qu'effectue tout croyant lors du *hajj* (voir page 152), rappellent la course qu'effectua Agar, la concubine d'Abraham, à la recherche d'eau pour sauver son fils Ismaël. Pour sauver l'enfant, l'ange Gabriel, toujours lui, creusa la terre d'où jaillit la source. C'est l'eau du puits de Zamzam qui a sauvé Ismaël : on comprend que ce puits soit sacré pour les musulmans et qu'il soit intégré au Grand Pèlerinage.

Dans une société orale, le conteur est un personnage très important. C'est lui qui transmet les informations vitales pour la vie du clan et de la tribu. Ainsi, avant d'être un texte, le Coran était une « récitation » qui s'adressait d'abord à un petit groupe de croyants.

Juifs et chrétiens dans la société préislamique

Les juifs et les chrétiens habitaient une partie de la Province du Hidjaz. Les juifs, surtout, sédentaires, vivaient dans les oasis mais aussi les villes, comme La Mecque, où ils exerçaient le commerce. Contrairement aux polythéistes qoraïchites, les juifs — comme les chrétiens — étaient monothéistes et surtout avaient été en contact avec leur Dieu, lequel aurait dicté ses volontés à Moïse d'abord puis à Jésus ensuite. Un livre (un *kitab*) renfermait ces commandements divins, ce que beaucoup d'Arabes (et Mahomet en particulier) jalousaient tout particulièrement. Comme c'est sans doute la règle chez les sédentaires, les juifs avaient organisé leur culte autour de lieux fixes : les synagogues, lesquelles ne manquaient pas d'impressionner les Arabes.

S'il n'existait aucune tribu juive nomade, il n'en était pas de même chez les chrétiens. Le christianisme était très répandu chez les nomades et, mieux même, la vie errante dans le désert était très prisée par certains anachorètes, moines ou ermites chrétiens. L'Islam a eu de nombreux contacts avec ces ermites auxquels le Coran manifeste sa sympathie (V,85 ; XXIV,35 ; LVII,27).

Signalons toutefois que la religion de ces chrétiens — ermites, hommes libres ou esclaves — était considérée comme hérétique ; ils appartenaient, en effet, à l'une ou l'autre des nombreuses hérésies chrétiennes des premiers siècles (jacobitisme, nestorianisme, christianisme d'Abyssinie, etc.). La présence, en Arabie, de ces nombreuses manifestations du christianisme, basées sur des dogmes différents, n'a certainement pas aidé Mahomet à comprendre exactement les valeurs de cette religion dont les trinitaires s'opposaient aux antitrinitaires et dont la place du Père, du Fils et de l'Esprit saint n'est jamais très claire (sans parler des deux natures du Fils...). Pour lui, les juifs, comme les chrétiens, allaient adhérer tôt ou tard à l'islam, la dernière des religions monothéistes. Signalons également la présence en Arabie des sabéens ou disciples de Jean le Baptiste (voir l'article consacré aux Dhimmis).

Versets coraniques

« Le Mois Sacré contre le Mois sacré. Les choses sacrées tombent sous le talion. Quiconque a marqué de l'hostilité contre vous, marquez contre lui de l'hostilité de la même façon qu'il a marqué de l'hostilité contre vous ! Soyez pieux envers Allah ! Sachez qu'Allah est avec les Pieux ! » (II-190)

Les arts islamiques et l'image

Bien qu'il couvre plusieurs continents et s'étende sur une quinzaine de siècles, l'art islamique — une manifestation de l'esprit de l'islam — possède une si forte identité qu'on le reconnaît au premier coup d'œil. Apparu très tôt dans sa maturité (par exemple dans la construction du Dôme du Rocher, à Jérusalem, en 692) — sans aucune période intermédiaire —, l'art islamique (tout comme l'extraordinaire expansion de l'islam) constitue une des énigmes de cette civilisation.[5 bis]

On peut affirmer que l'art islamique possède une triple source : l'art byzantin, l'art sassanide et l'aniconisme (ou absence de représentation figurée dans l'art). Les États byzantins (chrétiens orthodoxes) et sassanides (la Perse zoroastrienne) — les deux principaux voisins de l'Arabie de Mahomet — possédaient une très riche culture dont l'islam s'est nettement inspiré, tout en lui apportant la touche particulière provenant d'une restriction dans la représentation du vivant. Cette triple source s'est manifestée dans un art unique (dont la calligraphie est une des composantes les plus originales) dont nous décrirons quelques éléments par la suite.

L'interdiction de l'image

Contrairement à une opinion très répandue, l'interdiction de la représentation du vivant n'est pas mentionnée dans le Coran. Par contre, de nombreux hadîths du Prophète (dont on sait que la plupart sont apocryphes) insistent sur cette interdiction, tout en la relativisant. Ceci explique qu'au sujet de l'image, il n'y ait pas de position tranchée dans le monde musulman. Il y a deux raisons principales pour lesquelles le monde musulman est aussi sensible à l'image : la transcendance absolue d'Allah et l'associationnisme[c]. Pour l'islam, Dieu est présent partout : il n'est donc ni possible ni nécessaire de le représenter. Cette interdiction de représenter Dieu fait également partie de la religion juive mais non de la religion chrétienne. En effet, dans le christianis-

me, Dieu en devenant homme a permis sa représentation (la théophanie passe par la représentation humaine). L'associationnisme (c'est-à-dire donner un associé à Dieu — le *shirk*) est rigoureusement interdit par l'islam : c'est le plus grand des péchés pour cette religion monothéiste pure.

Pour brosser rapidement la situation de l'image en islam, notons que l'interdiction — pour autant qu'elle soit valide — ne s'applique qu'aux êtres animés et tout particulièrement aux statues et aux idoles. Sur la triple interdiction portant sur l'image divine, les idoles et les statues, il y a une véritable unanimité, « allant de soi » au sein du monde musulman. Pour ce qui concerne la représentation des êtres inanimés, il y a également unanimité : elle est autorisée, même

L'interdit de l'image dans les religions monothéistes

Dans l'islam, l'interdiction de l'image n'est pas coranique, contrairement à son statut dans la religion juive où cette interdiction est biblique : « Tu ne te feras point d'image taillée, ni de représentation quelconque des choses qui sont en haut dans les cieux, qui sont en bas sur la terre, et qui sont dans les eaux plus bas que la terre » (Ex. 20,4). Dans la religion chrétienne, l'image a été le thème de deux synodes (celui de Constantinople, en 753, qui interdit les images puis celui de 843 qui réhabilite l'adoration des icônes et met fin à l'iconoclasme). Ensuite — mais c'est une autre histoire — le pape Benoît XIV dressa une liste des représentations approuvées pour chaque membre de la Trinité.

En islam, l'image est interdite si :

- elle représente Dieu ;
- elle est celle d'un saint auquel un culte est voué ;
- elle est le travail de création d'un artiste (seul Dieu est créateur) ;
- elle glorifie une personne humaine ;
- on lui voue un culte (comme aux icônes dans la religion orthodoxe).

Les statues sont, elles, interdites dans tous les cas.

Dans les palais des premiers califes omeyyades et surtout dans leurs salles de bains, la représentation du corps, même dénudé, n'était pas encore interdite : elle ne s'appliquait qu'aux édifices religieux.

dans les mosquées. Pour ce qui concerne les êtres animés, les avis varient selon les époques et le niveau culturel. Néanmoins, même les musulmans les plus stricts acceptent les représentations animées si elles sont de petite dimension (par exemple sur des pièces de monnaie) ou si elles sont indispensables pour le

représentent des personnalités vivantes. Si pour certains édifices privés les artistes ont dérogé à la règle, il est à remarquer qu'en ce qui concerne les lieux de prières (par exemple les mosquées), la règle est toujours rigoureusement respectée. Il mérite d'être observé que malgré l'absence de références coraniques, il existe au

 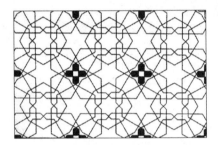

Les entrelacs géométriques sont des éléments ornementaux constitutifs de l'art musulman ; ils sont à mettre en relation avec l'aniconisme constitutif de l'islam.

bon fonctionnement de l'État (photos d'identité). On notera cependant que le statut de l'image est loin d'être uniforme en islam. Signalons la persistance dans les églises chrétiennes transformées en mosquées d'images représentant des êtres vivants, sans que cela semble poser de problèmes (on dit d'ailleurs que Mahomet, détruisant toutes les idoles de la Kaba, laissa en place une représentation de la Vierge Marie). D'autre part, les palais et bains de la période omeyyade sont recouverts de fresques représentant des hommes et des femmes (mais ces édifices n'étaient pas fréquentés par le peuple, qu'il fallait, bien entendu, tenir éloigné de tous les dangers, et surtout de celui de l'associationnisme). Enfin, toutes les miniatures persanes et mongoles

sujet de l'image un véritable consensus en islam tant chez les théologiens que chez les artistes (hormis, nous l'avons vu, chez quelques miniaturistes persans).

L'art musulman

Multiple, universel et s'étendant sur quinze siècles, il possède, avons nous dit, une identité si forte qu'il est reconnu au premier coup d'œil. Ce qui permet de le reconnaître, ce n'est ni le minaret (qui n'existait pas au début de l'islam), ni la mosquée (dont l'architecture varie considérablement selon les pays), ni les tableaux (inexistants, sauf chez les miniaturistes persans... et les orientalistes occidentaux), ni la statuaire (interdite), ni le mihrab (niche indiquant la direction de La Mecque), ni le minbar (chaire), ni le kursi (lutrin). Mihrab, minbar et kursi existant déjà dans les églises chrétiennes. Ce qui permet une reconnaissance au premier coup d'œil, c'est l'utilisation de motifs géométriques (arabesques et entrelacs géométriques) et la calligraphie (qui s'en approche d'ailleurs).

Les arabesques constituées uniquement de motifs végétaux sont à l'origine des créations sassanides mais elles ont été portées à leur perfection par les artistes musulmans. Les entrelacs sont des dessins géométriques en relief répétés à l'infini. Divers types de matériaux (marqueterie, ivoire, mosaïque, métal, etc.) ont été utilisés pour réaliser des entrelacs dont la complexité croissait au fil du temps et des connaissances mathématiques.

La calligraphie avec ses différentes formes de lettres, ses mises en page dynamiques, ses dessins figuratifs est un art véritable aujourd'hui encore très prisé dans les pays arabes. Elle est, bien sûr, présente dans toutes les mosquées où le nom d'Allah ou des versets du Coran sont reproduits à l'infini sur les murs et les colonnes. ■

POUR EN SAVOIR PLUS

H. et I. Massoudy. *ABCdaire de la calligraphie arabe.* Flammarion. 2002. 120 pages.

Gabriel Mandel Khân. *L'écriture arabe.* Flammarion. 2001. 180 pages.

Versets coraniques

« Les impies ont pris, en dehors de Lui, des divinités qui ne sauraient rien créer mais ont été créées par eux, qui ne possèdent pour elles-mêmes ni dommage ni utilité, qui ne possèdent ni la Mort, ni la Vie ni la Résurrection. » (XXV-3/4)

L'associationnisme (ou *shirk*) consiste à « associer à Dieu d'autres divinités ». Or, selon les termes même du Coran, « Dieu n'a pas d'associé », il est Unique (*tawhîd*). Dieu ne pardonne pas cette faute grave (*ithm*) qui semble même plus importante que l'apostasie (qui pourtant mérite la mort) car cette faute même Dieu ne la pardonne pas.

Monothéisme et associationnisme

Dans le Coran, les associationnistes, ce sont historiquement d'abord les polythéistes et ensuite les chrétiens. En effet, les musulmans ne parviennent pas à considérer les chrétiens comme de parfaits monothéistes : la Trinité (ainsi d'ailleurs que les nombreux saints de l'Église chrétienne) les gêne énormément dans leur conception d'un Dieu unique.

Le monothéisme (*tawhîd*)

Vraisemblablement apparu pour la première fois en Égypte, quatorze siècles avant Jésus-Christ, sous le pharaon Amenophis IV, sous la forme du culte au Dieu Aton, le monothéisme ne prend réellement racine qu'avec Abraham, la religion juive puis le christianisme et, enfin, l'islam. Pour les musulmans, Dieu est unique et n'a pas d'associés. Le crime le plus grave que puisse commettre un musulman est le *shirk* ou associationnisme. Les musulmans estiment que la religion chrétienne et son Dieu Trinitaire n'est pas réellement monothéiste ; pour eux, la seule religion réellement monothéiste — rattachée directement à Abraham/Ibrahim — est l'islam. Alors que l'histoire des religions nous enseigne que le monothéisme succède au polythéisme (en passant par une phase d'hénothéisme ou reconnaissance de la supériorité d'un seul dieu), certains historiens des religions estiment que le polythéisme n'est que la phase de dégénérescence du culte originel, lequel n'adorait qu'un seul Dieu). ∎

La religion chrétienne a codifié, lors d'un concile, la représentation de Dieu : le Père sous la forme d'un important personnage barbu généralement entouré d'anges, le Fils sous les traits d'un homme mince et légèrement barbu, le Saint-Esprit, lui, prenant les traits d'une colombe. Une telle représentation est absolument inimaginable dans le monde musulman.

© Eyrolles Pratique

Les attributs divins

L'unicité divine (le *tawhîd*) est le dogme fondamental de l'islam. Comment, dès lors, interpréter toutes les qualités de Dieu (sa « Toute-puissance », sa « Science », sa « Miséricorde », sa « Lumière », etc.) sans porter atteinte au strict monothéisme ? Terrible question qui a donné lieu à d'innombrables débats théologiques dont on ne mesure plus aujourd'hui la véhémence. Au sujet de ces attributs, signalons qu'ils sont les 99 Beaux Noms de Dieu que le croyant récite en litanie en égrenant son chapelet ou *soubha* (voir l'article consacré aux symboles de l'islam).

Polémique Face à l'unicité de Dieu, que faire avec les nombreux attributs divins ? Les mutazilites (le mouvement rationnel du monde musulman), par exemple, en vertu du principe de l'unicité divine, n'acceptaient ni le Coran incréé (la parole de Dieu ne pouvant être éternelle), ni les attributs divins.

Avant de prier, un musulman doit d'abord effectuer des ablutions.

Versets coraniques

« Je ne suis qu'un mortel, comme vous. Il m'est seulement révélé que votre Divinité est une divinité unique. Allez droit à Elle et demandez-Lui pardon ! Malheur aux Associateurs qui ne font point l'Aumône et qui, de la Vie Dernière, sont les négateurs ! » (XLI-5)

« Allah ne pardonne pas qu'Il lui soit donné des Associés, alors qu'Il pardonne, à qui Il veut, les péchés autres que celui-là. Quiconque associe à Allah des parèdres[6] est dans un égarement infini. » (IV-116)

« Il est Allah, le Créateur, le Novateur, le Formateur. À Lui les noms les plus beaux. Ce qui est dans les cieux et sur la terre Le glorifie. Il est le Puissant, le Sage. » (LIX-24)

La charia (le droit islamique) interdit le prêt à intérêt fixe, qui est assimilé à de l'usure (*ribâ*). Dans la pratique, il est difficile de faire du commerce et de stimuler la croissance sans faire circuler de l'argent et sans en rémunérer le prêt. Pour résoudre ce problème, différentes dispositions ont été prises par les musulmans, du Moyen Âge à aujourd'hui (contrat de participation, partenariat, prise de risque, société en commandite, payement de services, etc.). Signalons cependant qu'aucune disposition ne satisfait pleinement tant la charia que les règles du système bancaire mondial.

Les banquiers et leurs banques

Dans l'islam médiéval, et sous l'empire ottoman, le rôle des banquiers était tenu par des non musulmans (généralement des juifs). Ils participaient également à la levée des impôts et aux opérations de change : on les désignait sous le nom de *jahâbidha*.

Aujourd'hui, différents États ont créé des banques dont l'organisation répond le mieux possible aux dispositions de la charia : ce sont les banques islamiques.

Dans chaque banque islamique, il y a un Conseil de la charia qui vérifie si l'opération est conforme au principe de la loi religieuse (par exemple, un prêt sera refusé à une compagnie d'aviation si de l'alcool est servi à bord...). La création des banques islamiques est assez récente. En 1975, la *Dubaï Islamic Bank* est la première banque islamique privée.

En 1979, le Pakistan décrète l'islamisation de l'ensemble du secteur bancaire (il est suivi par le Soudan puis l'Iran).

En 1996, la CitiBank établit une filière au Bahrein. Depuis lors, la plupart des banques importantes disposent de « guichets islamiques » où sont proposés des produits répondant aux prescrits coraniques.

Contourner les dispositions coraniques

Divers systèmes ont été imaginés pour contourner l'interdiction du prêt à intérêt fixe (*ribâ*) ; l'un des plus utilisés est celui de la double vente fictive. En même temps que s'organise le prêt, l'emprunteur achète un objet au prêteur. Plus tard, il le lui revend mais à un prix inférieur à celui de l'achat. La différence (sa perte) constituant l'intérêt pour la somme prêtée. Un autre système permettant de contourner la ribâ est le contrat de commandite, lequel offre une participation dans les bénéfices d'une entreprise. Enfin, le plus simple pour emprunter de l'argent est encore de s'adresser à un usurier juif ou chrétien.

Dans la société musulmane, la femme dispose de sa propre fortune qu'elle gère selon ses besoins ou ses plaisirs sans jamais, en principe, intervenir dans les frais du ménage. Il n'est donc pas rare qu'une femme fasse du commerce. Ainsi, la première épouse de Mahomet était une riche commerçante dont les caravanes parcouraient toute l'Arabie.

Société en commandite

Société créée pour une courte période de manière à réunir les intérêts de plusieurs individus. Dans la société en commandite (*qirâd mudâraba*) des sociétés médiévales arabes, les commanditaires remettaient une certaine somme à un négociant pour l'exercice d'un commerce (par exemple organiser une caravane). Chaque commanditaire pouvait ainsi prendre part, en toute licité, aux bénéfices de l'opération. C'est ainsi qu'il n'était pas rare de voir tout un village participer à l'organisation d'une caravane et suivre la progression de celle-ci avec une vive attention.

Le secteur bancaire islamique

En 1998, création du SAMI (*Socially Aware Muslim Index*). C'est le premier index de cotation globale en Bourse. Près de 400 sociétés, dont les formes d'investissements sont conformes à la charia, lui sont rattachées.

Quelques pays ont un secteur bancaire entièrement islamique. Ce sont : l'Iran, le Pakistan et le Soudan.

Quelques pays ont un secteur bancaire mixte : islamique et traditionnel. Ce sont : la Tunisie, l'Égypte, l'Indonésie, la Malaisie, etc.

Les banques islamiques

Devant l'impérieuse nécessité de permettre la circulation de l'argent, les autorités civiles et religieuses ont pris certaines dispositions pratiques. Ainsi, l'État turc, en 1887 déjà, avait promulgué une loi autorisant le prêt à intérêt en en fixant le taux à 9 % (considéré comme un taux non usuraire). D'autre part, plusieurs fatwas (consultations juridiques) permettaient la rémunération de l'épargne. Cette rémunération étant alors présentée non comme un intérêt pour la somme prêtée mais comme la rémunération d'un service ou une opération de commandite (les clients de la banque étant alors considérés comme des « associés »).

Divers services répondant aux prescriptions coraniques sont proposés par les banques islamiques : investissements à court terme, commandite, rémunération de services, etc.

Autres dispositions concernant l'argent

La charia interdit également tout ce qui n'est pas produit par le travail personnel (l'enrichissement sans cause) et qui rendrait le riche plus riche et le pauvre plus pauvre : les jeux de hasard, les assurances, etc. On conçoit ainsi qu'il existe une théorie islamique concernant les richesses produites, le développement de la production, la propriété privée, etc. ∎

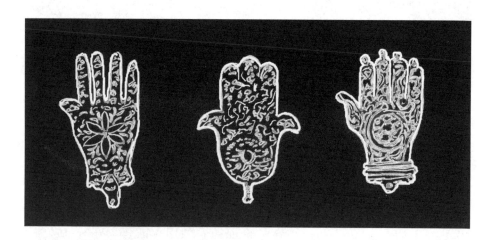

La main de Fâtima est censée éloigner le mauvais œil. Beaucoup de musulmans portent cette main en effigie sur le corps ou sur un bijou.

© Eyrolles Pratique

Succursales islamiques des banques conventionnelles

Le secteur bancaire ne pouvait, bien entendu, laisser les milliards de dollars du monde islamique aux seules mains des banques musulmanes. Il fallait faire quelque chose. L'idée était de créer des guichets islamiques ou, mieux, des succursales islamiques pouvant ainsi faire oublier au client que la maison mère n'était pas islamique. Dans leurs supports publicitaires, ces banques précisent qu'elles travaillent « au service de l'économie islamique, par application de la charia ». Dans son ouvrage consacré aux finances islamiques, M. Galloux[1] ajoute : « Elles le montrent par le refus de traiter avec l'intérêt, débiteur ou créditeur ; l'acceptation de dépôts sous forme de comptes d'investissement, selon le principe de la mudâraba légale autorisant la distribution d'un revenu halâl ou « licite » ; leurs offres de financement dans tous les domaines d'activité plaisent à Dieu (commerce, services, production) ; le recours qu'elles font à un conseiller religieux (...) ; leur autonomie des capitaux et des profits par rapport à ceux de la maison mère ».

[1] Michel Galloux. *Finance islamique et pouvoir politique. Le cas de l'Égypte moderne.* PUF 1997. Page 168.

POUR EN SAVOIR PLUS

Gilbert Beaugé. *Les capitaux de l'Islam.* Presses du CNRS. 1990. 278 pages.

Dr Abdul Hâdi Gafouri. *Islam et économie.* Éditions Al Bouraq. 2000. 356 pages.

Lachemi Siagh. *L'islam et le monde des affaires.* Éditions d'Organisation. 2003. 384 pages.

Versets coraniques

« Ceux qui se nourrissent de l'usure ne se dresseront au Jugement Dernier, que comme se dressera celui que le Démon aura roué de son toucher. Ils disent en effet : " Le troc est comme l'usure." Non ! Allah a déclaré licite le troc et déclaré illicite l'usure. (...) Allah au Jugement Dernier, annulera les profits de l'usure alors qu'Il fera fructifier le mérite des aumônes. Allah n'aime pas le Pécheur impie. » (II-276-277).

« Ô vous qui croyez !, ne vivez pas de l'usure produisant le double deux fois ! Soyez pieux envers Allah ! Peut-être serez-vous bienheureux. » (III-125).

Le calendrier

Le calendrier des musulmans est dit calendrier hégirien (car il commence à l'Hégire — *hijra* — c'est-à-dire l'exil de Mahomet quittant La Mecque pour Yathrib, la future Médine). La date de l'Hégire a été fixée par le premier calife (Abou Bakr, le beau-père de Mahomet) au 16 juillet 622. Elle marque le début de l'ère musulmane.

Un calendrier lunaire

Le calendrier musulman est basé sur le cycle de la lune (comme le calendrier juif ou le calcul de la Pâques chrétienne) ; la lune étant le « régulateur des actes canoniques » par excellence. L'année compte 354 jours et quelques heures (donc quelques jours de moins que l'année du calendrier civil) et comprend douze mois ; chaque mois compte vingt-neuf ou trente jours. Le nouvel an — tout comme le début du Ramadan — tombe donc chaque année à une date différente (généralement dix jours plus tôt que l'année précédente). En une vie, un bon musulman pratiquant le Ramadan connaît donc deux révolutions complètes du calendrier pour la fête de l'aïd el-fitr (la rupture du jeûne) qui clôt le Ramadan. Le nom des mois est rarement utilisé dans la littérature francophone, hormis le neuvième mois qui est celui du Ramadan (c'est le nom de la période de jeûne mais c'est aussi le nom du mois).

Contrairement à ce qui se dit généralement, le Ramadan (qui est aussi le mois de la révélation coranique) n'est donc pas le premier mois de l'année musulmane, lequel se dit *mouharram*.

Les fêtes musulmanes

Elles ne sont pas aussi nombreuses que dans le calendrier chrétien. Il est vrai qu'il n'y a guère de saints à honorer et que l'Unicité de Dieu est rigoureusement respectée.

La date des fêtes musulmanes est fixe dans leur calendrier mais, en fonction de ce que nous avons dit, mobile dans notre calendrier. Les principales fêtes sont :

Nouvel an	mouharram	1 mouharram
Meurtre de Hussein, le fils d'Ali	achoura	10 mouharram
Naissance du Prophète	al-mawlid (mouloud)	12 rabi al-awwal
Voyage nocturne de Mahomet	laylat al-mirâj	27 rajab
Nuit du destin (la révélation coranique)	laylat al-barâa ou laylat al-qadar	27 ramadan
Ramadan	Ramadan	Ramadan
Rupture du jeûne du Ramadan	aïd el-fitr (aïd el-saghir)	1 Chawwal
Fête du sacrifice (ou Grande fête)	aïd el-kebir (aïd el-adha)	10 dhou al-hijja ■

Les calendriers

Outre notre calendrier civil (dit grégorien, du nom du pape Grégoire XIII), la plupart des religions possèdent leur propre calendrier comme c'est le cas chez les chrétiens orthodoxes (qui utilisent le calendrier julien, décalé de treize jours), les juifs (qui utilisent un calendrier luni-solaire et sont actuellement en l'an 5764), les musulmans, etc.

Le passage de l'année hégirienne à l'année grégorienne se calcule facilement : il suffit de multiplier l'année hégirienne par 0,97 et d'ajouter 622.

Le passage de l'année grégorienne à l'année hégirienne n'est guère plus compliqué : il suffit de retrancher 622 de l'année civile grégorienne et de diviser par 0,97. Ainsi, l'année 2003 est l'année hégirienne 1424.

On arrondit à l'unité supérieure ou inférieure selon les règles habituelles.

Les douze mois du calendrier musulman

1. Mouharram	7. Rajab
2. Safar	8. Chaaban
3. Rabi al-awwal	9. Ramadan
4. Rabi al-thani	10. Chawwal
5. Joumada al-oula	11. Dhou al-qada
6. Joumada al-thania	12. Dhou al-hijja

S'inspirant des travaux des savants grecs, les savants arabes créèrent différents instruments pour mesurer le temps ou la direction de la prière (*qibla*). L'astrolabe est l'un d'eux. Rappelons que l'orientation de la prière dans les mosquées est indiquée par une petite niche (*mihrab*). Au gré des précisions des instruments, cette direction fut parfois affinée comme on peut le constater dans certaines mosquées où les traces du déplacement du *mihrab* sont encore visibles.

Le titre de calife est prestigieux car il désigne le chef temporel et spirituel de la Communauté des musulmans. Ce titre n'a d'abord été donné qu'aux successeurs de Mahomet pour ensuite être porté par divers chefs (parfois rivaux) dont le pouvoir était important. Ainsi, au IXᵉ siècle, coexistaient les califes de Bagdad, de Cordoue et du Caire.

Du premier au dernier calife

Le premier calife[6bis] de l'histoire musulmane est Abû Bakr, le beau-père de Mahomet avec qui il avait partagé la fuite de La Mecque (l'hégire). Les trois califes suivants sont Omar, Uthmân et Ali. Ces quatre califes sont nommés les « bien dirigés » (*râshidûn*).

Le califat a été définitivement supprimé, en 1924, par Mustapha Kemal (Atatürk).

Les râshidûn

Ce sont les quatre premiers califes « bien dirigés ».
Abou Bakr (632-634), le premier calife, est le père de Aïcha, la femme préférée de Mahomet. C'est un compagnon de l'Hégire. Omar (634-644), le second calife, est le calife des grandes conquêtes de l'islam. Le troisième calife est Uthmân (644-656). C'est un gendre de Mahomet ; on lui doit la vulgate du Coran. Il meurt assassiné et c'est alors que les ennuis commencent car sa succession n'est pas facile. Elle aboutit d'ailleurs au premier schisme de l'islam et à la création de trois sectes différentes : les sunnites, les chiites et les kharijites. Ali (657?) est le quatrième calife râshidûn (bien dirigé). C'est aussi un gendre de Mahomet et il meurt également assassiné ; ses partisans sont les chiites et les kharijites. Pour les chiites, Ali est leur premier imâm. ∎

Les divers titres et fonctions dans le monde musulman

Ayatollah : chez les chiites, dignitaire religieux. Le titre ayatollah signifie *Signe de Dieu*. S'il commence à avoir des disciples, l'ayatollah devient « grand ayatollah » (*ayatollah uzma*).

Cadi : juge appliquant la loi religieuse (charia).

Caïd : fonctionnaire musulman qui cumule plusieurs postes : juge, chef de police, etc. (en Afrique du Nord).

Calife : chef temporel de la communauté religieuse. Ce titre a disparu avec la fin de l'empire ottoman. Il est cependant encore utilisé aujourd'hui par les chefs des confréries religieuses.

Cheikh ou Sheikh: ce titre est assez vague ; il indique un chef de confrérie, un homme de religion.

Emir : ce titre est attribué à quiconque possède un poste de commandement plus ou moins important. Le plus important étant le calife (« émir des croyants »).

Faqih : juriste (souvent un maître d'une école coranique).

Imâm : chez les sunnites, c'est celui qui conduit la prière. Chez les chiites, ce titre a un sens tout particulier : c'est Ali (le premier imâm) ou l'un de ses descendants dont la mission est de guider la Communauté (l'imâm chiite est censé être dépositaire du sens complet du message coranique).

Katîb : scribe du tribunal exerçant des fonctions parfois très importantes (équivalentes à celle de ministre).

Khatîb : prédicateur officiel de la Grande mosquée.

Marabout : personnage réputé saint (ce terme est surtout utilisé au Maghreb).

Muezzin : c'est la personne affectée à une mosquée et qui appelle à la prière.

Mujtahid : chez les chiites, savant dans les sciences religieuses ayant terminé ses études.

Moqaddam : chef d'une confrérie religieuse.

Mollah : savant spécialisé dans les sciences religieuses.

Mufti : spécialiste du droit. Il donne une opinion autorisée sur un point de doctrine. Cette opinion porte le nom de *fatwa*.

Ouléma : savant spécialisé dans les sciences religieuses.

Pacha : gouverneur d'une province (dans l'Empire ottoman).

Qass : sermonnaire religieux dont le rôle consistait à faire des sermons religieux sur la place publique. Cette fonction était souvent conjuguée à celle de *cadi*.

Sultan : titre attribué à quiconque possède un pouvoir important (ce titre a été porté par des chefs militaires mais aussi par des souverains).

Sayyid : enseignant de la religion.

Taliban (taleb) : étudiant en religion.

Vizir : c'est le ministre d'un souverain.

Polémique

Mahomet était le chef spirituel et temporel de l'État qu'il avait créé. Cette double fonction a toujours été à la fois une chance pour le pouvoir et une malédiction pour les peuples. C'est Mustapha Kémal qui, le premier, supprimant le califat et créant un État musulman laïc, instaura une réelle division entre le pouvoir temporel et le pouvoir spirituel. Plusieurs penseurs modernes essayent aujourd'hui d'apporter une solution doctrinale à ce problème, sans que leurs solutions soient acceptées par les partisans d'un retour aux sources de l'islam.

La charia (ou sharia)

La charia est la loi de Dieu, laquelle est inscrite principalement dans le Coran mais aussi dans la Tradition (c'est-à-dire essentiellement dans les hadîths). Pour l'islam, cette loi — comme le Coran — existe de toute éternité et ainsi préexiste à la société musulmane.

La charia : une loi éternelle

Cette conception intemporelle de la loi agit comme un carcan sur la société musulmane. En effet, définie de cette manière, la loi ne peut en aucune façon évoluer en fonction des progrès de la société. La porte à une quelconque évolution est ainsi d'emblée fermée. Cependant, il reste un mince espoir d'évolution. En effet, comme le message des versets est souvent elliptique, l'homme doit interpréter la loi divine, d'autant que tout n'est pas précisé dans le Coran. En outre, chaque fois qu'un fait n'est pas précisé, c'est que le statu quo est préférable. Cette interprétation de la loi a été poussée très loin durant les premiers siècles de l'islam. Cependant, vers le XIIe siècle, il a été décidé que tout avait été interprété et que les règles de la charia étaient fixées pour toute l'éternité. Cette interprétation des premiers siècles a donné naissance à plusieurs écoles juridiques et il est facile de comprendre que selon les écoles juridiques et les juristes on puisse rencontrer de nombreuses opinions différentes. Aujourd'hui, la charia pose un véritable problème de société : comment imaginer que les lois d'une minuscule société nomade du VIIe siècle puissent répondre à tous les cas de figure des sociétés du XXe siècle.

La constitution de la charia

Avant d'analyser en quoi consiste cette loi de Dieu ou charia, il faut se souvenir des conditions d'existence du peuple arabe. Le droit appliqué était celui de la Tribu où l'honneur tribal justifiait que beaucoup de conflits soient résolus dans le sang. Toutes les lois coutumières appliquées à la famille, à la femme, aux héritages étaient des lois en rapport avec les habitudes, très dures, de la tribu. Si, aujourd'hui, on reproche à l'Islam d'être une société machiste ayant peu de respect pour les femmes, il est important de se souvenir des conditions de vie du milieu dans lequel Mahomet prêchait. On peut, sans se tromper, affirmer que Mahomet a fait beaucoup pour la femme... Cependant, la société musulmane n'a pas évolué de la même manière que les sociétés occidentales.

On trouve dans le Coran de nombreuses règles concernant la famille (héritage, mariage, divorce), le commerce et les bonnes mœurs. Ainsi que nous l'avons dit, en règle générale, ces dispositions sont plutôt favorables à la femme.

Les sources du droit

Pour résoudre les différents problèmes pratiques qui se posaient aux juges (*cadis*), les juristes utilisaient bien entendu toutes les ressources[7] du Coran^C, de la Sunna^C (tradition) mais aussi leur interprétation personnelle des deux principales ressources. Ainsi, au fil des années, quatre écoles juridiques se constituèrent dans le monde sunnite (dans le monde chiite^C, d'autres règles furent utilisées, donnant lieu parfois à des oppositions très fortes entre chiites et sunnites).

En gros, quatre sources furent prises en compte chaque fois qu'une décision devait être prise. Bien entendu, on ne passait à la source suivante que dans le seul cas où la source précédente n'apportait pas la solution :

- le Coran ;
- la Sunna (les hadîths^C) ;
- le consensus général (*ijmâ*) ;
- le raisonnement par analogie (*qiyâs*).

La jurisprudence musulmane

Malgré la faible authenticité de la plupart des hadîths et les nombreuses contradictions de certains avec les versets du Coran, la jurisprudence musulmane estima le corpus des hadîths élaboré par les meilleurs savants (dont Boukhari et Muslim — voir l'article consacré aux hadîths) comme authentique et en fit une des principales sources du droit. Rappelons que certains corpus conte-

Le chameau occupe une place très importante dans tous les pays arabes. Un motif ornemental du XIIIe siècle (Iran).

naient des dizaines de milliers de hadîths ; ainsi, le juriste n'avait qu'à puiser celui qui lui convenait le mieux en fonction de ses convictions personnelles ou des intérêts du pouvoir en place. Un Coran difficile à interpréter, des hadîths peu fiables : les deux premières sources du droit ne possèdent guère les qualités pour séduire un juriste occidental. Qu'en est-il des deux autres ? On se rend aisément compte que le consensus général (au sujet duquel le Coran est par ailleurs muet) pose un véritable problème car aucune autorité ne représente réellement les musulmans (contrairement à ce qui se passe, par exemple, dans l'Église catholique) et, d'autre part, comment imaginer un consensus général dans un territoire qui, à une époque, couvrait l'Europe, l'Asie et l'Afrique ?

De la réflexion personnelle à l'imitation servile

En outre, ce prétendu consensus général n'a fait que tarir le foisonnement intellectuel des premiers siècles pour figer le droit dans un processus rigide où seule restait autorisée l'imitation mais non plus la réflexion (voir l'article consacré à l'*ijtihâd*). Le droit à la réflexion (*ijtihâd*) fut remplacé par le devoir d'imitation (*taqlîd*). Le raisonnement par analogie a lui aussi été source de problèmes et même de jugements particulièrement contestables même si les juristes ont toujours préféré une tradition faible à une analogie évidente...

Les écoles juridiques

Malgré toutes ces difficultés — inhérentes au système juridique lui-même[8] — des adaptations furent nécessaires et selon les cas, les époques et les systèmes politiques en place, les juristes mirent en avant « la considération d'intérêt public » (dans le système juridique malikite — voir l'article consacré aux Écoles juridiques) ou encore la « préférence juridique » (dans le système hanafite). Ces diverses considérations ont amené les juristes des différentes écoles à prendre parfois des décisions tout à fait opposées[9]. Ainsi, pour ne donner qu'un exemple, la femme qui demande le divorce parce que son mari

Une représentation de La Mecque et de Médine (dessin du VIIIe siècle).

est dans l'incapacité de subvenir à ses besoins l'obtiendra facilement si le système judiciaire applique le droit malikite ; par contre, elle sera déboutée si c'est le droit hanafite qui est appliqué. On comprend que dans les rares pays où existent plusieurs écoles juridiques, le demandeur a intérêt à bien connaître les subtilités juridiques sur lesquelles s'appuient les juristes. Nous n'avons montré qu'un seul exemple, mais il est intéressant de savoir que nous pourrions écrire un gros ouvrage en ne donnant que les différences d'application entre les diverses écoles dans le seul domaine du droit familial. Signalons, pour illustrer ces différences de manière terrible, l'existence, chez les chiites, du mariage « muta » ou mariage limité dans le temps (décrit dans l'article consacré aux chiites). Ce mariage « muta » parfaitement autorisé chez les chiites duodécimains est puni très sévèrement par tous les autres musulmans, qui considèrent cette relation comme une fornication (*zina*), dont la punition peut être la peine de mort.

Deux justices dans un même pays

Étant donné le caractère très contraignant de la charia, la plupart des États islamiques se sont trouvés dans l'obligation d'organiser deux types de justice : d'un côté une justice religieuse et à ses côtés une justice séculière. Il était, en effet, plus simple, de laisser la charia abandonner, pour l'intérêt public, la pratique quotidienne plutôt que de lui imposer une refonte et des modifications que, par essence, elle ne pouvait admettre. L'Europe a également connu ce type de séparation des pouvoirs judiciaires (par exemple durant les noires années de l'Inquisition) ; en outre, c'est toujours le cas de la pratique en Israël, où le droit familial est en partie aux mains des rabbins. Aujourd'hui, dans les États musulmans, la justice religieuse prend essentiellement sous sa coupe le droit familial, laissant aux mains de la justice séculière tout le droit pénal (c'est-à-dire celui des sanctions). C'est ainsi, par exemple, que la Turquie remplaça, en 1858, toutes les dispositions de la charia (à l'exception des dispositions concernant l'apostasie[c]) par un Code pénal qui était une adaptation du Code pénal français. Par la suite, ce Code pénal fut remanié en se basant sur le Code pénal italien. À titre de curiosité, signalons que ce Code pénal italien a servi d'armature aux codes pénaux de plusieurs pays musulmans : Turquie, Égypte, Liban, Libye.

Domaines d'application de la charia

Outre le droit familial, le droit civil et le droit pénal, le caractère contraignant de la charia se manifeste également dans des domaines très particuliers comme le commerce (droit commercial et droit bancaire) où commerçants et banquiers font preuve d'une grande imagination (société en commandite, rémunération de services, doubles ventes, etc.) pour contourner l'interdiction coranique de la *ribâ*, c'est-à-dire

du prêt à intérêt fixe (voir l'article consacré aux banques islamiques).

Le statut coranique de la femme

Si on s'intéresse aux **héritages** (question très généreusement débattue dans le Coran et dans le monde musulman), on s'aperçoit que dans le Coran, la femme reçoit nettement moins que l'homme (mais beaucoup plus qu'elle ne recevait dans la société tribale). La raison en est simple… et de bon sens. Dans la famille musulmane, seul l'homme doit subvenir aux besoins de la famille : l'argent que possède une femme est exclusivement réservé à son usage personnel. Voici une directive coranique que ne mettent certainement pas en pratique toutes les femmes musulmanes qui, dans nos sociétés, travaillent pour entretenir la famille (alors que dans les pays musulmans, seul l'homme travaille). La dot, aussi, revient à la femme. De plus, le Coran insiste pour qu'elle lui soit payée en main propre (dans les sociétés occidentales c'est la femme qui apporte sa dot… alors que dans les pays musulmans c'est elle qui reçoit un capital !).[9bis]

Concernant la **répudiation**, dans la société tribale, elle était immédiate. Le Coran a introduit un délai de viduité qui, outre qu'il oblige l'homme à entretenir sa femme durant cette période, ouvre également les conditions à une réconciliation. Ce n'était pas si mal pensé !

Concernant la **polygamie**, le Coran la restreint à quatre épouses et précise que l'homme doit toutes les traiter à égalité. S'il n'en a pas les moyens, qu'il se contente d'une seule épouse.

Enfin, le **divorce** peut résulter de trois causes : une répudiation unilatérale par le mari, un consentement mutuel, une décision judiciaire, mais les diverses écoles juridiques ne sont pas d'accord sur les motifs que peut invoquer une femme pour réclamer le divorce. [10] ■

Polémique

La chaîne des garants (*isnâd* et *silsila*) est, dans la religion musulmane, à la base des systèmes d'authentification. Nous avons déjà noté combien la société islamique primitive donnait sa préférence à l'oral par rapport à l'écrit. La chaîne des garants est donc utilisée non seulement pour certifier des hadîths ☾ mais aussi pour justifier les confréries des soufis ☾. Cependant, on le comprend aisément, en cas de litige, chacune des parties n'accorde pas le même crédit aux garants, préférant des garants qui partagent ses convictions. C'est ainsi que pour ce qui concerne la Tradition du Prophète (les hadîths), les chaînes des garants n'étant pas identiques chez les sunnites et les chiites, le contenu des paroles du Prophète peut varier sensiblement d'un rapporteur final à un autre rapporteur.

Qu'un verset du Coran puisse en abroger un autre est admis par toute la communauté musulmane puisqu'il en est fait mention dans le Coran. Qu'un hadîth puisse en abroger un autre est également admis par analogie. Par contre, le problème se pose lorsqu'un verset du Coran et un hadîth sont en contradiction.

POUR EN SAVOIR PLUS

Un article très documenté sur l'abrogeant et l'abrogé, contenant des exemples, figure dans l'*Encyclopédie de l'Islam* (cf. bibliographie) à l'article *naskh*.

Pour faire simple, on pourrait dire — sans trop se tromper d'ailleurs — que l'islam, c'est 90% de sunnites et 10 % de chiites. Ces chiites tirent leur nom de *shîa Ali* qui signifie « parti de Ali ». Les chiites sont donc les partisans de Ali (le quatrième calife) ou de l'un de ses descendants. Pour les désigner on utilise également l'expression « alides ».

Le premier schisme

Le chiisme constitue le premier schisme de l'islam, lequel apparaît à peine vingt ans après la mort du Prophète. Ce premier schisme — d'origine purement politique car il ne portait que sur la désignation du Calife — aboutit à la création de trois mouvements : les sunnites (comme nous l'avons vu, nettement majoritaires), les chiites et aussi une branche dissidente des chiites : les kharijites (pour en savoir plus, voyez l'article consacré aux schismes).

Les chiites, eux-mêmes, ont connu d'énormes dissensions, ce qui fait qu'aujourd'hui on distingue quatre grands mouvements dans le chiisme : l'imamisme duodécimain (qui est la religion officielle de l'Iran depuis 1501), l'ismaélisme (conduit par l'Aga Khân), l'alévisme (un quart des Turcs) et le zaydisme. Nous dirons quelques mots de ces trois derniers mouvements après avoir décrit en quoi consiste exactement le chiisme. Dans de nombreux articles, on peut lire qu'il n'existe que peu de différences entre les sunnites et les chiites. C'est vrai pour ce qui concerne les bases de la foi mais c'est, par contre, faux pour ce qui concerne la pratique quotidienne, l'application de la loi religieuse ou charia, la généalogie, la vie quotidienne, les lieux de pèlerinage, etc. Bien souvent, en pratique, le chiisme s'oppose au sunnisme.

La doctrine des chiites

Aux croyances fondamentales de l'islam, les chiites ajoutent deux doctrines de base : la croyance en la **justice de Dieu** (*adl* — Dieu ne peut être responsable du mal que fait l'homme, né libre) et l'**imamat**. La première doctrine est assez subtile et n'intéresse que les théologiens. La seconde a une implication tout à fait pratique car elle est responsable du **clergé** que l'on trouve dans le monde chiite alors qu'il n'y a aucun clerc dans le monde sunnite. Pour les chiites, Dieu ne pouvait abandonner l'homme à la mort de Mahomet ; aussi, dans un souci de justice, il lui a donné des guides éclairés, des hommes purs et parfaits : ce sont les **imâms**. Leur nombre varie selon les mouvements chiites : certains n'admettent que sept imâms alors que d'autres reconnaissent les douze imâms. Quoi qu'il en soit (il faut bien simplifier), les chiites majori-

Hérésie

Contrairement au monde chrétien, le monde islamique sunnite ne connaît pas l'hérésie puisqu'il n'y a pas d'autorité qui puisse dire ce qui est hérétique et ce qui ne l'est pas. Ainsi, rien n'empêche un musulman de croire à la réincarnation. Pour ce faire, il pourrait même se baser sur un verset du Coran ainsi que le fait remarquer Eva de Vitray-Meyerovitch dans son ouvrage *Islam, l'autre visage,* Albin Michel, 1995 (page 116).

« Le Coran dit : « D'étape en étape les hommes sont transformés, mais ils ne le comprennent pas car ils sont oublieux. »

Est-ce que cela veut dire une évolution purement spirituelle dans le cadre d'une seule vie ? Est-ce que cela veut dire le lethé, l'oubli entre deux réincarnations ? Vous le comprendrez comme vous voulez. »

Il est à noter qu'il s'agit de la position d'Eva de Vitray-Meyerovitch, loin d'être admise par tous. Il convient toutefois de signaler que dans la littérature alchimique de langue arabe, et tout particulièrement dans l'œuvre de Jâbir, il est question de « cycles de réincarnation ».

Mausolée chiite à coupole. Ce mausolée date de la dynastie chiite des Fatimides (XIe et XIIe siècles) qui régnait en Égypte. On peut encore admirer ces mausolées à Assouan (Égypte).

taires reconnaissent l'existence de **Quatorze Très Purs** qui sont : Mahomet, sa fille Fâtima et les douze Imâms (qui tiennent leur investiture de Dieu). Seuls, ici, nous intéressent le premier et le dernier des Imâms. Le premier, vous l'avez deviné, est **Ali** (le beau-fils de Mahomet et le mari de Fâtima). Le dernier (**Muhammad al-Muntazar**) a disparu en 874 ; pour les chiites (du moins pour la majorité d'entre eux, les imamites duodécimains), cet Imâm est simplement occulté et on attend son retour d'un jour à l'autre. De cette absence résultent quelques « désagréments » ; ainsi certaines décisions ne peuvent être prises en son absence (par exemple, les chiites ne peuvent décréter la *jihad* ᴳ — improprement appelée, en Occident, « guerre sainte » — car seul l'Imâm a ce pouvoir). D'un autre côté, pour eux, la porte de l'*ijtihâd* ᴳ — ou réflexion personnelle dans le domaine du droit et de la religion — n'est pas fermée. Ce qui n'est pas sans conséquence car un ayatollah peut ainsi proposer ou imposer un avis neuf.

Un important « clergé » chiite

Puisque dans l'islam sunnite il n'y a ni liturgie, ni sacrements, ni confession, ni cérémonies cultuelles (à l'exception, toutefois, des cérémonies se déroulant à La Mecque lors du Pèlerinage), il n'y a pas, non plus, besoin de ministres du culte, comme c'est le cas chez les chrétiens. D'autant plus que l'islam conteste le rôle pastoral que pourrait s'arroger un ministre du culte (c'est ainsi que l'islam sunnite conteste, par exemple, le rôle de directeur de conscience qu'exercent les

cheiks soufis ᴳ). L'islam sunnite refuse donc, d'une part, tout intermédiaire entre Dieu et l'homme et, d'autre part, il refuse toute organisation cléricale et, bien entendu, toute hiérarchie dans ce type d'organisation. Ni l'imâm sunnite (qui dirige la prière), ni le muezzin n'appartiennent à un clergé quelconque et n'importe quel musulman peut exercer ces charges. Il n'en est cependant pas exactement de même chez les chiites bien qu'il n'y existe pas, non plus, de sacrement, de confession, etc. Cependant, la présence des imâms « infaillibles et impeccables », des nombreux oulémas, des ayatollahs, signe incontestablement une organisation en clergé. En outre, le culte des morts, les pèlerinages divers, les « saints », conduisent à l'organisation d'évènements qui sont de nature liturgique.

Néanmoins, pour ce qui concerne le clergé, nous sommes encore loin de l'organisation canonique et hiérarchique que l'on rencontre dans l'Église catholique : pas de moines, pas de vœux, pas de célibat, pas de sacerdoce, pas de sacrement d'ordination, etc.

Pour l'essentiel, le « clergé » chiite est constitué des oulémas, des muftis, des cadis, des mujtahids, des sayyids, des ayatollahs et de l'imâm. On estime que la classe religieuse chiite serait composée de plus de 200 000 personnes, ce qui n'est pas rien ! Le mot « clergé » est pris au sens large étant donné l'intrication indissociable du religieux avec la vie de tous les jours et l'application de la loi (qui est, par essence, religieuse).

Les États chiites

Bien que les chiites ne représentent actuellement qu'environ 10 % des musulmans dans le monde, ils ont eu des périodes de gloire. Ainsi, tous les chérifs hachémites qui ont régné sans interruption sur les lieux saints de La Mecque, du Xᵉ siècle jusqu'à l'arrivée des Saoudiens, sont des descendants d'Ali. La dynastie des Fatimides, à laquelle on doit la création du Caire et de sa prestigieuse université, a régné pendant deux siècles. Les califes Fatimides prétendaient descendre de Fâtima, la fille de Mahomet, d'où leur nom. Plus récemment, un État imamite a été instauré en 1979, en Iran, par l'ayatollah Khomeini.

Contrairement aux sunnites, les chiites encouragent les mortifications et le martyre. Comme chez les chrétiens, on peut rencontrer, lors des pèlerinages, des groupes de flagellants.

Un « clergé » hiérarchisé

Les **oulémas** (ou **mollahs**) sont en réalité des savants spécialisés dans les sciences religieuses. Pour devenir ouléma, le jeune, âgé de quinze ans au moins, entre dans une école coranique (madrasa) où il suit pendant une dizaine d'années un enseignement portant sur les sciences religieuses (c'est-à-dire le droit (*fiqh*), le fondement du droit (*usûl al-fiqh*), la Tradition (les *hadîths*), l'exégèse (*tafsîr*) et la théologie (*kalâm*)).

Les **mujtahids** sont des oulémas ayant terminé leurs études ; ils sont aptes à enseigner et pratiquent l'*ijtihâd* ᶜ (c'est-à-dire l'effort de réflexion) . « Le théologien qui a accédé au rang de mujtahid porte le turban, la barbe, le manteau et des babouches. Il est rare que ce titre soit obtenu par des hommes de moins de trente ans et l'on trouve communément des étudiants de quarante ou cinquante ans. De plus, pour être mujtahid, il faut remplir les conditions suivantes : avoir l'âge de la maturité, être de sexe masculin, être de naissance légitime, avoir la foi, avoir les capacités intellectuelles requises et être reconnu comme juste et intègre. »[11] Les mujtahids chiites sont considérés comme les porte-parole de l'imâm caché et peuvent, dans une certaine mesure, réinterpréter la loi (ce qui est défendu aux savants sunnites, pour lesquels la « porte de l'ijtihâd » est définitivement fermée et qui ne peuvent plus appliquer que l'imitation (*taqlîd*)).

Les **muftis** sont des juristes qui délivrent des avis juridiques (*fatwas*) sur des questions pratiques.

Les **cadis** sont des juges chargés de faire respecter la loi religieuse (ou charia). Pour rendre leurs avis, ils peuvent faire appel à des muftis.

Les **sayyids** sont les descendants des Imâms. Ils participent à la vie religieuse généralement comme enseignants. On fait aussi très souvent appel à eux lors des naissances pour qu'ils fassent la bénédiction.

Les **ayatollahs** sont les mujtahids qui ont reçu une habilitation particulière ; le titre ayatollah signifie *Signe de Dieu*. S'il commence à avoir des disciples, l'ayatollah devient Grand ayatollah (*ayatollah uzma*).

L'**Imâm** des chiites est leur chef spirituel et temporel. Le dernier des imâms (voir plus haut) a été occulté au IXᵉ siècle. Assez curieusement, l'ayatollah Khomeyni a porté le titre d'Imâm : il est le seul depuis l'occultation du dernier Imâm.

Le chiisme au quotidien

La place nous manque, bien sûr, pour montrer ce qu'est le chiisme au quotidien dans un État qui se veut purement islamique. Néanmoins, les plus âgés de nos lecteurs doivent se souvenir des premières années de la création de la République islamique d'Iran et de ses excès.

Notons cependant quelques différences entre le quotidien du chiite et celui du sunnite. Contrairement aux sunnites, les chiites regroupent leurs prières et ne prient ainsi que trois fois par jour. En plus de l'appel « classique » à la prière [C], le muezzin ajoute une formule consacrée à Ali. Enfin, outre le tapis de prière, ils utilisent, pour poser le front à terre, un petit pavé d'argile (celui-ci a été prélevé dans un des lieux saints du chiisme).[11bis]

Sans entrer dans les détails, il n'est pas possible d'évoquer le chiisme sans parler du rôle de la femme, de la dévotion aux saints, des pèlerinages, d'une certaine intransigeance.

La femme en milieu chiite

Rappelons que parmi les *Quatorze Très purs* figure Fâtima, une des filles de Mahomet et aussi la seule à lui avoir assuré une descendance mâle[12]. Fâtima occupe dans la religion chiite une position très proche de celle de la Vierge Marie dans la religion chrétienne (à tel point que, pour certaines sectes chiites, Fâtima est restée vierge, malgré ses maternités). Malgré

Ali

Beau-fils de Mahomet et mari de Fâtima (une fille que Mahomet a eue de son premier mariage et la seule à lui avoir donné des héritiers mâles), Ali aurait pu devenir le premier Calife à la mort de Mahomet en 632. Malheureusement pour lui, ce fut Abu Bakr — un beau-père de Mahomet — qui se fit élire premier Calife. C'est en quelque sorte la lutte des vieux (Abu Bakr avait la soixantaine) contre les jeunes (Ali avait moins de la trentaine). Avant qu'Ali ne fut élu à son tour Calife, deux autres Califes régnèrent sur les Arabes (Osman et Uthman), et trente années s'écoulèrent. Ce n'est qu'après l'assassinat de Uthman (en 661) qu'Ali fut, enfin, élu Calife... et pas pour bien longtemps. En effet, un parent du dernier Calife Omeyyade (Moawiya) voulait également devenir Calife et obtint l'appui d'Aïcha, l'épouse préférée de Mahomet. Ali gagna une bataille (dite des chameaux) mais, devant l'incertitude d'une autre bataille, il accepta un arbitrage, lequel lui fut défavorable. Certains membres de sa tribu n'acceptèrent pas cet arbitrage et créèrent un mouvement dissident (les kharijites). Ali combattit ce mouvement mais mal lui en prit car il mourut assassiné quelques mois après avoir été élu Calife (sa tombe, à Nadjaf, en Irak, est un des lieux saints de l'islam chiite). Il laissa deux fils (les petits-fils de Mahomet) : Hassan abandonna assez vite toute velléité au pouvoir tandis que Hussein (le plus jeune) périt avec ses compagnons à la bataille de Kerbela. Hussein est considéré par les chiites comme un martyr et la ville de Kerbela (à moins de 100 kilomètres de Bagdad) devint un des principaux lieux saints de l'islam chiite. Comme on le voit, la postérité n'a pas été très généreuse avec les descendants directs du Prophète.

Si tous les chiites se revendiquent d'Ali (le premier Imâm), certains schismatiques (comme les Alaouites ou Nosaïris) vont jusqu'à diviniser Ali (dans une triade comprenant aussi Mahomet et un compagnon de celui-ci). Signalons encore, pour terminer, une petite distinction : les chiites alides sont les chiites partisans d'Ali alors que les chiites alaouites « rendent un culte à Ali ».

Ali, le quatrième calife, le cousin de Mahomet, le mari de Fâtima (une fille du Prophète), est aussi le premier imâm des chiites. Il est généralement représenté, comme Mahomet, le visage voilé. On le reconnaît à son sabre à double lame.

cette dévotion pour « la Resplendissante », les chiites ont une conception assez particulière du rôle de la femme. Ainsi, pour ne donner qu'un exemple, les imamites duodécimains (qui représentent la majorité des chiites) sont les seuls musulmans à reconnaître le mariage *muta*, c'est-à-dire un mariage provisoire. En effet, alors que dans le droit sunnite (ainsi que chez certains chiites), il n'existe que deux types de rapports sexuels licites (le pouvoir du maître sur son esclave et le contrat de mariage), chez les imamites duodécimains, il existe un troisième rapport sexuel licite : le contrat de mariage provisoire (*muta*). Ce « contrat de mariage » est conclu pour une période déterminée et contre rémunération à la femme. Certains parleront de prostitution, les autres de proto-PACS... Les docteurs de la loi répondront qu'une union *muta* doit respecter toutes les conditions d'un mariage licite (au niveau des interdits de consanguinité, de la religion des partenaires, etc.) mais ne confère aucun droit (aucune obligation des partenaires, pas d'héritage possible, etc.). Enfin, signalons également que les imamites duodéci-mains sont très formalistes pour ce qui concerne la répudiation de la femme et que leurs règles d'héritage sont diamétralement opposées à celles des musulmans sunnites (ici, tout parent a droit à une partie de l'héritage). Il existe des explications politiques à ces particularités du droit musulman mais les modestes dimensions de cet ouvrage s'opposent à une telle explication.

Les martyrs et les saints

Enfin, pour terminer, signalons le culte des morts et des martyrs, celui des saints et les nombreux pèlerinages aux tombeaux des Imâms (Najaf, Sâmarra, Kazemeyn, Karbalâ) où s'effectuent des circumambulations comme à La Mecque (voir l'article consacré aux Lieux saints de l'islam). Le culte des saints est une spécialité des chiites (qui élèvent ainsi des mausolées à certains de leurs dirigeants, à des imâms ou à des oulémas) mais aussi des soufis ⁽ᶜ⁾. Comme quoi, le monothéisme pur a toujours quelques difficultés avec les hommes. ■

Pour en savoir plus

Si vous souhaitez en savoir plus sur le droit musulman, et tout particulièrement sur les différences entre son application chez les sunnites et les chiites, je vous recommande l'ouvrage de N. J. Coulson, *Histoire du droit islamique*, PUF, 1995, 234 pages. D'une clarté exemplaire, il ne nécessite aucune connaissance préalable car tout y est méthodiquement expliqué.

Pour en savoir plus concernant les chiites, deux ouvrages sont à lire : *Les Chiites* par Geneviève Gobillot, collection Fils d'Abraham, Brepols, 1998, 216 pages, et *L'islam chiite*, par Yann Richard, Fayard, 1991, 304 pages.

© Eyrolles Pratique

Polémique Certains sunnites extrémistes (comme, par exemple, les wahhâbites d'Arabie Saoudite) considèrent que l'imamisme est une religion qui mélange l'islam avec des croyances polythéistes (fortement réprouvées par l'islam) et de l'idolâtrie (le culte des saints, également réprouvé par les sunnites et tout particulièrement par les wahhâbites qui vont jusqu'à détruire des tombes prétendument sacrées).

■ La date exacte de la naissance du chiisme est discutée. Pour certains, ce n'est qu'à la disparition du dernier Imâm (en 874) que le mouvement a réellement pris sa forme actuelle. Pour les partisans de cette thèse historique, les premiers partisans de la famille du Prophète doivent être considérés comme des proto-chiites, dont la caractéristique principale est d'être en opposition avec les Califes Omeyyades qui gouvernent l'Islam. Ils distinguent donc un proto-chiisme politique et un chiisme religieux.

■ L'hyperdulie (c'est-à-dire un culte jugé excessif par les opposants à une telle adoration) dont est honorée la famille de Ali est très mal acceptée par les musulmans sunnites. Dans ce culte sont englobés Fâtima, sa femme, et leurs deux enfants, Hasan et Husseyn, et, bien sûr, Mahomet — l'ensemble constituant les « Cinq du manteau ».

■ La présence d'un clergé est également le lieu d'une intense polémique entre chiites et sunnites, ces derniers leur reprochant d'agir comme les juifs et les chrétiens alors que le Coran interdit cela explicitement (voir, plus bas, les versets IX-31).

Versets coraniques

« Ils ont pris leurs docteurs et leurs moines ainsi que le Messie, fils de Marie, comme "Seigneurs" en dehors d'Allah, alors qu'ils n'avaient reçu l'ordre que d'adorer une divinité unique. Nulle divinité en dehors d'elle ! » (IX-31).

Christianisme et islam : ces deux mots suggèrent immédiatement les Croisades... Heureusement, les rapports entre l'islam et le christianisme n'ont pas toujours été des rapports de belligérants mais ils auraient pu être meilleurs si la communication entre les hommes avait été meilleure et « si la chrétienté médiévale avait su que les musulmans considèrent la Thora et l'Évangile comme des Écritures révélées et que, selon le message du Coran, les juifs et les chrétiens — en particulier les prêtres et les moines — doivent être respectés à cause de leur foi, et libres dans leur culte, bien des polémiques théologiques et bien des conflits sanglants auraient pu être évités ».[13]

La formation religieuse de Mahomet

Durant ses années de commerce, Mahomet — caravanier puis commerçant — a rencontré de nombreux chrétiens[14], y compris des anachorètes (dont le Syrien Bahira). Curieux de tout, Mahomet s'est intéressé à leur religion et les a longuement questionnés (comme on peut le faire dans le désert, le soir, après une longue journée de marche, autour d'un feu de brindilles). On doit cependant relever que les chrétiens rencontrés dans les déserts d'Arabie étaient souvent des nestoriens ou d'autres hérétiques dont la profession de foi — souvent éloignée de celle de Rome — n'était ni toujours précise, ni uniforme. Ceci explique les positions, parfois étranges, de Mahomet concernant la religion chrétienne dont il s'était fait une idée très approximative. Ajoutons à cela qu'il n'avait jamais eu, non plus, la possibilité de lire les Évangiles, dont la traduction en arabe n'existait pas encore. Ceci précisé, il est intéressant de voir ce qui différencie essentiellement l'islam de la religion chrétienne, sachant que Jésus est abondamment cité dans le Coran et que Marie est la seule femme à laquelle le Coran consacre une sourate entière (sourate 19 contenant 98 versets).

Aimés puis chassés

Historiquement, les chrétiens — jusqu'aux Croisades — ont été relativement bien acceptés par l'islam et pouvaient même occuper des postes importants, exercer des métiers intellectuels et aussi attaquer, en toute liberté, l'islam dans des ouvrages circulant librement. Malgré quelques réticences dues aux positions doctrinales des chrétiens concernant la Trinité, l'Incarnation et le statut de Mahomet (voir plus bas), leur religion était assez bien acceptée. Ils étaient libres de la pratiquer à condition de respecter certaines règles et de payer l'impôt (voir l'article consacré aux dhimmis — les « gens du Livre »).

Ce n'est qu'à partir de 1120 que les chrétiens sont expulsés des terres arabes, vingt-cinq ans avant l'expulsion des juifs.

Que savait-on sur l'islam, dans la chrétienté, avant les Croisades ?

Bien peu de choses. On disait que Mahomet était un cardinal qui, déçu de n'être pas Pape, avait fondé une nouvelle religion. On disait que cette religion adorait trois divinités : Apollon, Mahon et Tervagant. On disait que Mahomet était un magicien qui avait détruit l'Église et était adoré comme une idole. Toutes choses fausses...

Lettre à Mahomet II pour l'exhorter à se convertir

En 1461, alors que le conquérant turc progresse en Orient et en Occident, le pape Pie II (alias l'homme de lettres et humaniste Enea Silvio Piccolomini) adresse une longue lettre à Mahomet II (le sultan Mehmet II). Il lui propose, en termes bien peu diplomatiques, d'abandonner sa religion, la société des « Égyptiens efféminés et des lâches Arabes » et son Prophète dont le « seul souci était de se remplir le ventre et qu'il pensait que c'était en cela que résidait le bien suprême » pour se faire baptiser comme Clovis (roi des Francs), Étienne (roi des Hongrois). Ainsi, il sera également reconnu empereur d'Occident : « Si tu veux étendre ton empire aux peuples chrétiens, et rendre ton nom glorieux entre tous, tu n'as pas besoin d'or, ni d'armes, ni de troupes, ni de vaisseaux. Une petite chose suffirait à faire de toi le plus grand, le plus puissant et le plus illustre des hommes qui vivent aujourd'hui. Tu veux savoir laquelle ? Elle n'est pas difficile à découvrir, et tu n'auras pas à la chercher bien loin, car on la trouve partout : quelques gouttes d'eau, pour te baptiser, t'initier au rite chrétien, et à la foi dans l'Évangile. Si tu fais cela, il n'y aura plus de prince sur terre qui puisse te surpasser en gloire ou t'égaler en puissance. Nous t'appellerons empereur de Grèce et d'Orient et ces terres dont tu t'es emparé de force et que tu détiens aujourd'hui sans aucun droit deviendront alors ta propriété légitime. Tous les chrétiens te vénéreront et te feront juge de leurs querelles... »[16]

Comme l'art grec, l'art musulman a fait un usage très important des colonnes ; surtout pour la construction des mosquées hypostyles (voir page 144). En fonction du type de colonne, on peut déterminer la période de construction ou d'agrandissement de la mosquée.

Le minaret est d'apparition assez tardive dans l'architecture des mosquées (vers le VIIIe siècle). On pense qu'il s'agit d'une adaptation des clochers des églises chrétiennes. Au cours des siècles, le minaret a pu prendre toutes les formes et toutes les hauteurs. Dans les pays musulmans, la hauteur du clocher de l'église devait toujours être inférieure à celle du minaret.

La réflexion chrétienne sur l'islam

Elle avait commencé avec saint François d'Assise, surpris par l'intelligence et la religion du sultan d'Égypte Malik al-Kamil (en 1216). Elle fut suivie par Roger Bacon, qui proposait « que l'apport spirituel de l'islam soit pris en considération dans la réflexion de la théologie chrétienne sur le mystérieux dessein divin de la Révélation »[15].

Mais c'est surtout depuis Vatican II qu'un dialogue sain s'est établi entre la chrétienté et l'islam. Citons simplement deux textes promulgués par le Pape Jean XXIII à l'issue du Concile Vatican II :

« Le Dessein de Salut enveloppe également ceux qui reconnaissent le Créateur et, en tout premier lieu, les musulmans qui professent avoir la foi d'Abraham et adorent avec nous le Dieu Créateur, miséricordieux, futur juge des hommes au Dernier Jour. » (*Lumen Gentium*, chap.16 — tout le chapitre 16 de cette Constitution dogmatique de Vatican II concerne l'islam).

« L'Église regarde aussi avec estime les musulmans, qui adorent le Dieu Un, vivant et subsistant, miséricordieux et tout-puissant, créateur du ciel et de la terre, qui a parlé aux hommes. Ils cherchent à se soumettre de toute leur âme aux décrets de Dieu, même s'ils sont cachés, comme Abraham s'est soumis à Dieu, auquel la foi islamique se réfère volontiers. Bien qu'ils ne reconnaissent pas Jésus comme Dieu, ils le vénèrent comme prophète ; ils honorent sa mère virginale, Marie, et parfois même l'invoquent avec piété. De plus, ils attendent le jour du Jugement, où Dieu rétribuera tous les hommes ressuscités. Aussi ont-ils en

Les ahmandiyyas, le Christ et l'islam

Cette secte mystique — dont le nombre d'adeptes dépasse le million — se base sur l'enseignement de Mirza Ghulam Ahmad (1839-1908). M.G. Ahmad prétendit successivement être le Messie (Christ), le Mahdi, un « avatar » de Krishna et Bourouz (une manifestation de Mahomet). Malgré cela, les ahmandiyyas se déclarent toujours musulmans et suivent les rites de l'islam même s'ils n'en acceptent pas tous les dogmes (comme, par exemple, celui de l'inimitabilité du Coran). Bien entendu, comme M. G. Ahmad se prétendait Prophète, les ahmandiyyas — qui suivent ses préceptes — sont déclarés apostats par le pouvoir religieux puisqu'il ne peut y avoir de prophètes après Mahomet qui est le « sceau des Prophètes », c'est-à-dire le dernier prophète.

Signalons que pour les ahmandiyyas, le Christ n'est pas mort sur la croix (il s'est simplement évanoui) et, après son rétablissement, il s'est réfugié en Inde (sa tombe aurait même été retrouvée au Cachemire).

estime la vie morale et rendent-ils un culte à Dieu, surtout par la prière, l'aumône et le jeûne.

(...) Ainsi, si au cours des siècles, de nombreuses dissensions et inimitiés se sont manifestées entre les chrétiens et les musulmans, le concile les exhorte tous à oublier le passé et à s'efforcer sincèrement à la compréhension mutuelle (...). » (Déclaration *Nostra Aetate* sur les religions non chrétiennes, 3).

C'est Paul VI qui écrivait aussi : « L'éducation au dialogue avec les disciples des religions différentes devrait faire partie de la formation chrétienne, spécialement des jeunes. » (encyclique *Redemptor Hominis*)

Et pour terminer, citons Jean-Paul II — ce pape étonnant — qui, dans son discours à Ankara, en Turquie, en 1979, dit : « ... j'exprime, à nouveau, l'estime de l'Église catholique pour les valeurs religieuses de l'Islam. Quand je pense à ce patrimoine spirituel, à la valeur qu'il a pour l'homme et pour la société, à sa capacité d'offrir, surtout aux jeunes, une orientation de vie, de combler le vide laissé par le matérialisme, de donner un fondement sûr à l'organisation sociale et juridique, je me demande s'il n'est pas urgent, précisément aujourd'hui où chrétiens et musulmans sont entrés dans une nouvelle période de l'Histoire, de reconnaître et de développer les liens spirituels qui nous unissent, afin de protéger et promouvoir ensemble, pour tous les hommes — comme nous y invite le concile — la justice sociale, les valeurs morales, la paix et la liberté. » (*Osservatore Romano*, 30 novembre 1979)

Les derviches tourneurs (voir page 179) utilisent la danse pour créer un état second permettant un accès plus physique avec Dieu.

Principales différences entre l'islam et le christianisme

1. Pour l'islam Jésus est un prophète

- Il est venu seulement pour les israélites (33, 40).
- Il n'est pas mort.
- Il n'est pas le fils de Dieu (19,35).
- Il n'est pas Dieu (5-17,18).

Pour les musulmans, Jésus n'étant pas mort sur la croix (il s'est seulement évanoui ; il a été remplacé par un autre crucifié — les versions sont nombreuses), il n'est donc pas ressuscité (or, la résurrection est l'acte fondateur de la religion chrétienne : il n'y a donc pas d'entente doctrinale possible entre les musulmans et les chrétiens).

Par contre, les musulmans admettent qu'il est né d'une vierge (19-20), qu'il est sans péché (19,19), qu'il a connaissance de l'heure du jugement dernier (43,61), qu'il a des pouvoirs étendus sur la vie et les maladies (5, 110), etc.

2. Les chrétiens adorent plusieurs dieux

Pour les musulmans la Trinité n'est pas un concept acceptable. Ils reprochent aux chrétiens d'associer d'autres divinités (Jésus-Christ et le Saint-Esprit) à Dieu (« le Père »). « Croyez en Allah et en Ses Apôtres et ne dites point "Trois !" Cessez ! (...) Allah n'est qu'une divinité unique. À lui ne plaise d'avoir un enfant ! » (Sourate IV, 169-171).

Allah

Ce mot est la contraction de al-Lah : le Dieu. Ce terme était utilisé dans le monde arabe préislamique et est encore utilisé aujourd'hui par les Arabes chrétiens pour désigner Dieu (dans un sens différent, bien entendu, du Dieu de l'islam).

Évangile de Barnabé

C'est un Évangile dont l'apparition est signalée pour la première fois, en 1709, en Hollande. Cet Évangile, manifestement un faux (on y trouverait des citations de Dante, et certains faits signalés sont historiquement impossibles, etc.), est un sujet de controverse entre chrétiens et musulmans. Pour les musulmans, il s'agit d'une « pièce » historique importante car cet Évangile annonce clairement la venue de Mahomet.

Notons que le concept de Trinité n'a jamais été très clair pour les musulmans car leurs sources (les chrétiens hérétiques d'Arabie) n'étaient pas très fiables. Dans le Coran, on trouve ainsi ce passage étrange — relatant une parole du Christ — qui laisserait supposer que la Trinité était composée de Dieu (« le Père »), Jésus-Christ et Marie, la mère de Jésus : « Prenez-nous, moi et ma mère, comme divinités en dessous d'Allah ! » (sourate V-116)

3. Le péché originel n'existe pas

Comme pour les chrétiens, Adam et Ève ont commis un péché au Paradis. Pour les musulmans, ce péché leur a immédiatement été pardonné par Dieu, qui a même envoyé une tente pour les protéger des intempéries de la Terre (voir, page 33, le texte sur la Kaba). En aucune façon, ce péché (ni aucun autre d'ailleurs) ne peut avoir des effets collatéraux. Il n'y a donc pas de cérémonie de baptême, ni rien d'approchant chez les musulmans. Rappelons que, dans la religion chrétienne, trois humains seulement sont nés indemnes du péché originel : Adam, Ève et Marie (c'est ce qu'on désigne, pour Marie, sous le terme d'Immaculée conception).

4. Les Évangiles ont été falsifiés

Pour les musulmans, la Torah (Deutéronome 18:18) et les Évangiles contiennent de nombreuses références à Mahomet annoncé comme le Prophète (voir, page 135, le texte consacré au Paraclet). Ces références ont été effacées et les documents falsifiés. Pour les musulmans, la vérité est à chercher dans l'Évangile de Barnabé.

Convergences entre l'islam et la religion chrétienne

En dehors de ces divergences, il existe de nombreuses convergences entre les deux religions. Rappelons qu'elles sont toutes deux monothéistes ; qu'elles trouvent leurs racines dans le pacte noachique ; que leurs généalogies remontent à Abraham/Ibrahim, le hânif ; qu'elles font référence aux mêmes personnages mythiques ou historiques (Adam et Ève, Noé, Jésus, Marie, Moïse, etc.). Enfin, elles annoncent toutes les deux les fins dernières avec un partage des humains vers le Paradis ou l'Enfer. ■

Polémique ■ Malgré Vatican II, les récentes prises de position de Jean-Paul II et l'important document du Saint-Siège (*Réflexions et orientations concernant le dialogue inter-religieux et l'annonce de l'Évangile*), certains auteurs chrétiens, comme Andreas Maurer, théologien de l'Université de Pretoria et islamologue [17], n'hésitent pas à écrire, en 2002, que « les chrétiens d'aujourd'hui ont pour mission d'annoncer aux musulmans le vrai Dieu » (page 91) et qu'il faut faire parvenir aux musulmans le message du Christ « afin qu'eux aussi puissent obtenir la rédemption et accéder à la vie éternelle » (page 111). Et d'ajouter : « ce qu'il faut c'est d'abord encourager les musulmans à réfléchir au sujet de leur relation avec Dieu » (page 116). « Les réponses apportées doivent inciter les musulmans à réfléchir sur leur situation par rapport à Dieu et à finalement accepter la vérité. » (page 72)

■ Dans une direction tout opposée, le père Michel Lelong, Père blanc, islamologue, écrit : « De même que les musulmans, sans partager la foi chrétienne, vénèrent Jésus et reconnaissent sa place éminente dans le Dessein du Créateur, les chrétiens, sans partager la foi musulmane, ne pourraient-ils pas — ne devraient-ils pas — considérer le Coran comme une parole de Dieu et Mohammed comme l'un de ses envoyés ? » [18]

Les femmes pures de l'Islam

Elles ne sont guère nombreuses. Signalons Marie (la mère de Jésus), Khadïja (la première femme de Mahomet), Fâtima (la fille de Mahomet et l'épouse d'Ali) et la fille du pharaon qui sauva Moïse des eaux.

Maternité miraculeuse de Marie

Les musulmans acceptent la maternité miraculeuse de Marie, mère et vierge. Cela ne pose pas de problèmes à Dieu qui peut tout faire : il a fait naître Adam sans père, ni mère ; Ève, est née sans mère, Jésus est né sans père. Ainsi toutes les possibilités ont été exploitées.

Représentation sur un plat.
Xe siècle (Perse).

Versets coraniques

« Ô détenteurs de l'Écriture !, ne soyez pas extravagants, en votre religion. Ne dites, sur Allah, que la vérité ! Le Messie, Jésus fils de Marie, est seulement l'Apôtre d'Allah, son Verbe jeté par Lui à Marie et un Esprit émanant de Lui. Croyez en Allah et en Ses Apôtres et ne dites point : « Trois ! ». Cessez ! Cela sera un bien pour vous. Allah n'est qu'une divinité unique. À Lui ne plaise d'avoir un enfant ! » (IV-169)

Les confréries (tarîqa)

Les confréries musulmanes sont des communautés mystiques (et mission-naires) qui rassemblent des hommes et des femmes. Au départ, l'expérience mystique est une expérience individuelle mais ensuite les maîtres (*Cheikh*) — dont le charisme, la piété et les miracles sont reconnus — transmettent leur expérience à des disciples, lesquels deviennent de plus en plus nombreux pour, enfin, former une communauté hiérarchisée et structurée autour de ceux-ci.

La communauté mystique

Cette communauté peut être limitée à quelques membres qui vivent une vie monacale autour d'un *chaykh* mais peut aussi prendre la forme d'une vaste com-munauté s'étendant sur toute une région, où la structure hiérarchisée est doublée d'un rituel complexe fait d'exer-cices individuels mais aussi de réunions régulières et de préceptes de vie. Il arrive ainsi que les membres d'une profession se regroupent dans une confrérie.

Lorsque cette structure hiérarchisée — où les disciples vénèrent le maître ; atten-dent de lui les directives de vie et, en échange, lui abandonnent leurs biens matériels — prend des proportions impor-tantes, la confrérie devient riche, efficace et, s'il s'agit d'une confrérie regroupant les membres d'une profession importan-te, puissante et largement politisée.

Le développement des confréries

Construites initialement sur le mode mystique, les confréries se sont large-ment développées dans le monde musul-man du XIIe siècle jusqu'au milieu du XXe siècle, avant d'être combattues par le pouvoir étatique. Les raisons de ce déve-loppement sont nombreuses : la confré-rie assure une certaine sécurité à ses membres, elle apporte également le « supplément d'âme » que ne procure pas la religion musulmane assez austère ; enfin, elle permet la création de relations sociales et commerciales et, historique-ment, dans une certaine mesure, permet-tait de résister à l'influence du colonialis-me européen. Aujourd'hui, les confréries sont principalement représentées au Maghreb et dans les pays de l'Afrique noire.

Les confréries soufies

Les confréries musulmanes sont histori-quement liées au mouvement mystique des soufis[c]. Le mode de vie des membres des confréries soufies varie considérable-ment selon le maître (*chaykh*) : certains vivent dans un couvent, d'autres sont ermites, d'autres encore exercent une activité et ont une vie tout à fait norma-le. La plupart des confréries portent le nom de leur *chaykh* fondateur.

La baraka

Ce mot arabe, très utilisé par les joueurs de tous pays, signifie « bénédiction ». Il est passé dans le langage courant pour désigner la chance. Le mot baraka est coranique et signifie une faveur divine. Dieu a le pouvoir de distribuer cette faveur à qui il veut mais, c'est normal, il la dispense plus volontiers sur les hommes bons et pieux et, tout particulièrement sur les prophètes, les saints, et leurs descendants, lesquels peuvent en faire profiter ceux qu'ils fréquentent. Par la suite, le culte populaire des saints prenant de l'extension, la baraka fut attachée aux objets ayant appartenu au saint, au lieu où il vécut et à sa tombe. Ceci explique les nombreux pèlerinages sur les tombes des saints et aux endroits où ils vécurent et où sont parfois exposées des reliques (comme, par exemple, les poils de la barbe de Mahomet).

Le culte des saints

En principe, l'islam n'admet pas le culte des saints et, au contraire, se distingue des chrétiens, dont le Dieu Trinitaire s'entoure de nombreux saints. Mais l'homme reste l'homme et il a besoin de pouvoir s'identifier à des semblables dotés de vertus. C'est ainsi que le culte des saints s'est particulièrement développé dans les confréries soufies (autour des directeurs de conscience) et chez les chiites (autour des imâms et des martyrs). Ce culte des saints est à l'origine de nombreux pèlerinages extra-canoniques sur les tombes et mausolées des saints, martyrs et marabouts suscitant ainsi un folklore pseudo-religieux n'ayant plus grand-chose à voir avec des « visites pieuses » et l'ascétisme de l'islam. On se doute bien que ce culte est vigoureusement condamné par les plus orthodoxes des musulmans, d'autant plus que ce culte a donné lieu à quantités d'écrits mystiques venant « authentifier » l'existence des saints dont le nombre serait fixe pour l'éternité (un nouveau membre venant remplacer le saint décédé).

Mausolée de Zybaya, l'épouse du cinquième calife abbasside Haroun al-Rachid (Irak). Haroun al-Rachid est le personnage principal des *Mille et une nuits* (voir page 177). Les mausolées sont, en principe, interdits par l'islam sunnite ; ils ne se voient donc que dans les deux principaux pays chiites (Irak, Iran) ou en Égypte (où ils datent de la dynastie chiite des Fatimides).

Les règles des confréries varient également selon le *chaykh* et certaines sont à la limite de l'orthodoxie, ce qui explique les critiques nombreuses portées contre elles. Cependant, dans un but de légitimation, les mystiques soufis font remonter les confréries à Mahomet (en utilisant une « chaîne de transmission » ou *silsila*, comme cela se pratique pour les hadîths^C), ce qui leur confère une authenticité certaine. Beaucoup de confréries ont disparu aujourd'hui mais certaines, très anciennes, sont encore actives sur le plan local ou même parfois national. Citons la Kadiriyyah (chaykh soufi el-Djilani — constituée au XIIe siècle), les mevlévis (chaykh soufi Eddin Roumi — constituée au XIIIe siècle), les sénoussis (chaykh soufi Ali el-Sénoussi — du XIXe siècle), les tidjanis (el-Tidjani — du XIXe siècle).

Le mouridisme

Les lecteurs français, nombreux à avoir visité le Sénégal, n'ignorent sans doute pas le mouridisme, lequel est une confrérie soufie fondée par le chaykh Serigne Ahmadou Bamba (décédé en 1945) qui s'est déclaré chargé par l'ange Gabriel (Jibrîl) de rénover l'islam au Sénégal. Pour Ahmadou Bamba, contrairement aux autres mystiques, une voie importante de la rédemption est le travail manuel. Confrérie très active au Sénégal chez les wolofs ; elle s'opposa vivement au colonialisme. Les mourides (= novices, terme générique utilisé dans l'Andalus du XIIe siècle pour désigner les soufis) représentent aujourd'hui un quart de la population du Sénégal. La ville de Touba, où est enterré Ahmadou Bamba, est le lieu d'un pèlerinage annuel obligatoire pour tous les mourides. ■

Le chapelet est utilisé tant par les soufis pour leurs litanies ininterrompues que par l'homme de la rue. Les chapelets arabes possèdent 33 ou 99 grains.

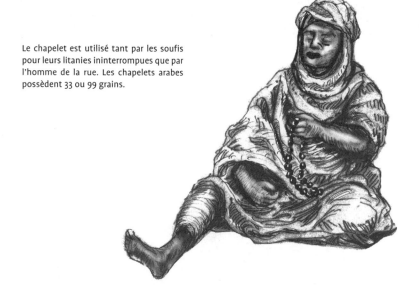

Le marabout

Au Maghreb et en Afrique noire, le marabout est un saint personnage qui dispense sa bénédiction (*baraka*) à ceux qui la lui demandent. Au maraboutisme, l'une des manifestations de l'islam populaire, sont liés quantités de cultes (bénédictions, pèlerinages, etc.) tant de son vivant qu'à sa mort. On rencontre cet islam populaire sous diverses formes dans de nombreux pays conquis par l'islam (Indonésie, Inde, etc.).

Polémique

Les membres des confréries musulmanes sont-ils des musulmans ? En principe, l'islam sunnite ne reconnaît aucun ordre religieux, aucun clergé, aucune hiérarchie spirituelle, aucune initiation, aucun maître à penser spirituel. Malgré cela, le soufisme (d'abord individuel puis collectif) s'est largement répandu dans le monde entier. Sans doute, l'islam traditionnel, trop rigoureux, condamnant aussi bien le culte des saints que les amulettes et les talismans, délaissant les pompes, n'apporte-t-il pas aux croyants la part d'émotion, de chaleur et de « supplément d'âme » dont ils ont besoin.

Condamnés par les musulmans rigoristes, les mouvements mystiques et les confréries n'en ont pas moins progressé dans tout l'Islam, et particulièrement en Afrique noire et en Inde. On sait que les fondateurs des confréries ont toujours prôné leur attachement à l'islam en se réclamant de l'enseignement du Prophète (même lorsqu'ils prônaient le célibat, inconnu en islam).

POUR EN SAVOIR PLUS

Issachar ben Ami. *Culte des saints et pèlerinage judéo-musulmans au Maroc*. Maisonneuve & Larose. 1990. 260 pages.

Madike Wade. *Destinée du mouridisme*. Côte West Informatique. Dakar. 1987. 194 pages.

Le Coran

Le Coran est le livre sacré des musulmans. Le mot Coran signifie récitation, prédication, lecture, ce qu'il était au départ (rappelons que le message divin s'adressait à une société orale). Ce n'est qu'ensuite que ce mot désigna le livre où était transcrit le message divin. Pour désigner le Coran, les arabes utilisent le mot *mushaf*, qui désigne un livre constitué de feuilles reliées. Le Coran est « descendu » sur Mahomet pendant 20 ans et, pour la première fois, en 610, durant la « Nuit du Destin » (voir l'article consacré au Ramadan).

Le Coran a été « dicté » en « pur arabe », aussi cette langue est-elle la seule autorisée pour la prière et la lecture liturgique du Coran (voir l'article consacré à la langue arabe). Signalons que pour les musulmans, le Coran est un ouvrage « dicté » et non un ouvrage inspiré : il est donc la Parole de Dieu.

Organisation du Coran

Le Coran est divisé en un certain nombre de chapitres, qu'on désigne sous le nom de sourates ; chaque sourate (*sûra*) est composée de plusieurs versets (*âya*). Au total, le Coran est composé de 114 sourates de longueurs inégales (la plus courte n'a que deux lignes et la plus longue compte soixante pages) et de plus de 6200 versets (le nombre de versets peut varier — nous en expliquerons plus loin la raison).

Chaque sourate porte un nom, lequel a varié au cours des temps. Les trois premières sourates ont pour nom : la Liminaire (*Al-Fâtiha*), la Vache (*Al-Baqarah*), la famille d'Imran (*Al-Imrân*). Pour chaque sourate, la plupart des éditions indiquent le nombre de versets, l'origine de son nom et la date de prédication (post- ou pré-hégirienne).

Toutes les sourates (à l'exception de la sourate n° 9) commencent par la *basmala* (voir l'article consacré à la prière). On suppose que cette absence provient de ce que la sourate n° 9 était primitivement une suite de la sourate n° 8.

Le Coran a été révélé à Mahomet en deux villes : d'abord à La Mecque et ensuite à Médine. Les sourates de Médine sont nettement plus longues que les sourates reçues à La Mecque. Or, à l'exception de la première sourate (*La Liminaire*), toutes les sourates sont rangées (à quelques exceptions près) dans l'ordre dégressif de leur longueur ; les sourates les plus longues d'abord puis les plus courtes en fin d'ouvrage (la lecture du Coran est donc anti-chronologique : on lit d'abord les dernières sourates reçues pour terminer la lecture par les premières révélations).

Les codex

Par codex, on entend un ensemble de feuilles cousues ensemble, reliées. Pour préparer la Vulgate, Otman a fait usage de quatre codex , dont nous ne possédons aujourd'hui plus aucune trace. Il s'agit des codex de Ubayy Ibn Kab, de Zayd Ibn Thâbit, de Abd-Allâh Ibn Masud et de Abû-Mûsâ al-Ashari (tous réunis entre vingt et trente ans après la mort du Prophète). D'après les informations que l'on possède, l'ordre des sourates était différent de celui de la vulgate othmanienne et il existait de nombreuses variantes. On notera que les auteurs des différents codex n'appréciaient pas spécialement l'œuvre unificatrice d'Othman. Ainsi Ibn Masud « aurait recommandé à ses disciples de cacher les codex issus de sa recension et de ne pas les livrer à Othmân qui voulait les détruire, et il aurait dénoncé violemment l'opération unificatrice organisée par celui-ci autour de Zayd, et en laquelle il voyait une opération de fraude et de détournement, comme on détourne à son avantage une partie du butin de guerre avant le partage ». [19]

L'interdiction de représenter les êtres vivants est à l'origine d'une calligraphie exceptionnelle. Ici, une calligraphie en forme de grue (d'après Rakin, Turquie 1808).

L'enregistrement des sourates

La parole divine, transmise par l'ange Gabriel, pouvait descendre à tout moment sur Mahomet. Lorsqu'il avait mémorisé la sourate, Mahomet la récitait à ses disciples. Certains d'entre eux, plus fervents, ou simplement plus lettrés, écrivaient le discours sur le support dont ils disposaient (qui pouvait être une omoplate de chameau, des feuilles de palme, un tesson de poterie, un morceau de cuir, une pierre, etc.). Mahomet ne se préoccupait pas de savoir si ses prédictions étaient retranscrites car dans la société tribale du désert la véracité d'un discours était assurée par sa transmission orale, l'écrit était fort secondaire (en outre, Mahomet croyait à la fin du Monde et se préoccupait, sans doute, fort peu du futur de son texte — voir l'article page 136). C'est seulement à Médine, au contact des juifs et des chrétiens, que Mahomet s'interrogea sur la nécessité réelle de consigner les révélations dans un livre comme celui auquel juifs et chrétiens se référaient. La Tradition dit que dans les dernières années de sa vie, Mahomet avait des dizaines de secrétaires qui notaient ses paroles (c'est-à-dire aussi bien les sourates du Coran que les hadîths[c] (les paroles, faits et gestes du Prophète) que les *hadîth quansi* — c'est-à-dire les paroles divines qui n'entraient pas dans le Coran).

La vulgate coranique

À la mort de Mahomet, à partir des divers documents écrits (sur cuir, os, végétal, etc.), des érudits établirent des *corpus* contenant les diverses sourates transmises par Mahomet. Ces divers corpus — dont on ne possède plus le moindre échantillon — divergeaient parfois quant au contenu. Puisque plusieurs érudits et dignitaires disposaient de corpus coraniques, le calife aussi — dont le rôle était de faire respecter la Loi — souhaitait disposer d'une collection complète des sourates. C'est ainsi que les deux premiers califes firent colliger tous les documents disponibles dans de nouveaux corpus. La Tradition dit que le calife Othman demanda à un jeune « scribe » de Mahomet (Zayd ibn Thâbit) d'effectuer une ultime recension. On raconte également que celui-ci était assez réticent à réaliser « une chose que le Prophète n'a pas faite ». Il le fit cependant. Lorsque le travail fut terminé, Othman, le troisième calife, fit détruire toutes les autres versions encore en circulation. C'est ainsi que fut constitué le Coran actuel qui, sous la pression du calife, et malgré certaines réticences des chiites, devint la Vulgate. Malgré tout, l'écriture arabe étant assez déficiente (voir l'article consacré à la langue arabe), les variantes orales étaient assez nombreuses. Une amélioration de l'écriture fut donc nécessaire... Bien entendu, elle ne se réalisa pas d'un coup de baguette magique et il fallut plus ou moins deux siècles pour que l'écriture arabe, tant dans sa forme (coufique) que dans son écriture, rendît toute variante quasi impossible. Ce n'est donc qu'au IXe siècle que la réforme de l'écriture put être considérée comme achevée et les exemplaires du Coran figés pour l'éternité.

La pluralité des lectures

L'écriture des premiers exemplaires du Coran ne comportait que des consonnes. Cette *scriptio defectiva* (voir plus haut, page 27) ne permettait pas une véritable lecture mais servait seulement de support pour les lecteurs qui connaissaient déjà le texte. On peut aisément imaginer que dans les diverses parties du monde arabe les lectures du Coran n'étaient pas identiques : un mot pouvait facilement en remplacer un autre. On imagine que des juristes s'étaient fait une spécialité de découvrir dans une phrase composée uniquement de consonnes le concept répondant parfaitement à leurs idées. C'est pour lutter contre les erreurs pouvant provenir de ces diverses lectures que tout fut mis en œuvre par les califes pour créer une *scriptio plena* (c'est-à-dire une écriture comportant tous les signes nécessaires pour une lecture fidèle) ne permettant, elle, plus aucune interprétation de lecture. Mais le « mal » était fait et les califes furent contraints d'accepter une pluralité des lectures du Coran pour

L'imprimerie

Les États musulmans attendirent plus de trois siècles avant d'introduire l'imprimerie, dont ils se méfiaient. Même après cette introduction, l'impression du Coran fut très longtemps considérée comme impie. L'une des premières éditions imprimées (en 1530, à Venise) fut immédiatement détruite sur l'ordre des autorités. La première édition d'origine musulmane date de 1787 ; elle est l'œuvre de Mulay Usman et fut imprimée à Saint-Petersbourg.

L'édition la plus importante est certainement celle parue au Caire en 1923. Elle fut composée sous le patronage du roi d'Égypte Faoud Ier. Il est important de noter que cette édition « populaire » et non « critique » se base sur une seule des lectures autorisées du Coran. Celle qui a été retenue est celle de Hafç (mort à Coufa en 805). Joli succès d'édition pour un auteur décédé il y a plus de mille ans. Succès d'autant plus important qu'il est vraisemblable que cette édition connaîtra un succès mondial... Ainsi le Coran sera devenu un ouvrage à lecture unique pour l'ensemble du globe. Le vœu des premiers califes est ainsi réalisé après 1200 ans.

autant, bien entendu que ces lectures fussent en accord avec le texte de la Vulgate et authentifiées par les principaux docteurs de la Loi. Ce n'est pas sans mal que le consensus des docteurs de la Loi se fixa sur sept lectures acceptées du Coran, c'est-à-dire sur les interprétations de sept lecteurs dont les qualités intellectuelles et morales étaient sans reproche. Tous disposaient — comme c'est la tradition pour ce qui se rapporte au Coran et aux hadiths (les paroles du prophète) — de prestigieux garants. Nous ne pouvons, ici, en dire davantage sur ces prestigieux lecteurs mais il est néanmoins intéressant de signaler que quatre d'entre eux sont des affranchis ; ce qui prouve, une fois encore, la volonté égalitaire de l'islam et une nouvelle occasion de montrer que l'esclavage ᴳ, en islam, était quelque peu particulier. Dès ce moment, toute autre lecture du Coran devient interdite et les docteurs de la Loi qui proposaient des lectures plus « personnelles » furent toujours condamnés et mis dans l'obligation de se rétracter. Il mérite d'être noté que ces différentes lectures « officielles » variaient en fait très peu et — ainsi que l'écrit avec élégance R. Blachère — ce ne sont que des « tirages très ressemblants d'un même cliché original ».

En quoi les lectures (ou variantes) différaient-elles ?

Nous ne nous intéresserons pas ici à l'orthoépie du Coran (c'est-à-dire à la façon correcte de réciter le Coran) mais seulement à quelques exemples montrant comment un ensemble de consonnes peut être lu de différentes manières et, dès lors, apporter des significations différentes à la phrase. Prenons l'exemple (cité par R. Blachère) de *yfrq*, cela peut être lu comme *yufarriqu* (il sépare), *yufaraqu* (il est séparé), *nufarriqu* (nous séparons) ou encore *tufarriqu* (tu sépares).

R. Blachère donne un autre exemple assez lumineux. Dans le Coran, il est écrit : « Nous avons suscité, à chaque prophète, un ennemi. » (VI-112) « Une telle attitude, aux yeux des Mutazilites, est incompatible avec l'infinie bonté de Dieu. Tout peut se concilier si *ja'alnâ*, « nous avons suscité », a un autre sens. En cherchant bien dans le magasin philologique, on finit par trouver un vers ou un passage en prose où le verbe paraît vouloir dire « Nous avons montré ». Dès lors tout est sauvé et Allah est innocenté de ses sombres desseins contre les Prophètes. »[20]

Comment les spécialistes arrivent-ils à dater les sourates ?

Nous l'avons vu, le Coran n'est pas chronologique. Personne ne peut, à l'heure actuelle, expliquer cette disposition particulière des versets. On sait qu'à une époque ancienne les musulmans, eux-mêmes, avaient ressenti le besoin d'un Coran chronologique. Une datation précise des sourates est impossible ; cependant, les spécialistes arrivent relativement facilement à classer les sourates en mekkoises ou médinoises (ou hégiriennes). Ceci fait, ils parviennent, mais avec plus de difficultés, à classer les sourates dans l'une ou l'autre partie de la période mekkoise ou de la période hégirienne. Parfois, le classement s'effectue simplement avec le bon sens. Ainsi, les spécialistes n'avaient aucun argument pour classer la première sourate (Al-Fatihâ) jusqu'à ce qu'un savant affirme qu'il est invraisemblable que Mahomet ait pu vivre plusieurs années à La Mecque sans réciter cette prière. Donc, la sourate était certainement mekkoise. CQFD.

Bien entendu, d'autres critères sont utilisés pour dater les sourates. Ce sont, par exemple, les évènements historiques connus ; le style utilisé (on sait qu'il a énormément varié au cours des vingt ans de la prédication) ; l'emploi de certains clichés (variables selon les lieux) ; la nature du discours envers les juifs, les chrétiens et les polythéistes ; les dominantes de la révélation ; les arguments utilisés[21], etc. Il s'agit de recherches passionnantes mais dont la description dépasse très largement le cadre de ce petit ouvrage d'initiation.

Quelles traductions lire en langue française ?

Il ne sert à rien de lire le Coran sans une bonne préparation. Sans quoi l'ouvrage est difficilement compréhensible. L'idéal est donc de commencer par la lecture d'une introduction au Coran. La plus intéressante est certainement celle de R. Blachère, parue en 1959 et rééditée en collection de poche (chez Maisonneuve et Larose) en 2001. Il s'agit, qualité rare, d'un ouvrage intelligent, intéressant et ouvrant à l'esprit curieux de nombreuses pistes. Régis Blachère est également l'auteur d'une traduction du Coran avec un reclassement chronologique des sourates (aujourd'hui introuvable) et d'une traduction « classique » du Coran respectant l'ordre islamique des sourates (chez le même éditeur). C'est cette traduction que nous avons utilisée pour les sourates reproduites dans cet ouvrage.

Outre cette traduction [20 bis], le lecteur a le choix, dans de nombreuses éditions de poche ou « de luxe », entre les traductions de D. Masson (Gallimard), J. Berque

Les lettres séparées

Le premier verset d'une trentaine de sourates ne forme pas une phrase mais est composé uniquement de lettres détachées (de une à quatre) comme, par exemple, T.S.M, A.L.M, Y.S, etc. Jusqu'à présent personne n'est parvenu à donner la signification de ces lettres. Le Saint Coran édité par le Royaume d'Arabie Saoudite précise dans une note : « Le Prophète lui-même ne semble pas avoir précisé leur signification, d'où d'innombrables interprétations suggérées par les commentateurs anciens et modernes. Laissons-les alors telles quelles. » Bien entendu, vous comprendrez que la suggestion n'a pas été retenue et qu'il existe quantité d'interprétations allant du secret divin à la numérologie en passant par de simples marques de possession ou l'abréviation de formules pieuses comme le TAJPM de l'enfance des quinquagénaires ayant fréquenté les écoles chrétiennes (*Tout à Jésus Par Marie*).

Les motifs floraux sont très utilisés pour créer des arabesques
sur la céramique ou pour décorer les livres.

(Sindbad), R. Khawan (Maisonneuve et Larose), Kasimirski, Chouraqui (Robert Laffont), etc. La traduction de Chouraqui — dans le style inimitable de cet extraordinaire érudit — est réservée à un public de spécialistes.

La traduction de Kasimirski vient d'être rééditée (2002) par Maxi-Livres, dont on connaît les prix très bas. La traduction de Kasimirski a fait autorité pendant plus de 150 ans. Elle mérite tout notre respect mais elle ne contient malheureusement aucun commentaire, ni préface explicative. Par contre, elle est suivie d'un petit dictionnaire de l'islam (réalisé par T. Decker).

Enfin, nous recommandons également le Saint Coran diffusé par l'Arabie Saoudite et imprimé au Liban (Presses Dar Al-Bouraq). Dans un format compact (plus petit qu'un livre de poche), il offre une belle édition contenant quelques commentaires généralement intéressants.

Inimitabilité du Coran

Pour les musulmans, le Coran est inimitable (*ijâz al-Qurân*). Les musulmans prétendent que personne n'est capable de produire un texte d'une telle perfection de langue. Cette inimitabilité du Coran est inscrite dans le Coran et plusieurs fois il est demandé aux incroyants de produire des versets de la qualité du Coran (XI-16, X-39). On considère que la transmission du Coran aux hommes est le seul miracle de Mahomet. ■

Coran incréé / Coran créé

Considérer le Coran comme une œuvre incréée — c'est-à-dire dictée par Dieu et définitivement figée hors de l'espace et du temps — empêche également toute exégèse, toute évolution, toute interprétation de son contenu. Le Coran incréé, c'est l'obligation pour l'homme du XXIe siècle de vivre selon des préceptes conçus au VIIe siècle. Or, on sait que Mahomet édictait ses règles avec bon sens, en fonction des circonstances. Le dogme du Coran incréé, c'est la fixation canonique du monde musulman dans une organisation politique et religieuse décidée par le pouvoir politique des Califes du XIIe siècle. Notons que tous les musulmans ne considèrent pas cette option comme intangible : c'est le cas, par exemple, des mutazilites pour lesquels le Coran est créé.

Polémique

■ Les polémiques concernant le Coran sont nombreuses. Elles viennent d'horizons divers.

■ Les premiers à refuser le Coran d'Othman (la vulgate) furent les savants qui possédaient d'autres *corpus* (ainsi, Ibn Massoud, un fidèle serviteur de Mahomet, s'insurge : « Comment m'ordonnez-vous de suivre la récitation de Zaïd alors que je récitais soixante-dix et quelques sourates de la bouche du Prophète dans le temps où Zaïd portait des boucles enfantines et jouait avec des marmots ? » [22]

■ Ensuite, ce furent les chiites qui accusèrent ouvertement le Calife de falsification et d'altération (*tabdîl*) pour avoir supprimé dans le Coran certains passages gênants pour lui (comme, par exemple, toutes les allusions à Ali, le petit-fils de Mahomet). Ils reprochent également au Calife d'avoir fait abréger sensiblement certaines sourates. Passablement mécontents, les chiites ont même fait circuler de nombreux pastiches du Coran d'Othman.

■ Ce sont aussi les mutazilites (un mouvement schismatique basé sur la raison) pour lesquels quantité de versets doivent être retirés du Coran car ils ne s'accordent pas avec les qualités de Dieu (entre autres toutes les imprécations de Mahomet contre ses ennemis personnels). Dès les débuts de l'islam, les mutazilites (début du VIIIe siècle) s'opposaient, au nom de la raison, au Coran incréé. Il s'en fut de peu que cette vision de l'islam ne s'imposât à tous (le calife abbasside al-Mamoun imposa cette doctrine mais cela ne dura que jusqu'à la fin de son règne). D'autres encore (les kharijites) s'opposent à la présence de la sourate n° 12 (Yusuf – Joseph).

■ Mais le dernier mot revient à Mahomet (cité par l'historien, du Xe siècle, Tabari) : « Quiconque traite du Coran en usant de son jugement personnel, et est dans le vrai, est cependant en faute. »

■ L'absence de chronologie dans le Coran est un véritable problème face à des sourates contradictoires. Laquelle abroge l'autre (voir le chapitre consacré à l'abrogation) ?

Versets coraniques

« Prêche au nom de ton Seigneur qui créa ! qui créa l'Homme d'une adhérence. Prêche ! ton Seigneur étant le Très Généreux qui enseigna par le Calame et enseigna à l'Homme ce qu'il ignorait. » (XCVI, 1/5)

Les dhimmis

Ce terme qui désigne les « **protégés** » regroupe tous les « **gens du Livre** » (*ahl al-kitâb*), c'est-à-dire toutes les personnes à qui la pratique d'une religion monothéiste conférait un statut particulier en vertu des versets du Coran et des dispositions des premiers califes. Cette catégorie de personnes, particulière au droit musulman, comprend les juifs, les chrétiens, les sabéens et les zoroastriens. Dans un pays dont le pouvoir est musulman, les « gens du Livre » sont libres et protégés. En contrepartie, ils doivent s'acquitter d'un impôt spécial et se soumettre à certaines interdictions (ce qui les place dans une situation d'infériorité, de soumission).

Droits et devoirs des dhimmis

Parmi les **droits**, signalons celui de conserver leur propre juridiction religieuse, pour autant que les conflits n'impliquent pas un musulman (auquel cas le conflit devient du ressort du juge, le *cadi*).

Parmi les **interdits,** figure la défense de porter des armes, de monter à cheval, de s'habiller comme les musulmans, d'accéder à certaines fonctions administratives, d'hériter ou de faire hériter une personne ayant une autre religion. Pour les chiites, les dhimmis étaient également considérés comme impurs. Ainsi, au XIXe siècle, certaines autorités religieuses iraniennes interdisaient aux juifs de sortir par temps de neige ou de pluie, de peur que leur impureté ne soit transmise par l'eau à des musulmans.

L'obligation principale des dhimmis consistait à payer **un impôt spécial**, dit de capitation (la *jizya*). Ce statut a été appliqué jusqu'à la fin de l'Empire ottoman puis récemment repris par des gouvernements intégristes.

La vie quotidienne des dhimmis

En règle générale, le prescrit divin concernant les dhimmis fut bien respecté. S'ils acceptaient de se comporter en sujets discriminés et de payer la taxe, les « gens du Livre » étaient bien traités. Bien entendu, il y eut des exceptions comme, par exemple, sous les premiers Almohades. Période pendant laquelle ils furent privés de cette protection (les Almohades usèrent même de traitements infamants envers les juifs convertis, leur imposant des restrictions vestimentaires et matrimoniales). ∎

POUR EN SAVOIR PLUS

Juifs en terre d'islam, de B. Lewis (Champs Flammarion, 1989) et *Les mandéens et les origines chrétiennes*, de R. Stahl (Éditions Rieder, 1930).

Les sabéens et les zoroastriens

Parmi les religions monothéistes, le Coran cite les sabéens et les zoroastriens. Les **sabéens** — aussi désignés comme mandéens, chrétiens de Saint-Jean et Baptistes d'Iran — existent toujours en Iran et en Irak où ils forment une petite communauté de quelques dizaines de milliers de personnes. Ce sont les derniers fidèles de Jean le Baptiste (lequel baptisa le Christ). Ils pratiquent toujours le baptême par immersion dans les eaux vives d'un fleuve et vivent en cercle fermé dans lequel ils n'acceptent aucun étranger. Du temps de Mahomet, les communautés sabéennes étaient vraisemblablement chrétiennes mais pratiquaient une religion dualiste teintée de gnosticisme. Le livre sacré des sabéens est le **Ginza** (trésor). On notera que l'ayatollah Ali Khamenei, le guide suprême de la révolution islamique iranienne, les a reconnus comme gens du Livre.

Les **zoroastriens** pratiquent une religion très ancienne, également monothéiste (leur Dieu est **Ahura Mazda** dont le prophète est Zoroastre) qui, à l'époque de Mahomet, était la religion d'État de l'Empire Perse des Sassanides. En Iran, l'islam a complètement remplacé le zoroastrisme mais il reste, aujourd'hui, quelques dizaines de milliers de zoroastriens en Iran. On en trouve également en Inde.

Polémique Le monde musulman a toujours eu beaucoup de difficultés à situer les religions monothéistes apparues après l'avènement de l'islam (les Bahaï, les Ahmadiyya). En effet, il était impossible de les écarter comme de simples païens mais on ne pouvait pas, non plus, leur donner le même statut qu'aux religions monothéistes ayant précédé l'islam. Leur existence même étant un défi à l'islam et à Mahomet, sceau des Prophètes. C'est la raison pour laquelle, malgré la prescription divine concernant les dhimmis, certaines religions monothéistes furent persécutées.

Versets coraniques

« Pas de contrainte en religion. » (II, 256).

« Combattez ceux qui ne croient pas en Dieu et au Jour dernier ; ceux qui ne déclarent pas illicite ce que Dieu et son Prophète ont déclaré illicite ; ceux qui, parmi les gens du Livre, ne pratiquent pas la vraie Religion. Combattez-les jusqu'à ce qu'ils payent de leur main la djizya après s'être humiliés. » (IX, 29)

Par dogme, on entend une vérité que la religion oblige à croire. Le dogme est un article de foi : il ne se discute pas ou ne se discute plus (en effet, tant dans l'islam que dans les autres religions, le dogme ne va pas de soi : il doit d'abord être accepté par le consensus des savants, comme en islam, ou décrété par le Pape, comme chez les catholiques, ou encore rendu obligatoire par les responsables de l'Église).

Les dogmes de l'islam

En islam, les dogmes[22 bis] se limitent essentiellement à croire :

- qu'Allah est le seul Dieu ;
- que Mahomet est son prophète (c'est la shahâda — voir l'article consacré à la prière) ;
- que Dieu a envoyé aux hommes des Prophètes pour les guider (dont Mahomet est le « sceau ») ;
- que les commandements et le message de Dieu sont réunis dans le Coran ;
- que la Sunna (la Tradition du Prophète) complète le Coran ;
- que la loi de Dieu (charia) est contenue dans le Coran et la Tradition ;
- qu'au Jugement Dernier les hommes seront envoyés, selon leurs mérites, au Paradis ou en Enfer ;
- qu'Allah est entouré d'Anges et de démons (les Djinns).

Tout le reste est du commentaire. Ce commentaire a, bien entendu, considérablement occupé aussi bien les docteurs de la loi (*fiqh*) que les théologiens (*kalam*). Les nombreuses interprétations qu'ont suscitées les dogmes sont à l'origine de bien des divergences, schismes et guerres dans l'Islam. Néanmoins, qu'ils soient sunnites, chiites, kharijites ou appartiennent à l'une des nombreuses sectes[C] de l'islam, tous les musulmans adhèrent aux dogmes tels qu'ils ont été énumérés ci-dessus. ■

Le *fiqh* et le *kalâm*

Le *fiqh* est la science du droit religieux. Ce sont les décisions juridiques qui sont prises lorsqu'il n'y a pas de lois précises dans le Coran ou la Sunna.

Le *kalâm* est la science de la divinité. Le *kalâm* étudie Dieu, ses Attributs, ses pouvoirs, de manière spéculative. Bien que limitée, l'influence du kalâm sur le fiqh n'est pas négligeable.

Allah hou akbar !

Dieu est le plus grand !

Cette expression (appelée le *takbîr*) — en quelque sorte, le condensé de la profession de foi de la religion islamique : reconnaissance de l'unicité de Dieu et soumission à Sa volonté — est utilisée par les musulmans dans de très nombreuses circonstances. Quotidiennement, elle ouvre l'appel du muezzin à la prière et commence et clôt les prières. Elle est prononcée aux grands moments de la vie (naissance, mariage, mort). Alors qu'elle est prononcée habituellement quatre fois de suite, elle est utilisée par les soufis comme support pour la prière mystique (le dhikr, voir page 180). Cette formule figure également sur la plupart des édifices religieux mais aussi sur les murs des maisons, sur des voitures, etc. Comme la main de Fâtima (voir page 193), l'islam populaire lui attribue le pouvoir d'éloigner le mauvais œil (pouvoir apotropaïque).

Versets coraniques

« Ne vois-tu point que, devant Allah, se prosternent ceux qui sont dans les cieux et ceux qui sont sur la terre, de même que le soleil, la lune, les étoiles, les montagnes, les arbres, les animaux et beaucoup d'Hommes. Toutefois, pour beaucoup d'Hommes, le Tourment est inéluctable car quiconque méprise Allah n'aura nul bienfait au Jugement Dernier. Allah fait ce qu'Il veut. » (XXII-18/19)

Mahomet naît à La Mecque, en 570. Mais cette date n'est pas fondatrice de l'Islam. En 610, Mahomet reçoit de l'ange Gabriel les premiers versets du Coran. Jusqu'en 620, il est toujours dans sa ville natale où il prophétise ; cependant, les conditions de vie sont difficiles car les prêches de Mahomet sont mal acceptés par les membres de sa tribu. C'est ainsi qu'après avoir échappé à la mort, Mahomet décide, en compagnie de plusieurs familles proches, de quitter La Mecque pour la ville de Yathrib (qui deviendra Médine). Nous sommes en 622. Cette expatriation de Mahomet porte le nom d'Hégire et fonde le début de l'ère musulmane. Mahomet meurt en 632, ne laissant pas d'héritier mâle mais un code de vie très complet : le Coran. Les successeurs de Mahomet prennent le nom de califes et adoptent pour règle quasi générale que tous les califes doivent être de la famille du Prophète mais pas obligatoirement de la ligne directe de Mahomet. C'est ainsi que se fondent les dynasties qui ont gouverné le monde musulman.

Des dynasties sur tous les continents

Pour comprendre le monde musulman, il n'est pas nécessaire de connaître dans l'ordre de leur succession tous les califes ; par contre, il est utile de connaître le nom de certains d'entre eux et surtout le nom des principales dynasties, car il y est souvent fait référence dans les ouvrages qui traitent de l'Islam. L'islam ayant conquis de vastes contrées, des dynasties (Samanides, Seldjoukides, Séfévides, Chérifs du Maroc, etc.) sont également apparues en Ouzbékistan, Iran, Inde, Perse, etc. Il ne peut cependant en être question ici. Notre liste se limitant aux dynasties arabes et européennes. En principe, le concept de communauté (Ummaᶜ) aurait voulu qu'il n'y ait qu'un seul calife pour tous les musulmans. L'histoire et les hommes en ont décidé autrement. En principe, aussi, les musulmans ne se font pas la guerre entre eux : on sait, malheureusement, qu'il en a souvent été autrement.

Les califes bien dirigés (632-661)

Les quatre premiers califes (Abou Bakr, Omar, Uthman et Ali) posèrent les bases du système califal. Ils sont nommés les « bien dirigés », en arabe : les *râshidûn*.

Le premier schisme (661)

Le premier schisme de l'islam ne survint pas suite à une querelle religieuse mais bien pour des raisons politiques. En effet, le troisième calife (Uthman) ayant été assassiné, c'est Ali (le gendre et cousin de Mahomet) qui fut proclamé calife. Cependant, cette proclamation ne plaisait pas à Muâwiya, un autre parent du

Les Ottomans

La dynastie ottomane, l'une des plus puissantes au monde, dura de 1302 à 1924, soit plus de six siècles. Elle exerça son pouvoir sur l'Afrique, l'Europe et l'Asie. Le souverain, qui avait pris le nom de sultan et se déclarait « l'ombre de Dieu sur terre », exerçait son pouvoir sur les principaux lieux sacrés ^C : La Mecque, Médine, Jérusalem, Bagdad, Kerbala et Najaf. Les pouvoirs du sultan étaient identiques à ceux du calife : pouvoirs temporels et pouvoirs spirituels. Il est d'ailleurs précisé dans la constitution que « le sultan, en tant que calife, est le protecteur de la religion musulmane ». Dynastie sanguinaire, elle avait ainsi admis que le prince qui, à la mort de son père, prendrait le pouvoir éliminerait physiquement tous ses frères pour éviter les guerres de succession. Le démembrement de l'État ottoman commença par le traité d'Erdine (en 1829) qui reconnaissait l'indépendance de la Grèce, de la Serbie, de la Moldavie et de la Valachie. Ensuite, ce furent l'indépendance de l'Égypte, la perte de l'Algérie (prise par les Français) et des Lieux saints, etc. La perte de tous ses territoires, les conflits avec les autres nations, la Première Guerre mondiale et les traités qui s'ensuivirent, tout cela déclencha le mouvement des Jeunes Turcs et la proclamation, en 1923, par Mustapha Kemal, Atatürk, de la République de Turquie. Avec pour conséquences la disparition du sultanat en 1923, suivie de très près (en 1924) par la disparition du califat, exercé entre-temps en tant que pouvoir spirituel par Abdülmecit II, le dernier calife au monde.

prophète et cousin du troisième calife, qui accusait Ali de l'assassinat du troisième calife. Il s'ensuivit une division du monde musulman en sunnites (les partisans de Muâwiya) et chiites (les partisans d'Ali) et de nombreuses batailles entre les affidés des uns et des autres. Cependant, en 657, après plusieurs jours de combats, les partisans d'Ali et de Muâwiya acceptèrent de s'en remettre à une médiation. Cette médiation ne fut pas acceptée par certains des partisans d'Ali, lesquels fondèrent alors un nouveau groupe schismatique connu sous le nom de kharijites. La communauté islamique était maintenant divisée en trois branches : les sunnites, les chiites et les kharijites. Pour continuer ainsi que cela avait commencé, Ali fut assassiné par un kharijite ; aussi Muâwiya resta seul calife.

La dynastie des Omeyyades (661-750)

Capitale : Damas

En imposant son fils comme successeur, Muâwiya fonde une dynastie connue sous le nom des Omeyyades (du nom d'un des ancêtres de Muâwiya). Les successions ne se firent pas toujours de père en fils mais cette prestigieuse dynastie marqua d'un sceau indélébile le monde arabe. C'est de cette dynastie (14 califes — on le voit, la durée de règne de chaque calife est assez courte) que datent les premières expansions importantes de l'islam. En 750, la dynastie des Omeyyades est exterminée par les partisans des Abbassides, lesquels prennent le pouvoir. Seul un représentant des Omeyyades parvint à s'échapper de la tuerie. On lui doit la fondation, en 756, de l'émirat de Cordoue (Espagne).

Les Omeyyades d'Espagne (756-1031)

Capitale : Cordoue

Cette dynastie a vu la succession de dix émirs mais la conquête de l'Espagne par les Almoravides (XIe siècle) mit fin à l'émirat de Cordoue.

La dynastie des Abbassides (750-1258)

Capitale : Bagdad

Cette dynastie — qui a vu la succession de vingt-sept califes — a régné pendant cinq siècles sur un immense empire. Elle tient son nom de el-Abbas, un oncle de Mahomet.

Le pacha est un dignitaire de haut rang. Ce titre n'était habituellement réservé qu'au gouverneur de province.

La dynastie des Fatimides (909-1171)

Plusieurs capitales en Afrique du Nord, Égypte et Syrie

Il s'agit de la seule dynastie chiite (13 califes). Elle eut un retentissement international et fonda, par exemple, la célèbre Université d'el-Azhar, du Caire (aujourd'hui, université sunnite).

Les Ottomans (1281-1924)

Capitale : Istanbul (anciennement Byzance)

Ils fondent le plus vaste et le plus long empire musulman : presque sept siècles. Près de quarante califes se sont succédé au cours des siècles, dont certains sont bien connus de tous (comme, par exemple, Mehmet II — voir page 67 — et Soliman, dit le Magnifique). En 1922, Mustapha Kemal (Atatürk — le premier président de la République turque) abolit le sultanat et, en 1924, il abolit le califat. ■

POUR EN SAVOIR PLUS

Les ouvrages historiques consacrés à l'histoire des dynasties sont très nombreux. Avant d'en commencer la lecture, il n'est pas mauvais de disposer d'une vue synthétique sur les premiers siècles de l'Islam. On lira donc avec intérêt *Les pays d'Islam, VIIe-XVe siècles*, de A. Ducellier et F. Micheau dans la collection Les Fondamentaux, chez Hachette (2000). Plus romancé, mais de lecture agréable, on peut également se procurer *L'Islam* de R. Kalisky, dans la collection Marabout Histoire (n° 160).

TABLEAU DES DYNASTIES ISLAMIQUES

| 600 | 700 | 800 | 900 | 1000 | 1100 | 1200 | 1300 | 1400 | 1500 | 1600 | 1700 | 1800 | 1900 |

Califes orthodoxes râshidûn
(bien dirigés) à Médine : 632-661

Omeyyades à Damas
(Syrie) : 661-750

Abbassides à Bagdad puis
à Samara : 749-1258

Omeyyades d'Espagne
à Cordoue : 756-1031

Samanides de Nishapur et Samarkand
(Ouzbékistan) : 819-1005

Tulinides d'Égypte : 868-950

Fatimides d'Égypte
(au Caire puis au Nord de l'Afrique et en Sicile) : 909 -1171

Grands Seldjoukides de Turquie : 1038-1194

Seldjoukides de Roum
(à Konya) : 1077-1307

Almoravides et Almohades : 1056-1147

Ayyubides kurdes d'Égypte : 1138-1260

Sultans de Delhi : 1206-1555

Nasrides d'Espagne : 1237-1492

Mamelouks d'Égypte et de Syrie : 1250-1517

Ottomans : 1326-1923

Timurides
(dynastie turco-mongole) : 1370-1517

Séfévides de Perse : 1501-1732

Chérifs du Maroc : 1511-2004 et suivantes

Empire moghol d'Inde : 1526-1858

Le nom des dynasties complètement
chites est en italique.

| 600 | 700 | 800 | 900 | 1000 | 1100 | 1200 | 1300 | 1400 | 1500 | 1600 | 1700 | 1800 | 1900 |

Les écoles juridiques

En islam, on désigne par écoles juridiques les diverses interprétations « canoniques » de la chariaᶜ ou loi religieuse. Pour leurs interprétations de la loi (charia), les juristes se fondent sur le Coran et sur la Tradition du Prophète (les hadîthsᶜ).

Les écoles juridiques sunnites et chiites

Il existe une différence essentielle entre les écoles juridiques sunnites et chiites. Alors que les écoles sunnites ont toutes déclaré la fin de l'interprétation personnelle du Coran (« la fermeture de la porte de l'ijtihâd ᶜ »), ce n'est pas le cas des écoles juridiques chiites ᶜ, pour lesquelles l'interprétation personnelle est toujours valide (pour autant, bien entendu, que ce soit celle d'un éminent docteur de la loi). Toutes ces écoles juridiques traduisent la volonté d'Allah. Puisque toutes ces écoles sont réputées orthodoxes, toutes les interprétations sont également valides.

Les quatre écoles juridiques sunnites

Les quatre écoles juridiques de l'islam sunnite ont toutes été créées aux environs des années 800 et l'interprétation des textes a définitivement été fixée durant les XIᵉ-XIIᵉ siècles. Après cette date, toute nouvelle interprétation devenait impossible. Dès lors, ce sont toujours les explications et interprétations de savants du IXᵉ siècle concernant des textes du VIIᵉ siècle qui déterminent la Lois des musulmans. On comprend que cela puisse poser problème !

Ces quatre écoles juridiques ont pour nom celui de leur fondateur. Elles se basent toutes sur un concept apparu assez tôt dans l'islam : celui du consensus. Comme on le sait, les sources principales du droit sont le Coran et la Sunna. Dans le cadre de l'élaboration d'une loi, il a été décidé, très tôt, en islam, que l'acceptation ou le refus de certaines des traditions du Prophète — exprimées, par exemple, dans les hadîths — devait se faire par le consensus des savants. C'est ce consensus « local » qui est à l'origine des différentes écoles juridiques. Dès lors, pour être plus complet, il faut préciser que le droit islamique repose sur le Coran, la Sunna et le consensus des savants (un quatrième pilier est le raisonnement par analogie). En fonction de différentes circonstances historiques, ces quatre écoles juridiques sont actives dans différentes zones géographiques de l'islam. Les quatre écoles juridiques actives aujourd'hui encore sont (une cinquième école, le zâhirisme, a disparu) :

- L'école juridique malikite (malikisme).
- L'école juridique chaféite (chaféisme).
- L'école juridique hanafiste (hanafisme).
- L'école juridique hanbalite (hanbalisme).

Une attitude
de prière.

École malikite

Elle se réclame de Malik ibn Anas (VIIIe siècle). Faisant grand cas de la tradition du Prophète (hadîths), pour l'interprétation de la loi, cette école fait également intervenir l'intérêt général. Elle est surtout répandue au Maghreb.

École chaféite

Elle se réclame de al-Shâffi (IXe siècle). Cette école privilégie, lorsque c'est nécessaire, le raisonnement par analogie. Elle est surtout répandue en Iran, en Irak et en Asie (Indonésie, Malaisie).

École hanafite

Elle se réclame de Abû Hanîfa (VIIIe siècle). Faisant grand cas de la tradition du Prophète (hadîths), cette école est basée sur la recherche de la meilleure solution et fait régulièrement appel à la réflexion personnelle. C'était l'école privilégiée de l'Empire ottoman et de l'Irak.

École hanbalite

Elle se réclame d'Ahmad ibn Hanbal (IXe siècle). C'est la plus rigoriste de toutes les écoles juridiques car elle se base sur l'aspect littéral des écrits. Cette école est représentée actuellement par le wahhabisme, très actif en Arabie Saoudite et dans les mouvements islamistes (voir l'article consacré à l'islamisme). Il n'est pas inintéressant de noter cette remarque d'un grand connaisseur du monde arabe : « L'attitude intolérante des premiers wahhabites à l'égard des autres musulmans leur valut d'être longtemps soupçonnés d'hérésie, et ils en sont venus à être généralement considérés comme orthodoxes seulement depuis leurs succès politiques dans la présente génération. » 24 ∎

Jusqu'à une époque très récente, l'esclavage a été admis dans les pays musulmans. Aujourd'hui encore, bien des musulmans intégristes estiment que l'esclavage est une donnée sociale puisqu'il est autorisé par le Coran (voir page 98).

École zâhirite

Elle avait pour principe de ne s'appuyer que sur la signification littérale (zâhir) du Coran et de la tradition du Prophète. Elle rejetait toutes les autres techniques d'élaboration du droit (raisonnement personnel, analogie, consensus, etc.) et cela quelles qu'en soient les conséquences pratiques. Pour l'école zâhirite, il était beaucoup trop dangereux en matière de religion de suivre l'avis de n'importe quel homme (à l'exception du Prophète), c'est-à-dire de n'importe quel consensus des hommes. C'est la raison pour laquelle elle n'acceptait ni ijtihâd (la réflexion personnelle), ni le taqlîd (l'imitation des anciens). On comprendra aisément que ne voulant suivre ni les uns, ni les autres, cette école n'a pas survécu.

Polémique

■ Les chiites possèdent leurs propres écoles juridiques (jaafarite, zaydite). Ainsi, selon que l'on est sunnite ou chiite et qu'on appartient à l'une ou l'autre école, le verdict d'une affaire pénale, privée, familiale ou commerciale peut donc être très différent. Ces différences sont particulièrement sensibles pour tout ce qui concerne le droit familial, l'héritage, etc. Nous avons aussi montré (page 55) que du point de vue pénal certaines relations sexuelles sont autorisées chez les chiites mais très sévèrement punies chez les sunnites. Si l'islam se veut égalitaire, il n'a certainement pas réalisé cette égalité dans le domaine du droit car les sanctions sont différentes selon les écoles.

Notons également que le droit hanbalite très pointilleux sur les prescrits coraniques dit que, puisque selon le Coran les musulmans doivent respecter leurs engagements, toute clause licite introduite dans le contrat de mariage est valide et exécutoire. Ainsi, dans le cadre d'un contrat de mariage hanbalite, la femme pourrait indiquer dans ce contrat certaines clauses à son avantage comme, par exemple, l'interdiction pour son mari de prendre une seconde femme, ou encore l'interdiction de la répudier.

L'esclavage

L'esclavage est admis par le Coran, ce qui n'a rien d'étonnant si l'on songe qu'à la même époque il n'était condamné ni par le judaïsme, ni par le christianisme (une dizaine de siècles plus tard il ne l'était toujours pas par la chrétienté). Cela n'a rien d'étonnant, non plus, si on se rappelle que dans les sociétés tribales islamiques et pré-islamiques l'individu ne bénéficiait d'aucune protection hors de sa tribu. Lorsqu'on parle d'esclavage (*abd* ou *mamlûk*), il convient donc de se replacer dans le temps et le contexte de la révélation du Coran.

Le sort des esclaves en Islam

Les esclaves — que le Coran recommande de bien traiter — ont joué un rôle considérable dans l'Islam ; certains d'entre eux sont même devenus de puissants personnages dans la hiérarchie politique et de nombreux souverains les affectaient à leur garde personnelle. Malgré l'esclavage, la société musulmane se veut une société égalitaire. Mahomet recommandait même d'affranchir dès que possible les esclaves. Si certains pachas eurent pour mère des esclaves, le sort des femmes esclaves n'était pas toujours rose. Les plus belles — toujours avec l'accord du Coran — pouvaient accéder (en plus des quatre femmes légitimes) au statut de concubine (dans ce cas, les enfants nés de cette union naissaient automatiquement libres). Quelques dynasties doivent d'ailleurs leur persistance et leur développement essentiellement aux esclaves ; c'est le cas des célèbres Mamelouks du Caire mais aussi des Rois-esclaves de Delhi (qui étaient d'anciens esclaves turcs).

Les dispositions particulièrement généreuses de l'islam (pour l'époque, bien entendu) auraient normalement dû provoquer une sévère réduction du nombre des esclaves. Ce ne fut pas le cas car les razzias puis les guerres d'expansion et, enfin, le prolifique commerce des marchands d'esclaves apportaient régulièrement de nouveaux arrivants.

L'esclave en tant que personne

Comme le fait très justement remarquer le couple Sourdel dans son *Dictionnaire historique de l'islam*, « l'esclave est à la fois chose et personne. En tant que chose, il est soumis au droit de propriété et peut faire l'objet de transactions diverses, tandis que son maître doit pourvoir à son entretien (...). Mais en tant que personne, son statut religieux est le même que celui du musulman de condition libre ; il lui est permis, par exemple, de diriger la Prière ». Ainsi malgré un nombre considérable d'esclaves, les marchés d'esclaves florissants, des marchands d'esclaves très actifs dans le monde entier (et particulièrement en Afrique), on peut affirmer que Mahomet tolérait l'esclavage [24 bis] bien plus qu'il n'en profitait. Il recommandait d'ailleurs d'affranchir les esclaves dès que possible et il affirmait que cela serait compté, au Paradis, comme une bonne œuvre. ■

Polémique

Ce n'est qu'avec réticence que, sous la pression des États européens, l'esclavage fut aboli dans les pays musulmans. Le premier pays à forte population musulmane à l'abolir fut, en 1843, l'Inde (sous contrôle britannique). Les États musulmans à l'abolir furent Oman (1970) et la République islamique de Mauritanie, en 1981 seulement. Au lendemain de la Seconde Guerre mondiale, la seule région du monde où l'on peut encore rencontrer des esclaves est le monde musulman et l'on signale encore une vente publique d'esclaves à Djibouti... en 1956.

Admis par le Coran, l'esclavage n'a jamais fait l'objet d'une véritable dénonciation par les États musulmans. Ceci explique, d'une part, la réticence de certains États pratiquant un islam « pur et dur » à abolir une pratique acceptée par le Coran. Cela explique, d'autre part, que la traite afro-arabe est nettement moins bien connue que la traite européenne. Enfin, cela explique, peut-être, l'apparition, puis l'augmentation sensible, de ce qu'on désigne aujourd'hui sous le terme « d'esclavage domestique » et qui, dans le comportement de certains diplomates, pourrait, si on voulait ouvrir les yeux, être assimilé à un réel esclavage.

POUR EN SAVOIR PLUS

Il manquait *Une histoire de l'esclavage* accessible au lecteur non spécialisé. C'est fait avec l'ouvrage du même nom de Christian Delacampagne paru, en 2002, au Livre de poche (référence n° 593).

Versets coraniques

« Et qu'est-ce qui t'apprendra ce qu'est la voie Ascendante ?

C'est affranchir un esclave ou bien, par un jour de disette, nourrir un orphelin proche parent ou un pauvre dans le dénuement. » (XC-13/16).

La femme en Islam

La condition de la femme en Islam est souvent la cause d'un débat dans lequel, à première vue, l'Islam ne sort pas grandi. Les détracteurs de l'Islam évoquent, à grand bruit, la soumission de la femme arabe, son statut de « perpétuelle mineure », sa minoration juridique (le témoignage d'une femme ne vaut que la moitié du témoignage d'un homme), le port du voile, son inégalité lors de l'héritage, l'excision, etc. Il est clair que la condition de la femme dans les pays musulmans est différente de ce qu'elle est en Occident mais il convient d'éviter de trancher trop nettement en faveur de l'Occident : le sujet mérite une analyse plus subtile. On y découvrira que l'Orient, même médiéval, ignore la pornographie qui avilit considérablement l'image de la femme, qu'il accorde à la « mère », surtout à partir d'un certain âge, un statut que nos sociétés ignorent, etc. Certes, il « surprotège » la femme et, en cela, lui restreint sa liberté mais c'est une bataille que le monde occidental n'a pas gagnée il y a si longtemps.

Le statut coranique de la femme

Il faut se souvenir que le Coran date du VIIe siècle et qu'à l'époque le statut coranique de la femme était une considérable avancée par rapport à son statut clanique. À cette époque, les petites filles étaient enterrées vivantes, l'homme possédait autant de femmes qu'il le désirait (et répudiait en un instant celles qui ne lui plaisaient plus), les femmes n'avaient aucun droit à l'héritage, les filles étaient vendues selon le désir du père, etc. Mahomet a mis de l'ordre dans tout cela : la polygamie fut restreinte à quatre femmes (et encore, à condition que l'homme puisse garantir à chacune de ses femmes un statut identique), une part réservataire de l'héritage fut réservée aux femmes, etc. Aujourd'hui, quelques concepts repris du Coran nous paraissent choquants mais revenons, en Europe, quinze siècles en arrière... Quel y était le statut de la femme ? Il faut comparer ce qui est comparable... Bien entendu, la charia telle qu'elle était appliquée au XIIe siècle n'est plus acceptable dans nos sociétés modernes et évoluées. Le statut des femmes dans certains émirats arabes n'est pas, non plus, acceptable. Il faut lutter contre ces statuts d'exception, comme on lutte contre l'esclavage et contre toutes les formes de discrimination dans le monde...

Le statut actuel de la femme musulmane dans le monde

Définir le monde islamique (un milliard d'individus) à travers le prisme étroit de quelques États « islamiques » n'est pas faire preuve d'une vision panoramique du monde. Il faut lutter contre toutes les ségrégations mais se trouver en empathie avec les États musulmans qui, à leur rythme, font progresser le statut de la femme en Islam. Rappelons que la Turquie, fut le premier pays musulman à accorder le droit de vote aux femmes, que les codes juridiques récents de plusieurs pays musulmans sont basés sur les codes français, allemands ou italiens, que le droit à l'avortement est accordé aux Tunisiennes (mais pas encore aux Irlandaises !), que la présidente du plus grand État islamique au monde (l'Indonésie) est une femme, etc.

Le mariage musulman (nikâh)

Selon le Coran, tout mariage donne lieu à un contrat de mariage. Dans ce contrat, la femme peut (mais elle n'en a souvent pas les moyens !) faire introduire des clauses à son avantage (comme, par exemple, l'interdiction pour le mari de prendre une seconde épouse sans son consentement). Lors de la conclusion du

Céramique arabo-perse.

contrat, le mari verse à sa femme une dot, qui restera sa propriété et dont elle ne devra pas faire usage pour les dépenses du ménage (ce qui est parfaitement normal étant donné la polygamie). En contrepartie, la femme est soumise à l'autorité du mari. Le mariage peut être rompu par la répudiation. On notera qu'un contrat de mariage bien fait (dans lequel des clauses prévoient les cas de dissolution du mariage) permet à la femme de se délier du mariage sans faire appel à la justice.

La répudiation

Le mari doit prononcer trois fois la formule « je te répudie ». Pour éviter que le mari ne prononce cette formule à la légère, il a été prévu que l'homme ne peut se remarier avec sa femme répudiée qu'après que celle-ci ait été mariée avec un tiers, que le mariage soit consommé puis résilié. La dot acquise par mariage reste la propriété de la femme, même après la répudiation.

Héritage

Énorme chapitre du droit islamique qu'il nous faut traiter en quelques lignes… Que le lecteur sache que le Coran a traité de manière très précise du droit successoral et de la distribution à chaque héritier. Néanmoins, tous les cas de figure n'ayant pas été prévus, les différentes écoles juridiquesᶜ appliquent le droit successoral de manière différente (ainsi, selon l'école juridique à laquelle appartient l'héritier, sa part peut être plus ou moins importante). Dans l'Arabie préislamique, la femme n'avait aucun droit à l'héritage car elle n'avait, disait-on, rien

fait pour contribuer à l'acquérir. Mahomet introduit une nouvelle notion : « ont droit à l'héritage tous ceux que le défunt a aimés » ; c'est-à-dire aussi bien les agnats que les cognats. Mahomet introduit également les parts réservataires en précisant que la part d'une femme ne peut jamais être supérieure à la moitié de celle d'un homme de même niveau successoral. Cette disposition a beaucoup choqué les féministes. Pourtant, elle est assez juste car la femme n'a jamais l'obligation — contrairement à l'homme — d'entretenir sa famille.

Le voile et la réclusion

Dans les premiers temps de l'islam, le voile n'avait aucune portée religieuse. Le voile, comme la réclusion, avaient pour seul but d'établir une distinction de classe : le voile et les vêtements étaient les signes distinctifs entre les femmes nobles — les femmes du Prophète d'abord, les autres plus tard — et les prostituées. D'ailleurs, par la suite, la question se posa de savoir si les concubines et les esclaves devaient également se voiler. Un grand savant estima… que les esclaves belles devaient se voiler, les autres non. Il faut également noter que le voile utilisé par les femmes de Mahomet ne cachait pas le visage mais devait plutôt être considéré comme un foulard. Mahomet ne souhaitait pas que ses femmes puissent être confondues avec des prostituées, c'est la raison pour laquelle il leur commanda d'être voilées lorsqu'elles quittaient la maison. Toutes les traditions sont d'accord « pour nous rapporter que les femmes du Prophète, s'étant trouvées obligées de sortir le soir pour satisfaire des besoins corporels, furent poursuivies

Aux musulmans et aux musulmanes...

Oum Salamah, une des épouses du Prophète, lui demanda un jour pourquoi le Coran ne faisait pas mention des femmes, comme il le fait des hommes. Le Prophète prit cette remarque très au sérieux et dans les révélations ultérieures, Dieu s'adressa dorénavant « aux musulmans et aux musulmanes, aux croyants et aux croyantes ».

Historiquement, le voile était seulement un signe de dignité. Il devait aussi protéger les femmes du Prophète de la convoitise des autres hommes. Le vêtement ample et couvrant est un « classique » dans les pays chauds et venteux.

par des hommes de mœurs dissolues dans un dessein malhonnête. Elles se plaignirent à Mahomet. Les coupables s'excusèrent de s'être mépris, et d'avoir pris des femmes libres pour des esclaves. En vue de prévenir pareille erreur, Mahomet prescrivit aux femmes libres de se distinguer des autres par leur tenue. En somme la religion et la loi religieuse sont, au moins directement, hors de cause en ce qui concerne le voile ».[25]

Pour ce qui concerne la réclusion, elle aussi ne concernait, au départ, que les femmes de Mahomet. Il est bien possible, par la suite, que les croyants voulurent imiter le Prophète en interdisant également à leurs femmes de sortir. On raconte même que le Calife fou, Al Hakim, interdit aux cordonniers de fabriquer des bottines pour femmes, les empêchant ainsi physiquement de sortir de leur maison. Mais la situation était-elle tellement différente en Occident ? Gide, parlant de la société grecque, écrit : « Si l'homme vivait toujours hors de la maison, la femme, au contraire, ne pouvait en sortir. Pour elle point de spectacles, point de lectures, point de repas publics ; elle ne pouvait pas même être admise au repas de famille, si quelques amis venaient y prendre place. »[26]

Excision et infibulation

Ni l'ablation du clitoris (excision), ni celle des grandes lèvres (infibulation) ne sont des pratiques islamiques. Il n'en est fait mention ni dans le Coran, ni dans le Sahih al-Bukhari (le livre des hâdiths[c]). ∎

Polémique ∎ Pour plusieurs auteurs, le Coran améliora le statut de la femme par rapport à ce qu'il était dans l'Arabie préislamique. Ce n'est cependant pas l'avis de tous les spécialistes.

∎ Dans sa thèse de doctorat, Mansour Fahmy écrit : « Mahomet eut beau vouloir relever, en théorie, la condition du sexe dont les charmes ont agi si profondément sur sa sensibilité poétique ; en dépit de ses intentions, l'islam la dégrada. Il a protégé les femmes contre l'agression de l'homme, mais il les a étouffées en rendant difficile l'échange entre elles et la société qui les entoure, et par là il leur a ôté les moyens mêmes de profiter de cette protection. »[27]

La Constitution turque et la Révolution iranienne

En Turquie, État musulman, le dernier dépositaire du Califat, la Constitution de 1924-26 abolit la charia, interdit la polygamie, prohibe le port du voile, donne le droit de vote aux femmes.

En Iran, le port du voile est prohibé (1936), l'université est ouverte aux femmes (1936), le droit de vote est accordé aux femmes (1963), la polygamie et la répudiation sont réglementées (1967, 1975). On notera que la Révolution de 1979 rétablit la charia et supprime tous ces acquis féminins.

POUR EN SAVOIR PLUS

Juliette Minces. *Le Coran et les femmes*. Pluriel Hachette. 1996. 184 pages.

Mansour Fahmy. *La condition de la femme dans l'islam*. Éditions Allia. 2002. 144 pages.

Versets coraniques

« *Épousez donc celles des femmes qui vous seront plaisantes, par deux, par trois, par quatre, mais si vous craignez de n'être pas équitables, prenez-en une seule ou des concubines !* » (IV-3)

« *Les hommes ont autorité sur les femmes du fait qu'Allah a préféré certains d'entre vous à certaines autres, et du fait que les hommes font dépense, sur leurs biens, en faveur de leurs femmes. Les femmes vertueuses font oraison et protègent ce qui doit l'être, du fait de ce qu'Allah consigne. Celles dont vous craignez l'indocilité, admonestez-les ! reléguez-les dans les lieux où elles couchent ! frappez-les ! Si elles vous obéissent, ne cherchez plus contre elles de voie de contrainte ! Allah est auguste et grand.* » (IV-38)

« *Allah vous fait commandement au sujet de vos enfants : au mâle, portion semblable à celle de deux filles ; si les héritières sont au-dessus de deux, à elles les deux tiers de ce qu'a laissé le défunt ; si l'héritier est unique, à elle la moitié...* » (IV-12)

Les hadîths

Les hadîths, ce sont les paroles du Prophète (on pourrait les comparer aux paraboles du Christ) ou d'un de ses très proches compagnons. Alors que le Coran est d'origine divine, les hadîths sont d'origine humaine. Cependant, comme ils sont la parole du Prophète, leur pouvoir est énorme. Les hadîths, ou récits, sont considérés comme le second fondement de la foi, après le Coran.

Le rôle des hadîths

Le rôle des hadîths est de préciser le sens du Coran et la volonté de Dieu dans les divers actes de la vie (religion, société, droit, etc.). On pourrait ainsi comparer le rôle des hadîths à celui du Talmud, qui lui aussi explicite la Loi.

Puisque les hadîths sont supposés refléter les paroles du Prophète ou de ses très proches compagnons et, qu'au VIIIe siècle, il n'existe aucune trace écrite de ces paroles, il est très facile pour les savants et les politiques d'en créer « d'utiles » au moment opportun. Ce dont ne se sont privés ni les uns, ni les autres. À une certaine époque de l'islam, plusieurs dizaines de milliers de hadîths circulaient, dont certains franchement contradictoires. Il fallait mettre de l'ordre dans cela ; ce à quoi se sont appliqués historiens et juristes en créant des ouvrages de compilation des hadîths puis en soumettant ces hadîths à une critique historique d'un genre particulier. Pour l'islam sunnite, six recueils de hadîths sont considérés comme canoniques, ils ont tous été rédigés au IXe siècle.

Les compilations de hadîths

Parmi les compilations de hadîths les plus célèbres, il convient de citer les recueils de al-Bukhâri et de Mouslim, les deux auteurs étant contemporains et leurs ouvrages datant plus ou moins de la même époque (875). D'autres recueils existent bien entendu (ceux de Sijistâni et de al-Tirmidhi, appelés les *Livres de la tradition* ou *Koutoub al-sounan*, et aussi les recueils de Ibn Hanbal, de Ibn Mâlik, etc.) mais les deux ouvrages de al-Bukhâri et de Mouslim constituent ce que l'Islam désigne comme *Les deux authentiques* (*sahihân*). Dans son édition bilingue, celui de al-Bukhari porte d'ailleurs le nom de Sahîh al-Bukhari. Dans son édition intégrale, l'ouvrage de al-Bukhari contient près de 7 300 hadîths (notre édition n'en contient que 2230) alors que celui de Mouslim en contient près de 4 500. Le mérite de ces deux auteurs est d'avoir effectué un choix parmi les dizaines de milliers de hadîths en circulation à leur époque (c'est-à-dire près de 200 ans après la mort du Prophète).

Les hadîths font partie de ce qu'on désigne sous le terme de Sunna, c'est-à-dire la « conduite de Mahomet », la Tradition du Prophète. ∎

Isnâd et matn

Un hadîth est toujours composé de deux parties : l'*isnâd* et le *matn*. L'**isnâd** est la « chaîne des transmetteurs », c'est-à-dire la liste ininterrompue de ceux qui ont transmis le hadîth. C'est en fonction de la qualité de cette chaîne (et de son contenu) que le hadîth sera qualifié d'excellent (*sahîn*), de bon (*hasan*), de faible (*daîf*) ou de faux (*mawdoû*). Le **matn** est simplement le texte du hadîth.

Mahomet fut un excellent médiateur. On connaît la « ruse » qu'il imagina pour faire transporter la Pierre Noire par plusieurs chefs de Tribu. Arrivé à la Kaba, il prit la pierre et la déposa dans l'édifice. Ce geste fut considéré comme naturel par toute l'assemblée.

Polémique  ■ Les chiites et les sunnites se différencient pour ce qui concerne le contenu de certains hadîths et aussi pour ce qui est des chaînes de transmission (*isnâd*). Pour les chiites, les hadîths ne sont pas seulement les récits de la vie et des paroles du Prophète et de ses proches compagnons, ce sont aussi les récits des imâms qui sont de la famille du Prophète (il convient de ne pas confondre le sens du mot imâm chez les chiites et les sunnites — voir l'article consacré à ce mot). On comprend ainsi pourquoi sunnites et chiites s'opposent fermement sur la véracité et le sens de certains hadîths. Les hadîths remontant aux premiers imâms chiites sont également désignés sous le nom de *Khabar* (au pluriel : Akhbâr).

■ Que faire lorsqu'un hadîth contredit le Coran ? Dans son *Introduction au droit musulman*, J. Schacht écrit, en donnant l'avis autorisé de Shâfiî (ou al-Shâffi), l'un des grands juristes du IXe siècle : « Shâfiî considérait comme acquis que le Coran ne contredisait pas les traditions venant du Prophète et que ces traditionnels expliquaient le Coran. Il fallait donc interpréter le Coran à la lumière des traditions et non l'inverse. »[28] Il va s'en dire que cette interprétation n'est pas toujours acceptée.

Le statut des juifs n'a jamais été stable dans le monde musulman. Cependant, il y était souvent bien meilleur que dans le monde chrétien. Durant certaines époques, les juifs étaient tenus de s'habiller d'une manière particulière, mais s'ils payaient l'impôt de capitation leur vie n'était pas en danger. Le sort des « gens du Livre » était cependant meilleur en islam sunnite qu'en islam chiite. Par facilité, beaucoup de juifs se convertirent à l'Islam. L'histoire a même retenu le cas d'un « Roi des Juifs qui embrassa l'islam ». En effet, Sabbattai Tsevi, vrai juif, faux messie, eut des milliers d'adeptes juifs dans le monde entier mais « sur ordre de Dieu » devint musulman.

Al-Bukhari (810-870)

Mohamet Ben Ismaïl Al-Jou est né à Boukhara, d'où il tient son surnom al-B(o)ukhari.

Fils d'un savant qui s'intéressait déjà aux hadîths, al-Bukhari parcourut le monde arabe à la recherche des traditions et des rapporteurs (*rawis*) de hadîths. L'histoire dit qu'il compila ainsi plus de 600 000 hadîths mais qu'il n'en garda que moins de 7 500 qu'il tenait pour authentiques. Ces hadîths sont recensés dans un recueil appelé le *Sahih* (*L'Authentique*). Pour chacun des hadîths, al-Bukhari a vérifié la source, laquelle est toujours signalée dans son ouvrage sous la forme : « Ibn Omar — Que Dieu l'agrée — a rapporté : ... » ou « Nas Ben Malek — Que Dieu l'agrée — a rapporté : ... ».

POUR EN SAVOIR PLUS

Une édition abordable (et bilingue) du *Sahih al-Boukhari* a été publiée par Dar al-Kutub al-Ilmiyah, à Beyrouth (Liban) en 1993. Les 2 230 principaux hadîths sont regroupés par thèmes (la foi, la science, les funérailles, la prière, les ventes, le pèlerinage, etc.) dans deux volumes cartonnés. L'ouvrage est disponible auprès de l'IMA (*Institut du Monde Arabe*, Paris), chez certains libraires spécialisés ou encore sur le site de l'éditeur : *www.al-ilmiyah.com.lb*

Quelques hadîths (extraits du Sahih al-Bukhari)

698 Aïcha — Que Dieu l'agrée — a rapporté qu'un homme dit au Prophète — Que Dieu lui accorde Sa Grâce et Sa Paix — : « Ma mère est morte subitement, je crois si elle avait pu parler (avant sa mort) elle aurait ordonné de faire l'aumône. Si je faisais l'aumône à sa place, recevra-t-elle la récompense ? » Il lui répondit : « Certes oui. »

2019 Anas — Que Dieu l'agrée — a rapporté que le Prophète — Que Dieu lui accorde Sa Grâce et Sa Paix — a dit : « Tout musulman qui plante un arbre fruitier, et qu'un homme ou un animal en mange, cela compte comme une aumône. »

L'ijtihâd est le mot arabe qui désigne l'effort de réflexion personnel, l'érudition en matière juridique de manière à adapter, renouveler, les préceptes de l'islam à l'évolution de la société. C'est certainement l'un des éléments les plus importants pour la compréhension de l'évolution de l'islam.

Au douzième siècle, la porte de la réflexion est définitivement fermée

Pour le monde musulman sunnite (nous verrons dans l'article consacré aux chiites qu'il en est autrement dans l'islam chiite), au douzième siècle, la porte de l'ijtihâd a été fermée. C'est à ce moment que les principaux théologiens ont décidé, par consensus, que tout ce qui pouvait être discuté l'avait été et qu'il ne restait plus maintenant qu'à appliquer l'islam tel qu'il est contenu dans le Coran℃ et la Sunna℃ (les hadîths℃ du Prophète) en utilisant les interprétations des écoles juridiques℃ du XIIe siècle. C'est ainsi que pour le calife Omeyyade Umar ibn Abd-al-Azîz : « Personne n'a le droit à une opinion personnelle sur les points déjà établis par le Coran ; l'option personnelle du calife ne porte que sur les points sur lesquels il n'y a pas de révélation dans le Coran et aucune véritable sunna du Prophète ; personne n'a le droit à une opinion personnelle sur des points déjà établis par une sunna exprimée par le Prophète. »[29] Comme le fait remarquer l'auteur, cela aboutit à une fiction de justice coranique. En effet, deux justices parallèles s'appliquaient dans l'ensemble du monde musulman : une justice basée sur la charia et pratiquée par les cadis et l'autre laïque dépendant selon les moments de la coutume, du gouvernement ou des codes.

Une réflexion très active

Si la porte de l'ijtihâd a été fermée au XIIe siècle[29bis], il n'en a pas toujours été ainsi, bien au contraire. Au cours des trois premiers siècles de l'ère musulmane (c'est-à-dire du VIIe au Xe siècle), l'ijtihâd était encouragée et tout savant, tout penseur pouvait apporter sa propre solution à des problèmes juridiques. Ce n'est que par la suite que les savants (n'ayant en fin de compte que le Coran et la Sunna à se mettre sous la dent !) sentirent que toutes les questions essentielles avaient été discutées par un grand nombre de savants et qu'il devenait téméraire pour un individu de prétendre disposer des connaissances suffisantes pour apporter un nouvel éclairage, une nouvelle explication à la doctrine. Par consensus, ils décidèrent donc « la fermeture de la porte de l'ijtihâd ». Les juristes passèrent ainsi progressivement de l'ijtihâd (réflexion personnelle) au *taqlîd* (imitation). **Ainsi, le droit musulman, qui avait été souple et ouvert, s'enferma dans une grande rigidité.** ∎

L'ijtihâd sunnite moderne

Malgré la fermeture de la porte de l'ijtihâd, quelques décisions récentes montrent que cette porte reste malgré tout entrouverte et qu'il suffirait d'un bon vent d'esprits neufs pour l'ouvrir définitivement, pour le plus grand bien des musulmans et du reste du monde. L'ijtihâd moderne, ou plutôt le néo-ijtihâd, se manifeste essentiellement par des réformes pratiques dans le droit civil, le droit pénal et le droit familial des États musulmans. Pour faire court, on signalera l'abolition de l'esclavage, la ratification de la charte des droits de l'homme, l'abandon des peines légales dans l'Empire Ottoman, l'interdiction de la polygamie, les nouvelles lois sur l'héritage, etc.

Polémique

■ À l'heure actuelle, devant les dérives d'un type d'islam et les nécessités de s'adapter au monde moderne, certains savants et penseurs estiment qu'il est nécessaire de rouvrir les portes de l'ijtihâd. Plusieurs éléments plaident, bien entendu, en leur faveur et ceci face même aux juristes les plus orthodoxes. Ainsi, bien que le Coran admette parfaitement l'esclavage^c, il est parfaitement clair qu'aucun « musulman » ne peut aujourd'hui adopter les règles du Coran telles qu'elles étaient pratiquées au XIIᵉ siècle pour ce qui concerne ce problème. Ce qui saute au yeux lorsqu'il s'agit de l'esclavage, l'est sans doute moins pour quantités d'autres problèmes humains ou sociaux mais une simple analyse montre que ce qui est valable pour un problème doit l'être également pour les autres.

■ Pour les chiites^c, la porte de l'ijtihâd n'est pas fermée, ce qu'a démontré à sa façon l'imâm Khomeini ; en outre, certaines décisions chiites sont proposées comme tirant leur source de l'imâm caché.

■ Certains historiens n'hésitent pas à proposer la fermeture de l'ijtihâd comme date clé du déclin de l'islam.

■ Le monde musulman a très tôt pris conscience de ce problème, pour lequel il utilise l'expression *taqlîd* (imitation, dans le sens d'une stricte adhésion aux lois). Ce mot désigne l'attitude des docteurs, juristes et penseurs pour lesquels l'idéal est l'imitation des anciens. Très tôt, quelques écoles (dont les zahirites), estimant qu'il était illicite de suivre aveuglément l'autorité de tout autre homme que le Prophète, déclarèrent le *taqlîd* illicite sans pour autant prôner l'ijtihâd. Pour les zahirites, il fallait s'en tenir au sens littéral (zâhir) du Coran et de la Sunna (ils sont, dès lors, en quelque sorte les précurseurs des mouvements islamistes qui déclarent le retour à l'islam des sources, sans toutefois spécifier ce qu'ils entendent par « sources »).

■ Les soufis^c (les mystiques de l'islam) estiment également qu'une foi véritable repose sur l'ijtihâd et non sur le *taqlîd*.

L'imâm

Ce mot — qui signifie le « bon guide » — désigne au moins deux fonctions différentes selon que l'on aborde l'univers sunnite (la majorité des musulmans) ou l'univers chiite (10 pour cent du monde musulman). Pour le moment, retenons que l'imâm sunnite n'a aucune fonction cléricale au contraire de l'imâm chiite. Sauf précision, tout ce qui est dit dans ce chapitre (comme dans tout l'ouvrage d'ailleurs) se rapporte au monde sunnite ; nous ne soulignons un point particulier que lorsqu'il est spécifique au monde chiite.

L'imâm de la mosquée

C'est la personne qui conduit la prière du vendredi (*salât*). Il s'agit généralement de la personne la plus instruite de l'assemblée ou qui a été choisie pour cette fonction. Habituellement, cette fonction n'est pas rémunérée. Historiquement, l'imâm était donc le plus souvent un personnage respecté comme, par exemple, le *cadi* (juge). C'est aussi l'imâm qui prépare et dit le sermon du vendredi (*khoutba*).

Imâm chiite

Dans l'islam chiite, le titre imâm est particulièrement prestigieux. En effet, il qualifie Ali (le cousin de Mahomet — considéré comme le premier imâm) et tous ses descendants. Nous avons montré dans l'article consacré au chiisme comment certaines sectes vénéraient sept imâms (les ismaéliens septimains) d'autres douze (les imamites duodécimains). Pour les imamites duodécimains, le dernier (et douzième imâm) a disparu en 874 et on attend son retour (c'est l'imâm caché). Il est représenté sur terre par les ayatollahs.

On notera que la liste des cinq premiers imâms est commune aux deux sectes.

L'imâm de la Communauté

C'était l'un des titres du calife en tant que chef temporel et spirituel de la Communauté (Umma).

Imâm

C'est un titre que l'on donne, dans la langue arabe, à une personne ayant une autorité dans une discipline quelconque (même profane). Ce titre avait donc le même sens que *Herr Professor* chez les Allemands.

L'imâm Aga Khan

Célèbre pour sa fortune et sa jolie femme, l'Aga Khan est aussi le chef spirituel d'une communauté chiite : les ismaïliens nizaris. L'actuel chef a pour nom et titre Imâm Aga Khan Karîm IV. ■

C'est l'imâm qui conduit la prière et monte dans le minbar pour dire la prière et le sermon du vendredi (*khoutba*). En milieu sunnite, l'imâm n'a aucune fonction cléricale : c'est simplement la personne la plus instruite de l'assemblée.

Polémique Dès les premiers siècles de l'islam, la polémique a fait rage pour savoir si l'imâmat (c'est-à-dire la fonction d'imâm de la Communauté, c'est-à-dire le califat) doit reposer sur le libre choix (comme chez les sunnites) ou sur une désignation testamentaire (comme chez les chiites — le *nass*).

Bien qu'il soit difficile de chiffrer le nombre exact de musulmans en France (la loi interdit aujourd'hui les statistiques portant sur l'appartenance ethnique ou religieuse des individus), on peut considérer que les « musulmans » (le mot « musulman » est pris dans un sens très large) de France sont au nombre de cinq millions, dont trois millions de Français et deux millions d'étrangers (dont surtout des Maghrébins). On considère qu'un tiers des musulmans sont installés en Île-de-France.

La pratique religieuse

Bien entendu, métissage aidant, tous ces « musulmans » ne sont inféodés ni à une confrérie ni à une mosquée ; tous ne sont d'ailleurs pas pratiquants. Une conduite religieuse qui serait impossible dans un État musulman le devient tout à fait en France. Il n'empêche que pour des raisons de cohésion sociale même les musulmans qui ne pratiquent pas participent aux fêtes religieuses (comme l'Aïd el-kebir) et suivent le jeûne du Ramadan. Une socialisation des fêtes religieuses est d'ailleurs également très sensible chez les juifs et les chrétiens (Noël est-il encore une fête chrétienne ?).

D'après des sondages effectués dans les années quatre-vingt-dix[30], la pratique religieuse varierait selon les nationalités entre 29 et 65 %. Les Africains de l'Ouest étant résolument les plus pratiquants. On notera également que, le vendredi, la fréquentation des mosquées oscille entre 11 et 34 %. On s'étonnera (ou non) d'apprendre que l'observance du jeûne du Ramadan varie entre 70 et 84 %. Ainsi, même les « musulmans » qui ne pratiquent pas observent le jeûne du Ramadan, même si c'est de manière irrégulière

et en se permettant de nombreuses dérogations. Au niveau des interdits alimentaires, il est extrêmement difficile pour un musulman de France d'observer scrupuleusement les prescriptions de l'islam. Ainsi, pour ne donner qu'un exemple, le nombre de boucheries musulmanes est extrêmement réduit. Il n'existe pas de rayon boucherie *halâl* (c'est-à-dire licite) dans les grandes surfaces, or la fréquentation des boucheries *kasher* (autorisée pour les sunnites) est souvent extrêmement onéreuse. On ne s'étonnera donc pas que 30 % des « musulmans » de France avouent consommer du porc (dont le prix est, par ailleurs, nettement inférieur à celui de la viande de bœuf).

Les lieux du culte

On le sait, le musulman, comme le juif, n'a pas besoin d'un édifice spécifique (comme les églises des chrétiens) pour communiquer avec Dieu. Néanmoins, la prière du vendredi est toujours une prière collective précédée d'un sermon (*khoutba*) : un lieu de rassemblement est donc nécessaire. Il existe sur le territoire français plus ou moins 1 500 lieux de culte divers et seulement huit mosquées offrant une grande capacité d'accueil.

La khoutba

Le vendredi — qui, pour l'islam, n'est pas un jour férié et ne donne lieu, en principe, à aucun congé — est le jour de la prière collective dans les mosquées. La prière est toujours précédée d'un discours dont le thème est laissé à la libre appréciation de l'imâm. La khoutba est toujours prononcée sur le minbar (une chaire) et est précédée, en principe, par une formule en faveur du chef de la communauté.

Cimetières

En principe, en France, tous les cimetières sont laïques mais il existe des dérogations pour les juifs (à Bagneux), les chrétiens orthodoxes (à Sainte-Geneviève-des-Bois), les musulmans (Bobigny). Le cimetière « franco-musulman » de Bobigny est en principe réservé aux personnes musulmanes décédées à l'hôpital franco-musulman de Bobigny mais il est possible d'obtenir une autorisation pour y être enterré.

En outre, depuis 1975, les maires ont reçu l'autorisation (mais non l'obligation) de réserver pour les musulmans « des carrés spéciaux » dans les cimetières existants.

Les organes représentatifs

On le sait, l'islam sunnite ne possède pas de système clérical et aucune structure hiérarchique. Il est donc difficile de former un organe représentatif des musulmans de France. Il s'agit pourtant d'un projet déjà ancien, lequel a été repris fin 2002 par le ministre de l'Intérieur avec le succès que l'on sait. Les musulmans de France ont maintenant un organisme représentatif. ■

Polémique Un vrai problème se pose aujourd'hui à l'État français laïque : faut-il autoriser les puissances étrangères à prendre en charge la construction et l'entretien de mosquées ou faut-il que l'État français prenne en charge cette construction et l'entretien ? Laisser les puissances étrangères prendre en charge les mosquées, c'est — sachant que certains imâms-prédicateurs sont plus politiques que religieux — ouvrir la porte à l'islamisme^c. Prendre en charge les mosquées, c'est renoncer à la spécificité laïque de l'État français...

L'islamisme

Dans ce petit ouvrage consacré à l'Islam, il n'est pas du tout question de l'une des principales préoccupations modernes : l'islamisme. Nous ne pouvons cependant faire l'impasse sur ce mot, dont tout lecteur pourrait s'étonner de l'absence dans un ouvrage consacré à l'Islam.

Comme le fait remarquer le couple Sourdel (*Dictionnaire historique de l'islam*), le terme islamisme « était employé à la fin du XIXe siècle pour désigner l'islam en tant que religion et civilisation ». Aujourd'hui, ce terme possède une nouvelle acception : il désigne les intégristes de l'islam, des militants fondamentalistes.

Que veulent les intégristes ?

Les intégristes musulmans encore appelés islamistes ou, parfois, fondamentalistes forment différents groupes. Sans entrer dans les détails particuliers à chaque groupe, ces intégristes souhaitent la création d'États purement islamiques. Ceci ne peut se réaliser que par :

- une application rigoureuse de la loi musulmane (charia) ;
- un statut de la femme qui soit conforme à leur lecture du Coran et de la Tradition ;
- une obligation pour tous de respecter les préceptes de la foi ;
- une démission des gouvernants qui ne respectent pas la loi de Allah ;
- le jihâd contre tous les mauvais musulmans (même les chefs d'État).

Méthodes des intégristes

Ces doctrines prônant un retour à l'islam des ancêtres et à la pure interprétation du Coran portent également le nom de salafisme (de *salaf* = ancêtres) ou *salafiya*. Pour créer ces « purs » États islamiques, les intégristes admettent que toutes les méthodes sont permises, y compris les plus violentes. La manifestation la plus spectaculaire de l'islamisme est l'attaque, le 11 septembre 2001, des tours jumelles du World Trade Center, dans le quartier des affaires de Manhattan à New York. Cette attaque a déclenché une riposte vive des États-Unis : la guerre aux talibans d'Afghanistan, d'abord, la guerre à l'Irak, ensuite (lequel, s'il est un État musulman, n'est pourtant pas un État islamiste !).

L'islam et les islamistes

Quelles que soient les manifestations des islamistes, il faut cependant se garder de placer tous les mouvements « arabes » armés dans le monde dans l'unique sac de l'islamisme : certains sont seulement des mouvements de libération face à une occupation étrangère. Il faut également prendre garde à l'amalgame simplificateur : des centaines de mouvements « islamistes » existent dans le monde : tous ne prônent pas une guerre ouverte à l'Occident. Il faut, enfin et surtout, éviter de confondre l'Islam et islamisme : les islamistes ne représentent qu'une infime partie de l'Islam et leur lecture restrictive des textes sacrés de l'islam est très loin de faire l'unanimité chez les docteurs de la loi. L'islamisme doit être considéré comme une dérive religieuse et politique. Enfin, c'est par manque de place que nous passons sous silence l'Iran radical de Khomeini (chef spirituel des chiites, il prend le pouvoir en 1979) et le Soudan de Hassan al-Tourabi (diplômé de droit de l'université de Khartoum, docteur en droit de la Sorbonne, diplômé d'Oxford... il promulgue pourtant les lois islamiques dans son pays !). Pour comprendre les mouvements islamistes, il est nécessaire de s'intéresser un peu à l'organisation qui a pour nom *Les Frères musulmans* et de décrire brièvement l'historique du mouvement wahhabite.

© Corel

La forme et la couleur du turban permettent parfois d'identifier une personne pour ce qui concerne sa tribu et sa position sociale. Le turban noir est réservé aux descendants du Prophète.

Les Frères musulmans

Le mouvement des *Frères musulmans* est une organisation intégriste solidement implantée en Égypte et dans divers pays limitrophes. Cette organisation a été créée en Égypte, en 1928, par un jeune instituteur du nom d'Hassan al-Banna. Elle est basée sur cinq commandements : « Dieu est notre but ; le Prophète est notre modèle ; le Coran est notre loi ; le jihad ᶜ est notre vie ; le martyre est notre vœu ». Aujourd'hui, ce mouvement — dont l'objectif était double : répandre l'enseignement religieux et améliorer le niveau de vie des populations défavorisées — possède des antennes dans de très nombreux pays musulmans (Syrie, Jordanie, Liban, Irak, Soudan). Il s'est manifesté activement dans la lutte des Arabes de Palestine contre les Britanniques d'abord, les Israéliens ensuite. Leurs relations avec le pouvoir égyptien ont toujours été très difficiles. Le pouvoir égyptien condamnant à mort des militants des Frères musulmans et ceux-ci préparant l'élimination des dirigeants. Rappelons la tentative d'assassinat de Gamal Abdel Nasser puis l'assassinat, en 1981, par un groupe se réclamant de la mémoire des condamnés, de Anouar al-Sadate. Les Frères musulmans seraient également responsables des attentats de Louxor (1977) où périrent des touristes occidentaux.

Le wahhabisme

Il s'agit d'un mouvement politico-religieux intégriste né, en Arabie, en 1744, mais dont les sources sont à chercher au XIVᵉ siècle (chez Ibn Taymiyya, un docteur de l'École hanbalite). Ce mouvement est né de l'alliance d'un chef tribal, Mohammed Ibn Séoud (dont on connaît le prodigieux destin de la famille pour sa mainmise sur l'Arabie Saoudite et ses puits de pétrole), et d'un prédicateur, Mohammed Ibn Abd el-Wahhab (lequel a donné son nom au mouvement). Le wahhabisme, qui règne en maître en Arabie Saoudite, est extrêmement rigoriste et impose aux hommes et aux femmes une conduite de vie et un code vestimentaire, interdit la musique, le cinéma et le tabac mais aussi tout l'islam populaire (culte des saints — dont il détruit les mausolées, usage du chapelet, etc.). Tous ceux qui refusent ce rigorisme sont déclarés hérétiques (aussi bien les chiites que les sunnites). C'est ce mouvement qui a conquis les principales villes saintes de l'Islam (dont La Mecque et Médine) ; c'est ce mouvement également qui extermine tous les « hérétiques » suspectés de s'adonner à la drogue, à la boisson, à la prostitution ou, tout simplement, dont le malheur est d'être nés chiites (c'est ainsi qu'en 1803, la population de la ville sainte chiite de Kerbela est massacrée). Les énormes moyens dont dispose actuellement l'Arabie Saoudite et l'esprit prosélyte du wahhabisme rendent ce mouvement capable de financer de très nombreux groupes terroristes extrêmement dangereux dans le monde (on se souviendra que la majorité des terroristes impliqués dans l'attentat du 11 septembre 2001 étaient d'origine saoudienne). ■

Les confréries

Plusieurs organisations islamistes sont organisées sous forme de confréries qui, bien qu'elles regroupent des centaines de milliers de membres, sont quasi-secrètes. Pour éviter de se faire reconnaître par le pouvoir en place (généralement hostile à toutes les confréries et organisations semi-clandestines), les membres de ces confréries pratiquent (surtout en Turquie laïque) la dissimulation religieuse (*taqiya*), c'est-à-dire le reniement extérieur. La dissimulation religieuse (allant jusqu'à feindre l'apostasie), lorsqu'elle est nécessaire, est autorisée par le Coran (voir les versets ci-après).

Champ d'application de la charia

- droit constitutionnel (califat) ;
- droit économique (interdiction du prêt à intérêts) ;
- droit familial (mariage, divorce, répudiation, polygamie) ;
- droit pénal (peines corporelles) ;
- droit successoral (héritage).

Polémique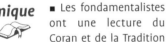

- Les fondamentalistes ont une lecture du Coran et de la Tradition qui est loin d'être orthodoxe. Ainsi, pour ne donner que trois exemples : le jihâd est, en principe, interdit contre des musulmans ; le port du voile n'est pas une obligation coranique (et certainement pas sous la forme imposée aux Afghanes) ; la recherche est encouragée par le Coran.

- Le salafisme (ou retour à l'islam des ancêtres) est à l'origine de mouvements divers dont certains réclament le retour du califat et d'autres un islam de tolérance et d'ouverture dont une des clés serait la réouverture de la porte de l'ijtihâd ͨ.

POUR EN SAVOIR PLUS

A. Sfeir et les Cahiers de l'Orient. *Dictionnaire mondial de l'islamisme*. Plon. Paris. 2002. 518 pages.

Une encyclopédie extrêmement complète sur tous les mouvements islamiques dans le monde, les acteurs, les concepts. Très documenté mais d'une lecture difficile, il ne s'adresse qu'aux lecteurs vraiment motivés.

Versets coraniques

« *Toutefois, ceux qui ont émigré après avoir subi une épreuve, qui ensuite ont mené combat et ont été constants, en vérité, ton Seigneur, après tout cela, sera certes envers eux absoluteur et miséricordieux.* » (XVI-110)

Le jihâd ou djihâd

La mise en garde du Dictionnaire mondial de l'islamisme concernant le mot jihâd mérite d'être rapportée : « Le djihâd est un mot victime de l'actualité, et dont la définition présente quelques difficultés. » Ce mot signifie « lutte ». Dans les premières années de l'islam, après l'Hégire, il désigne « l'effort de guerre » devant être entrepris contre les infidèles (kâfirs) pour étendre les territoires islamisés. Cette extension des territoires islamisés est prévue par le Coran et la guerre est donc légale. Dans un premier temps, ce terme désigne donc la « guerre légale ».

La guerre légale

En réalité, le jihâd était une obligation collective dont la réalisation était placée sous la responsabilité du calife. Selon le Coran, le jihâd — auquel les musulmans doivent leur extraordinaire expansion — n'est jamais accompli tant que le monde entier n'est pas soumis à l'islam. Sans entrer dans les détails, on doit au jihâd la distinction du monde en « Territoires de l'islam » (*dâr al-islâm*) et « Territoires de guerre » (*dâr al-harb*) avec lesquels — malgré un état de guerre permanent — on peut conclure des « trêves » (*hudna*) renouvelables tous les dix ans. On comprend aisément que cette division du monde, si elle nourrit un imaginaire arabe, froisse les non-musulmans.

Le jihâd, pour être valable, doit être déclaré par le Calife ou un de ses représentants importants et ne peut être exercé que contre les infidèles (donc jamais contre des musulmans). Il doit aussi être précédé d'une exhortation à la conversion des incroyants. Le dernier jihâd a été déclaré en 1914. Aujourd'hui, de petits groupuscules islamistes déclarent régulièrement le jihâd à l'Occident ou même à des régimes musulmans (qu'ils accusent de mal gouverner) sans que cela ait un sens du point de vue coranique. Dès le VIIIᵉ siècle, en effet, il devint évident que l'expansion musulmane ne pouvait être infinie. Dès lors, la victoire finale sur les infidèles fut repoussée à l'ère eschatologique et le jihâd, en principe, remisé dans les archives guerrières.

Le sens premier du terme a cependant été infléchi au cours des siècles : il devient ainsi le « combat contre l'hérésie » ou le « combat pour la défense des territoires ».

Jihâd majeur et jihâd mineur

Cette « guerre légale » est appelée par l'islam le jihâd mineur (ou « jihâd des corps »). Ce jihâd est bien moins important que le jihâd majeur ou « jihâd des âmes », lequel est un combat contre soi-même, contre ses passions. Lorsqu'il parle de jihâd, Mahomet fait souvent référence au jihâd majeur, à cette lutte humaine de tous les instants. On notera également qu'avant l'Hégire (l'expatriation de Mahomet), seul le jihâd majeur (jihâd des âmes) existait ; le jihâd mineur étant né d'une exigence guerrière. ■

Le jihâd contre les gens du Livre et les autres...

Le jihâd contre les juifs et les chrétiens s'arrêtait dès qu'ils acceptaient de se soumettre à l'autorité de l'islam et de payer l'impôt de capitation (voir l'article consacré aux dhimmis). Concernant les idolâtres, s'ils refusaient de se convertir à l'islam, ils étaient massacrés ou réduits en esclavage.

Djihâd (ou jihâd) islamique

Il s'agit d'organisations clandestines ou non qui luttent dans de nombreux pays contre le pouvoir en place (pour l'instauration d'un véritable État islamique) ou contre l'occupant. Il existe plusieurs organisations du même nom n'ayant aucun lien entre elles (Égypte, Palestine, Tunisie).

Polémique

- Pour les kharijites, le jihâd est le sixième « pilier de l'islam »ᶜ.

- Pour les chiitesᶜ, le jihâd est impossible avant le retour de l'imâm caché, car lui seul a qualité pour déclarer la guerre. Cela n'empêche pas, bien entendu, les États chiites de déclarer la guerre à leurs voisins mais — subtilité — il ne s'agit pas de la guerre légale (*jihâd*) mais d'une simple guerre (*mutakalâ*).

- Dans le Coran, figurent de nombreux versets divergents concernant le jihâd ; le contenu de ces versets varie en fonction de la position de Mahomet face à ses ennemis. La règle étant que le verset le plus récent abroge le verset le plus ancien (voir l'article consacré à l'abrogation), les musulmans intégristes ne retiennent — sans doute à tort — que les derniers versets qui prônent la « guerre légale » pour la conquête des territoires occupés par les infidèles.

- La principale polémique intra-musulmane s'articule autour d'une importante question : le jihâd de Mahomet était-il limité à l'Arabie ou au monde entier ? En d'autres mots, Mahomet avait-il conçu l'islam comme universel ou non ? La décision de rendre le jihâd universel n'a été prise par consensus général (*ijmâ*) que bien après la mort du Prophète. Malheureusement aucune règle dans le Coran ne définit exactement ce qu'est un consensus général.

Versets coraniques

« Vous qui croyez !, combattez ceux des Infidèles qui sont dans votre voisinage ! Qu'ils trouvent en vous de la dureté ! Sachez qu'Allah est avec les pieux ! » (IX, 124)

Les juifs sont, comme les musulmans (et les chrétiens), des monothéistes. Mieux que les chrétiens (dont le Dieu est trinitaire), ce sont de vrais monothéistes. Les juifs, les chrétiens, les sabéens, les zoroastriens (mazdéens) sont ce que le Coran désigne sous l'appellation les « gens du Livre » (*ahl al-kitâb*).

Les « gens du Livre »

En tant que « gens du Livre », les juifs méritent un traitement particulier : ils n'ont pas l'obligation de se convertir à l'islam et si une guerre légale (jihâd) est lancée contre eux, elle prend fin dès qu'ils font soumission au pouvoir musulman et acceptent le payement de l'impôt de capitation. Leur statut dans le monde musulman est particulier car ils possèdent la qualité de dhimmis^c : ils sont libres et protégés, le tout en échange du payement d'une taxe.

Mahomet et les juifs

Les relations entre Mahomet et les juifs (appelés *Banî isrâîl* ou *yahûd*) sont devenues conflictuelles à partir de l'installation du Prophète à Médine. En effet, à l'origine, Mahomet avait une grande sympathie pour les juifs qui honoraient un dieu unique, disposaient de grandes richesses et habitaient dans de nombreuses contrées. Dans un premier temps, il avait même choisi Jérusalem comme direction pour la prière. C'est sa confrontation avec la religion juive qui a inspiré Mahomet et lui a fait sentir le besoin de disposer pour son peuple aussi d'une religion avec un dieu unique et puissant dont la volonté s'exprimerait par sa bouche (un livre oral). C'est égale-

ment sa confrontation avec la religion juive qui lui fit choisir Abraham (devenu Ibrahim) comme fondateur de l'islam. Grâce à Abraham (devenu hânif — c'est-à-dire adepte du monothéisme avant l'islam), sa religion pouvait se targuer d'une préséance historique sur le judaïsme de Moïse et le christianisme de Jésus de Nazareth. Décidément, Mahomet doit beaucoup aux juifs. Sans compter que de nombreuses paraboles et légendes sont empruntées à l'histoire sainte mosaïque ou aux talmudistes (comme, par exemple, celle qui prétend que pour les musulmans l'enfer sera temporaire ; Coran IV-51, IV-116, XI-109, XCII-15, CXII-16). Enfin, en agréant Adam puis Abraham et son fils comme les constructeurs de la Kaba (édifice contenant la Pierre Noire, à La Mecque), il fait remonter la constitution de l'islam à Adam et à Dieu. Il ne pouvait remonter plus haut. Ainsi, Allah est non seulement l'auteur du Coran (incréé et ayant existé de tout temps...) mais aussi l'architecte de la Kaba.

Les juifs et Mahomet

Malheureusement, malgré la sympathie que Mahomet éprouvait pour ces tribus juives, la réciproque n'était pas vraie. Les juifs regardaient Mahomet avec une certaine condescendance et lui refusaient le statut de prophète. En effet, pour les juifs, le prophète ne pouvait être qu'un juif et non un gentil (*ommiyyoûn*). Mahomet, qui espérait une conversion massive des juifs vers l'islam, en eut beaucoup de dépit. Cela transparaît dans de nombreux versets coraniques et explique une partie de son comportement ultérieur à leur égard. ∎

Polémique

∎ Une tradition maintenant bien ancrée dans l'esprit des musulmans veut que les livres sacrés des juifs et des chrétiens aient été altérés (*tahrîf*) pour en gommer les passages abrahamiques annonçant l'arrivée de Mahomet (II-70, III-72, IV-48, III-63). On suppose que l'idée du *tahrîf* doit être concomitante à celle de la création d'une Vulgate du Coran (on sait qu'à cette occasion une compilation « avantageuse » pour le pouvoir en place fut réalisée).

∎ Pour les musulmans, Mahomet est « le sceau des prophètes » et son annonce dans les autres livres sacrés était parfaitement imaginable. On notera que l'expression « le sceau des prophètes » (Coran, XXXIII-40) est un *hapax legomenon*[31], ce qui est une rareté dans un ouvrage dont la répétition n'est pas la dernière caractéristique.

∎ Les différentes appellations des juifs dans le Coran sont assez significatives de la relation que Mahomet entretient avec eux. Dans les premières sourates (reçues à La Mecque), Mahomet est très soucieux des juifs en qui il voit le peuple Hébreu, le peuple du Livre ; peuple envers lequel il n'éprouve qu'une seule envie : l'imitation. Dans ces sourates, les juifs sont nommés « Fils d'Israël ». Plus tard, à Médine, Mahomet est déjà chef d'un clan et son contact avec les juifs est devenu conflictuel. Les juifs ne sont plus pour lui les « Fils d'Israël » mais les petits marchands qui s'opposent à son dessein. Les juifs sont maintenant désignés sous le terme de Yahûd.

Ce mot kâlam possède trois sens. Le *Kalam Allah*, la Parole de Dieu : c'est le Coran. Le Kâlam, c'est aussi le tube de roseau servant à calligraphier l'arabe. Le Kâlam, c'est aussi le discours sur la foi, l'analyse de la parole (kâlam) de Dieu. Ce discours théologique est généralement désigné sous le nom de *ilm al-kâlam*.

Le *ilm al-kalâm*

Il s'agit d'une théologie spéculative, apologétique et de controverses. Cette théologie n'a jamais eu un franc succès en islam car pour les musulmans l'important c'était l'interprétation de la loi (le *fiqh*) et non le discours sur Dieu, la défense de la foi musulmane et l'authenticité du discours du Prophète. L'authenticité du discours du Prophète allant de soi pour un musulman ; en outre, la plupart des savants ne voyaient pas l'intérêt de défendre ces idées face à des non-musulmans. Malgré cela, le kâlam a eu une certaine importance en islam et une influence non négligeable sur l'interprétation de la loi (*fiqh*).

Pour les savants musulmans, le kâlam est « une science qui permet à l'homme de faire triompher les dogmes et les actions déterminées par le Législateur de la religion, et de réfuter toutes les opinions qui les contredisent ». Pour un autre savant, « Le kâlam est la science à laquelle il appartient d'établir solidement les croyances religieuses en apportant des preuves, et d'écarter les doutes. »[32]

La pratique du *ilm al-kâlam*

Les premiers à pratiquer le kâlam furent, à la fin du VIIIe siècle, les mutazilites confrontés avec les enseignements de la philosophie grecque[33]. Les mutazilites étaient partisans d'une doctrine qui accordait une part importante à la raison. Le kâlam se présentait alors comme une profession de foi argumentée et comme une réfutation des arguments des adversaires. Si les mutazilites furent les premiers à le pratiquer, par la suite, d'autres écoles juridiques adoptèrent également les enseignements du kâlam. Seule l'école juridique hanbalite, une école assez rigoriste, refusait la théologie spéculative du kâlam car elle refusait d'introduire un élément humain dans la définition d'un article de foi. En outre, ils estimaient qu'il y avait un danger à discuter avec son adversaire car on pouvait finir par accepter l'une de ses thèses.

Les thèses mutazilites

1. Le Dieu créateur est spirituel et ne peut être vu ni dans ce monde ni dans l'autre (négation des attributs divins et du Coran « créé »).

2. Dieu ne peut vouloir que le bien. L'homme est responsable de ce qu'il fait et Dieu le punira ou le récompensera (affirmation du libre-arbitre humain).

3. Avoir la foi, c'est accomplir les actes prescrits par le Coran.

4. Le pécheur n'est ni vraiment croyant, ni vraiment impie mais reste membre de la Communauté.

5. La « commanderie du bien » est une obligation pour tout musulman.

Le mutazilisme — qui donnait à la raison un rôle majeur dans l'interprétation de la loi — fut la doctrine « officielle » durant le califat de al-Mamûn (IXe siècle), pour disparaître ensuite. Aujourd'hui, les thèses mutazilites, notamment concernant le libre-arbitre de l'homme, subissent un regain d'intérêt chez les penseurs de l'islam.

Les thèmes du *ilm al-kâlam*

Les principaux thèmes du kalam furent liés aux statuts de l'imamat, de la foi, de la responsabilité de l'homme, des conditions du salut, de la nature du Coran (créé ou incréé), des attributs divins, du péché, etc. Une description, même succincte, des discussions entre les divers mouvements de l'islam dépasse, bien entendu, le cadre de cet ouvrage d'initiation. Néanmoins, il est facile d'imaginer combien les discussions sur la responsabilité de l'homme et son état de péché pouvaient avoir de l'influence sur la connaissance de la loi religieuse (*fiqh*) et son application. Le lien entre le kâlam et le *fiqh* était donc important. En quelque sorte, avec tout ce que cette approche a d'osé, on peut suggérer que le kâlam permettait de plaider des circonstances atténuantes pour les pécheurs. ■

La position de Mahomet a toujours été très claire : « Nulle contrainte en la religion ! » (II-257)

Polémique

■ Pour L. Gardet [34], « la problématique d'une apologie défensive de la foi vaut par son actualité. Or, la problématique de ces manuels est commandée par la réfutation d'adversaires (...) depuis longtemps disparus ; cependant que de brûlants problèmes contemporains restent ignorés. Une apologie défensive se doit de renouveler ces thèmes. (...) On peut garder l'espoir qu'un nouveau kâlam, assez différent peut-être de l'ancien par ses méthodes, ses arguments, sa problématique, puisse se constituer un jour, et animer pour sa part une reprise culturelle des sciences religieuses de l'Islam ».

■ Contrairement à ce qui se passe en Occident, l'exégèse religieuse scientifique n'a jamais été pratiquée par le monde musulman. On imagine mal les musulmans soumettant le Coran à une analyse grammaticale ou syntaxique rigoureuse et ceci malgré la définition donnée ci-dessus : « Le kalam est la science à laquelle il appartient d'établir solidement les croyances religieuses en apportant des preuves, et d'écarter les doutes. » On n'imagine pas, non plus, les musulmans soumettant un fragment d'un ancien Coran à une analyse scientifique, comme celle effectuée, par exemple, par le monde chrétien, sur le Saint Suaire.

La mosquée de Cordoue, aux mille colonnes, a été réalisée dès 961 par le calife al-Hakoun II. Contrairement à l'idéal égalitaire de l'islam, on y découvre un espace exclusivement réservé au souverain (*maksoura*). Pour le justifier, on disait qu'il avait pour unique but de protéger le souverain.

Mahomet s'est marié un nombre considérable de fois (sans compter les demandes en mariage qui n'ont pas été couronnées de succès...) mais sa première femme occupe une position tout à fait particulière dans la religion musulmane pour plusieurs raisons :

- c'est la première « croyante » ;
- elle a donné plusieurs enfants au Prophète dont Fâtima ;
- elle nous permet de dresser une généalogie descendante du Prophète.

Une riche héritière

Lorsque Mahomet épouse Khadîja, celle-ci a déjà quarante ans alors que Mahomet n'en a que vingt-cinq. Elle a déjà eu deux maris alors que Mahomet est encore célibataire. Elle est riche, il est pauvre. Elle est d'une grande famille, il est orphelin. Elle possède des caravanes, il est chamelier. La légende raconte que le père de Khadîja s'opposait fermement à son mariage mais que pour obtenir son accord elle l'enivra le jour de la demande en mariage. Cependant, l'histoire dit que le mariage a été heureux et que Khadîja a soutenu son mari dès les premières apparitions de l'ange Gabriel (Jibrîl). En outre, elle en parla à un de ses parents, chrétien, qui lui affirma que cette expérience était de même nature que celle de Moïse recevant les Tables de la Loi. Ce qui conforta Khadîja et donna de l'assurance à Mahomet. Khadîja mourut trois ans avant l'Hégire et jusqu'à sa mort Mahomet n'eut d'autre femme.

Les enfants et petits-enfants du couple

De Khadîja, Mahomet eut plusieurs enfants dont deux garçons (Qâsim et Abdallah) qui, malheureusement, moururent en bas âge. Ils eurent aussi quatre filles. Deux des filles (Rouqayya et Oumm Koulthoum) épousèrent Uthman, le troisième calife. La dernière, Fâtima, épousa Ali, le cousin de Mahomet. Ils eurent deux garçons : Hassan et Husseyn, dont on connaît l'implication dans le chiisme. ■

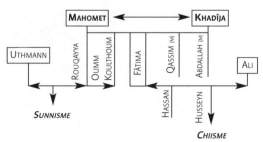

GÉNÉALOGIE DE MAHOMET

Les lieux saints de l'islam

Les lieux saints de l'Islam ne sont guère nombreux et certains musulmans n'en admettent même que deux : La Mecque et Médine. Il s'agit, bien entendu, des deux lieux les plus saints puisqu'ils sont à la source de la révélation du Prophète.

Les territoires sacrés (*haram*)

En réalité, les musulmans sunnites considèrent quatre territoires comme sacrés ou haram :

1. Autour de la Kaba, à La Mecque.
2. Autour de la Mosquée de Médine.
3. Autour de la Mosquée d'Omar et de la Mosquée d'el-Aqsa, à Jérusalem.
4. Autour du tombeau d'Ibrahim (Abraham), à Hébron.

On notera que le territoire autour de la Kaba (*haram Allâh*) est le plus sacré de tous et soumis à certaines restrictions. En effet, on ne peut y chasser, le port d'arme est prohibé et il reste strictement interdit aux non-musulmans.

Outre ces lieux saints universels, les chiites possèdent leurs lieux saints personnels (voir encadré) ainsi d'ailleurs que les musulmans sénégalais (Touba), les Afghans (Mazar-i-Charif), les Tunisiens (Kairouan) et les Marocains (Moulay Idriss), pour n'en citer que quelques-uns, bien connus des touristes. Signalons également, pour l'anecdote, la ville d'Istambul qui abrite le manteau de Mahomet et Srinagar (Inde) qui abrite une relique toute spéciale : les poils de la barbe du Prophète.

Signification des lieux saints

La Mecque contient la Kaba et sa Pierre Noire. Tous les musulmans prient en direction de cette ville qui représente pour eux le centre de l'univers et le lieu du Pèlerinage que doit accomplir tout bon musulman qui en a les moyens. Les non-musulmans ne peuvent pénétrer dans un territoire sacré (*haram*). Plusieurs lieux sacrés entourent La Mecque (le mont Arafat, la plaine de Minâ, etc.).

Jérusalem est une des villes saintes de l'islam.

Médine est la ville où Mahomet s'est réfugié après avoir fui La Mecque : c'est l'hégire ou expatriation. La ville portait au départ le nom de Yathrib mais est devenue Madînat al-nabi (Médine), la ville du Prophète. C'est là que se trouve la tombe de Mahomet dans la « Mosquée de l'Envoyé » (*masjid el-rasûl*). La mosquée aurait été construite sur l'emplacement de la maison de Mahomet. Outre le corps de Mahomet, elle abrite également les tombeaux des deux premiers califes (Abû Bakr et Omar). Le territoire autour de la mosquée est *haram*.

Jérusalem est la ville où Mahomet atterrit lors de son voyage céleste nocturne (*isrâ*). Signalons que ce voyage nocturne (fixé au 27 rajab) est célébré chaque année (voir l'article consacré au calendrier).

Le tombeau d'Abraham, à Hebron, dans les Territoires palestiniens, abriterait la tombe d'Abraham/Ibrahim. ■

Seuils sacrés et villes saintes

Kerbela

La ville de Kerbela (ou Karbala) est, pour les chiites, la ville la plus sainte après La Mecque. C'est, par excellence, la ville pour les pèlerinages. C'est là qu'est enterré le « prince des martyrs », le troisième Imâm, Husseyn, le fils d'Ali et de Fâtima, et petit-fils de Mahomet. La ville de Kerbela est située à une centaine de kilomètres de Bagdad. C'est à Kerbela que Husseyn et ses fidèles furent massacrés par les troupes du calife Omeyyade Yazid 1er. C'était en 680. Ce massacre ordonné par le Calife contre la famille d'Ali déclenche irrémédiablement la rupture entre les sunnites et les chiites, lesquels n'acceptent d'être gouvernés que par des imâms «impeccables et infaillibles», tous descendants de la famille d'Ali.

La ville de Kerbela abrite le mausolée de Husseyn, lieu de nombreux pèlerinages depuis le VIIIe siècle. Pour les chiites, Kerbala est l'un des cinq « Seuils sacrés » (atabât) d'Irak ; c'est-à-dire l'un des cinq sanctuaires renfermant le mausolée d'un des imâms vénérés par les chiites d'Iran et d'Irak. Les autres « Seuils sacrés » sont à Najaf, Kazimayn, Mûsa al-Kazim et Samara.

Najaf

La ville de Najaf (ou Nedjef), petite ville située dans le sud de l'Irak, contient le sanctuaire dédié à Ali, le troisième calife et gendre de Mahomet. Selon la tradition, Ali aurait été assassiné à l'entrée d'une mosquée par un musulman kharijite qui contestait la décision d'Ali d'accepter une médiation concernant la nomination du calife. Najaf, l'un des « Seuils sacrés » des chiites, est aussi un centre intellectuel des chiites duodécimains.

Qom

La ville de Qom (ou Qumm), située à 150 kilomètres de Téhéran, est le plus grand centre théologique des chiites et aussi lieu de Pèlerinage (la sœur du VIIIe imâm y étant enterrée). Outre les pèlerins, des étudiants viennent du monde entier pour s'inscrire dans une des écoles théologiques de la ville. C'est de la ville de Qom, bastion des opposants politiques aux Pahlavis (dont le dernier chah d'Iran, Muhammad Riza), que fut lancé le mouvement qui conduisit à la révolution islamique de l'ayatollah Khomeini, en 1979.

Le Serviteur des deux Harams

Depuis 1924, le souverain de l'Arabie Saoudite porte le titre de Serviteur des deux Harams (*khâdim al-haramayn*). Les deux territoires sacrés (ou *haram*) étant La Mecque et Médine, dont l'entretien est à la charge de ce souverain, lequel est également responsable de l'organisation du Pèlerinage à La Mecque (*hajj*).

Polémique

Si les villes de La Mecque et de Médine restent interdites aux non-musulmans (ce qui fâche certains chrétiens qui aimeraient, par réciprocité, étendre, par exemple, cette interdiction à Rome), d'autres villes accueillent les touristes avec empressement. Il arrive cependant que certaines mosquées leurs soient interdites, selon l'humeur des maîtres des lieux (fatigués parfois de couvrir d'indécentes épaules nues). Il est important de savoir que rien de cela n'est justifié par le Coran, Mahomet interdisant seulement les pèlerinages aux non-musulmans.

Les parties sacrées (*haram*) de La Mecque et de Médine sont interdites aux non-musulmans. L'autoroute qui mène à La Mecque est certainement la seule au monde disposant d'une sortie réservée aux non-musulmans. On notera que le mot *haram* signifie à la fois « illicite » et « sacré ».

Mahomet

Avant de s'intéresser à la biographie de Mahomet, il est sans doute intéressant de rappeler la grandeur de ce personnage. Sans entrer dans des considérations religieuses — tout à fait éloignées du but de cet ouvrage — il faut admettre que le chemin personnel parcouru par Mahomet est considérable. Orphelin sans argent, sujet à des crises d'hallucinations auditives et visuelles, rejeté par sa tribu, il réalise au terme de sa vie l'immense projet de contrôler totalement (le religieux, la morale, le militaire, le politique) l'État qu'il a créé à partir de quelques tribus. En quelques dizaines d'années, cet État va s'étendre sur la plupart des continents pour se morceler ensuite mais le système religieux, lui, va s'étendre sur le monde entier. Aujourd'hui, près d'un milliard de musulmans professent que Mahomet est le Prophète des païens (*al-nabi al-ummî*) et l'envoyé de Dieu (*rassul Allâh*).

Une biographie difficile à écrire

Il faut avouer que les qualités de ce convoyeur de caravanes sont exceptionnelles : prosateur hors pair, médiateur de talent, conciliateur dans l'âme, habile stratège, planificateur de génie et grand connaisseur de l'âme humaine. Au-delà de l'hagiographie qui lui est faite par les annalistes musulmans et de sa médiocre réputation parmi de grands penseurs occidentaux (de Voltaire aux nouveaux romanciers), il convient de reconnaître, tout simplement, les grandes qualités de Mahomet sans lesquelles il ne serait certainement pas devenu cet exceptionnel homme d'État. Signalons qu'écrire une biographie de Mahomet est difficile car « d'un côté il n'est pas possible d'écrire une biographie historique du Prophète sans être accusé de faire un usage non critique des sources ; tandis que d'un autre côté, lorsqu'on fait un usage critique des sources, il est tout simplement impossible d'écrire une telle biographie » [35].

Un pauvre orphelin nommé Muhammad

Mahomet (Muhammad, en arabe) est né, en l'an 571, à La Mecque. À cette époque, La Mecque était une importante cité, point de relais des nombreuses caravanes traversant le désert et important centre de pèlerinage (dont le pôle de convergence était la Kaba, sanctuaire universel où tous les dieux étaient accueillis à égalité) [36]. La Mecque était donc une cité riche, prospère et vénérée. L'une des principales tribus de La Mecque était la tribu des Qoraïch, à laquelle appartenait la famille de Mahomet. Néanmoins, tous les clans de la tribu n'étaient pas riches et c'est à l'un des plus pauvres (les Hâshim) qu'était rattaché le père de Mahomet.

La famille du Prophète

À l'âge de 25 ans, Mahomet épouse Khadîja, qui en a quarante. Elle décède en 619, alors que Mahomet en a près de cinquante. Jusqu'au décès de Khadîja, Mahomet n'avait qu'une seule femme. Peu après son veuvage, Mahomet épouse Sawda puis Aïcha (la fille de son ami Abu Bakr ; elle n'a que neuf ans et en aura dix-huit à la mort du Prophète). Ensuite, surtout pour des raisons politiques, il épousera successivement une dizaine de femmes. Certains mariages pouvaient difficilement se conclure mais Allah a toujours fait descendre, au moment opportun, la sourate qui résolvait tous les problèmes (au grand dam de Aïcha qui, dit l'histoire, ne manquait pas de lui faire remarquer que « son dieu lui permettait d'arranger ses histoires »). Malgré ses nombreux mariages, Mahomet n'eut jamais d'enfant mâle vivant. Sa seule descendance masculine est à mettre au compte du mariage de Fâtima et de Ali (deux grandes figures du monde chiite).

Mahomet et sa famille ont toujours été « privilégiés » par Dieu ; cela apparaît clairement dans certaines sourates où Mahomet échappe aux règles divines. Notons, pour seul exemple, la sourate XXIII-50 : « ...la femme croyante, si elle se donne au Prophète, si le Prophète veut la prendre en mariage, dévolue à toi, à l'exclusion des Croyants ».

Sur cette très ancienne illustration, l'ange Gabriel (Jibrîl) transmet le message divin à Mahomet. Ces messages divins ont d'abord été récités par Mahomet à ses fidèles puis seulement regroupés en un ouvrage. Ces messages divins transmis par l'ange Gabriel constituent le Coran. Les messages divins parvenus à Mahomet par d'autres voies constituent les hadîths quansis (voir page 184).

Celui-ci, Abd Allah, mourut avant la naissance de son fils. On ne sait pas grand-chose de sa mort sinon que parti pour un voyage commercial à Médine, il y tomba malade et mourut. Amina, son épouse, resta donc seule pour élever le fils, Mahomet, qui allait naître. Mais un clan est un clan ; aussi c'est le grand-père maternel qui prend Amina et l'enfant à naître sous sa protection. Mahomet naît en 571, l'année dite de l'éléphant. Sa mère meurt peu après sa naissance et c'est dès lors son grand-père seul qui veille à l'éducation du jeune orphelin.

Un riche mariage

À la mort de son grand-père, Mahomet est recueilli par un oncle, Abu Talib, riche commerçant, lequel emmène le jeune Mahomet dans ses voyages, lui donnant ainsi une solide formation de commerçant, de négociateur et de médiateur, car les voyages étaient tout sauf faciles. Cette expérience lui permet d'être engagé par une riche commerçante, Khadîja, qui petit à petit lui confie bien plus que l'accompagnement et la gestion des caravanes. Lorsqu'ils se marient, Khadîja a 40 ans et le jeune Mahomet seulement 25. Les années passées auprès de Khadîja furent, dit l'histoire, très heureuses pour Mahomet qui n'éprouva pas le besoin (ou n'eut pas la possibilité) de prendre ni d'autres épouses, ni des concubines. Son épouse lui donna de nombreux enfants mais seules quatre filles restèrent en vie, dont Fâtima (voir la rubrique consacrée au chiisme). Durant cette période, Mahomet, sans fils vivant, adopta Ali, le fils de son oncle Abu Thalib, et affranchit son esclave Zayd. Ali occupe une place tout à fait intéressante dans l'histoire de l'islam en tant que quatrième Calife mais surtout comme premier Imam et « fondateur » du chiisme[C].

Psychologiquement on peut néanmoins s'interroger sur le bonheur et la tranquillité d'âme de Mahomet. Époux, il doit, dans une société polygame, se contenter d'une seule femme nettement plus âgée que lui et à laquelle il doit tout : son confort, sa richesse, sa situation de riche marchand ; père, il doit, dans une société qui privilégie l'héritier mâle, avouer sa honte de n'avoir que des filles ; commerçant, il doit avouer devoir sa richesse à son mariage...

Les premiers contacts avec Dieu

Homme pieux, pour entrer en relation avec Dieu il communique avec des pierres... alors que d'autres marchands (des juifs et des chrétiens) se vantent d'être élus par Dieu et exhibent Sa Parole dans des livres saints. Les livres ne lui en imposent pas beaucoup mais les histoires extraordinaires de communion avec Dieu rapportées par les juifs et les chrétiens hantent ses nuits peuplées de bétyles n'ayant rien à raconter. On comprend que dans ces conditions, le plus équilibré des hommes connaisse des moments de doute. Heureusement, sa richesse lui donne des loisirs et en homme intelligent il fréquente les juifs et les chrétiens. Il les interroge sur leur religion, leurs mythes, leurs légendes. C'est à cette époque également qu'il pratique l'ascétisme (modérément) et se rend régulièrement dans une grotte pour y prier. Un jour de l'an 610, il a une vision (« comme le surgissement de l'aube ») et entend des voix. Il a quarante ans et les voix ne vont plus le quitter jusqu'à sa mort, vingt ans plus tard. D'abord effrayé, il se confie à sa femme Khadîja, qui le réconforte. Au fil des mois la voix devient de plus en plus précise : c'est la voix de Dieu qui s'exprime à travers l'ange Gabriel. Néanmoins, mal assuré, Mahomet garde exclusivement pour sa famille, durant près de cinq ans, le contenu des messages qui lui parviennent. Ensuite, son apostolat « s'est déroulé selon une courbe qui est celle-là même tracée par l'expérience de certains mystiques très proches de nous » [37].

La descente du Coran

Les paroles de Dieu transmises par l'ange Gabriel forment le Coran (une parole transmise d'une autre manière, comme pendant un songe, est dite *hadîth quansî*). Soutenu par son épouse (qui devient ainsi la première « croyante ») puis par la famille et des amis, Mahomet se fait entendre publiquement et transmet oralement les messages de Dieu, lesquels sont notés par des adeptes, puis par des scribes secrétaires.

Au fil des années, le groupe s'élargit et Mahomet rencontre une hostilité de plus en plus grande. Il perd ses protecteurs et est même rejeté par sa tribu (ce qui est

Paraclet

Dans la théologie chrétienne, le Paraclet est l'Esprit Saint. Il n'existe pas de bonne définition de ce terme mais les traductions les plus utilisées sont l'avocat, l'aide, le consolateur, etc. C'est essentiellement saint Jean qui utilise ce terme (*parakletos*) dans cinq références du Nouveau Testament. Une lecture superficielle des Évangiles de saint Jean (14-
16, 14-26, 15-26, 16-7 à 11, 16-13ss) permet d'imaginer que le Paraclet est une « personne », *un don des derniers temps*, lequel annonce les fins dernières et accomplit ce que le
Christ a promis. Cette approche ontologique de l'Esprit Saint — une personne en attente des fins dernières — n'est pas sans poser quelques problèmes au christianisme monothéiste. Sans entrer dans les détails, très complexes, signalons, par exemple, la théorie
orthodoxe du Filioque (l'Esprit Saint procède du Père seul ; alors que pour les catholiques, il procède du Père et du Fils), citons également les liens entre l'Esprit Saint et le
mystère pascal ou la très intéressante question de l'intervention de l'Esprit Saint dans
l'épiclèse eucharistique (la conversion du pain et du vin lors de la consécration eucharistique). On comprend, dès lors, que les différents mouvements ayant adopté une position particulière vis-à-vis du Saint-Esprit ont rapidement été qualifiés de schismatiques
par l'Église officielle. Dans le contexte de l'attente eschatologique des premiers siècles,
plusieurs prophètes chrétiens (dont Montan — l'un des fondateurs du montanisme, une
communauté chrétienne du IIe siècle) se sont attribué le qualificatif de Paraclet. Il n'est,
dès lors, pas étonnant que Mahomet (qui était surtout en contact avec des communautés de chrétiens schismatiques et dont les connaissances de la religion chrétienne
n'étaient donc pas toujours très « orthodoxes ») ait pu, lui aussi, imaginer que son arrivée était déjà annoncée dans le Nouveau Testament. Tout dans le contexte de l'islam
naissant était favorable à cette interprétation.

Attitudes
de prière.

très grave pour un nomade, qui, sans tribu, n'a plus de protecteurs et mérite le sort des étrangers...). En l'an 619, la mort s'empare de Khadîja, laissant Mahomet sans protecteur : il a cinquante ans, est persécuté dans sa ville natale mais croit fermement être le « sceau des Prophètes », c'est-à-dire le dernier prophète choisi par Dieu pour annoncer la fin du monde.

L'Hégire

C'est l'époque où certains de ses fidèles fuient en Éthiopie, où ils sont favorablement accueillis par une population majoritairement chrétienne. Mahomet, riche marchand, n'est pas encore le prophète vénéré, il n'est pas même le chef de son clan. Depuis la mort de son protecteur, le nouveau chef de clan (Abû Lahab) est assez mal disposé envers Mahomet (qu'il pense même faire assassiner) car son intention de détruire toutes les idoles de la Kaba n'est certainement pas bonne pour le commerce. Devant le danger, Mahomet prend contact avec les habitants de l'oasis voisine de Yathrib (à 350 km). C'est cette ville qui deviendra Médine (la ville du Prophète). Les habitants de Médine acceptent d'accueillir Mahomet à condition qu'il joue le rôle de médiateur entre deux tribus arabes et quelques tribus juives. Mahomet accepte et c'est en compagnie de 70 fidèles, qu'en 622, à plus de cinquante ans, il quitte La Mecque pour Médine (Yathrib). C'est l'émigration, l'hégire : la date fondatrice de l'ère musulmane. Rappelons-le, elle consiste en la « fuite » d'un vieil homme (à 52 ans, au VIIe siècle, on était un vieil homme et non un fringant quinquagénaire comme aujourd'hui), qui abandonne tout mais qui, dans son malheur, est suivi par plusieurs familles d'amis fidèles. Ces premiers fidèles n'ont jamais été oubliés et l'islam leur donne le nom de *Muhâjirûn*.

La constitution de Médine

Tout commence à Médine. Là, Mahomet révèle ses qualités d'organisateur et de Prophète : l'ange Gabriel ne le quitte pas et le Coran continue régulièrement, selon les besoins et les problèmes, à descendre sur lui. Des habitants de Médine se rallient aux *Muhâjirun*, on les appelle les *Ansars* (les auxiliaires). Les Muhâdjirûn et les Ansars forment la première communauté musulmane des croyants (la *umma*ᶜ). Cette communauté est basée sur un certain nombre de règles (*Constitution de Médine*) qui se révèleront très précieuses par la suite pour l'organisation du premier État islamique. La première règle était la solidarité de tous les membres, la seconde était l'obligation de soutenir le chef, la troisième était l'obligation du consensus pour prendre une décision.

Pour subvenir aux besoins de la communauté, Mahomet n'hésite pas à organiser des rapines et à attaquer des caravanes. Le butin (hommes et argent) était partagé entre les membres de la communauté. C'est à cette époque également qu'il se détache des juifs car ceux-ci refusent de voir en lui le Prophète et, au contraire, se moquent de sa religion.

De grandes batailles victorieuses

Comme chef de troupe, il va de victoire en victoire. Ces champs de victoire se nomment Badr [37bis], Ohod, Médine (bataille du Fossé), La Mecque (bris des idoles à l'intérieur de la Kaba), Honaïn, Khaybar (voir l'article consacré aux juifs), etc. Les opposants sont assassinés, les juifs chassés de Médine puis exterminés (il fait massacrer hommes, femmes et enfants de la tribu de Qurayza). Mahomet prend l'envergure d'un chef d'État : rien ne lui résiste et ses initiatives sont couronnées de succès.

Une organisation très inspirée

Dieu, par l'intermédiaire de l'ange Gabriel, continue à lui parler et les nouvelles révélations concernent maintenant l'organisation d'un État, les droits et devoirs des citoyens, le code civil, la loi, etc.

En même temps, Mahomet, terriblement inspiré, rattache sa religion à Abraham/Ibrahimᶜ ce qui lui donne une nouvelle légitimité et une antériorité par rapport aux juifs (rattachés à Moïse) et aux chrétiens (rattachés à Jésus-Christ). La Kaba, vers laquelle se tournent tous les musulmans lors de la prière et centre universel du Pèlerinage musulman, reçoit également une nouvelle légitimité divine : c'est Dieu, lui-même, qui offre à Adam la tente qui abrite la Pierre Noire (pierre du paradis). Ce triple héritage adamique, noachique et abramique ouvre largement les portes de la religion aux autres nations : **on naît musulman**. Affirmer qu'il n'y a qu'un seul Dieu et que Mahomet est son Prophète n'est qu'une confirmation de son appartenance à la religion musulmane (il n'y a donc à proprement parler pas de « conversion » musulmane mais seulement des « **reconversions** »).

Tous les pouvoirs en une seule main

Entre-temps Mahomet gagne à sa cause de nombreuses tribus et finit même, en

Généalogie du Prophète

Elle a été très étudiée par les savants musulmans car la généalogie occupe une place très importante dans la vie des Arabes (un proverbe arabe ne dit-il pas : « N'attendez pas de bien de qui ignore ses origines » ?). Un savant algérois écrit à propos de la généalogie du Prophète : « il est Mohamed ibn Abdallah, Ibn Abdoul Mouttalib, [suit une vingtaine de noms], ibn Adnane, et de là, Ismaël, fils d'Abraham — que le salut soit sur eux. Le prophète — que la bénédiction et le salut de Dieu soient sur lui — a interdit que l'ascendant Adnane soit dépassé dans la citation, sachant que les ancêtres très lointains peuvent être controversés, vu l'écoulement des temps et des âges. » [39]

« Le Prophète a épousé quinze femmes, a effectivement vécu avec treize parmi elles, a eu onze épouses en même temps ; il mourut, laissant neuf veuves : Aïcha, Meïmouna, Safia, Hafsa, Hind, Zaïnab, Jouayriya, Ramla, Souda. » [40]

Le Prophète a encore demandé en mariage cinq autres femmes qu'il n'épousa pas. Il demande, ainsi, en mariage Jamra. « Lorsqu'il demanda sa main, son père lui répondit qu'elle avait un mal grave bien qu'elle ne souffrît pas. Quand il la revit, elle avait la lèpre, demandons à Dieu bonne santé et foi solide. » [41]

« Les concubines du Prophète furent au nombre de quarante-huit, on a dit aussi soixante-six, Allah seul le sait. » [42]

Il est conseillé, en Islam, de ne pas pas voir les défauts des membres de la famille du Prophète et « de croire que l'impur parmi eux sera guidé par Dieu le Très-Haut sur le droit chemin grâce à son appartenance à la famille du Prophète pur et purifié [...] . L'imâm Chafii a édicté l'amour de la noble famille en tant qu'obligation... » [43]

630, par conclure un pacte avec les habitants de La Mecque. Riche (une part importante des razzias lui revient de droit), adulé et écouté comme Prophète, chef d'État, commandant en chef des tribus, législateur suprême, Mahomet détient tous les pouvoirs. Il est cependant terriblement humain et malgré son âge (il a plus de 60 ans), refuse de penser à sa succession. Mal lui en prend, car en 632 (à 63 ans), il meurt après une courte maladie sans avoir laissé de testament, lui qui aimait tant légiférer sur les droits de succession. Les crises sont nombreuses, les assassinats et les schismes (des assassinats religieux) aussi. Cependant, l'œuvre de Mahomet, son seul miracle, le Coran, existe. Fixé en une Vulgate universelle, il sera l'élément fédérateur de l'extraordinaire expansion du monde musulman, lequel a peut-être sauvé de l'oubli la science grecque dont nos civilisations occidentales revendiquent l'héritage.

Mahomet le médiateur

Lorsqu'il fut nécessaire de replacer la Pierre Noire dans la Kaba, chaque tribu voulut s'emparer de cet honneur. Ne

Que se passait-il en Europe entre la naissance et la mort de Mahomet ?

Pour fixer les idées, il n'est pas inutile de montrer les grands évènements en Europe durant les VIe et VIIe siècles pendant lesquels se construisit l'islam.

570	Naissance de Mahomet	Les Wisigoths sont en France et en Espagne.
		La papauté est sous la direction de Grégoire le Grand.
610	Premières visions	Héraclius est empereur de Byzance.
614		Les Perses prennent Jérusalem.
622	Hégire	
629		Dagobert Ier, roi des Francs
632	Mort de Mahomet	
634-42	Effondrement et prise de :	

- la Syrie byzantine
- l'Irak perse
- Jérusalem
- l'Égypte
- la Perse
- la Cyrénaïque

sachant que faire, les chefs consultèrent Mahomet. Mahomet fit déposer la Pierre Noire sur un grand drap et demanda à chacun des quatre chefs de prendre une extrémité du drap. Ensemble, ils déposèrent donc la Pierre Noire dans la Kaba. Au moment de sceller cette pierre, il sembla naturel à tous que ce fût Mahomet qui s'en charge...

Mahomet le stratège

Après une bataille gagnée, Mahomet épouse, à la stupéfaction de ses amis, Jouayriya, la fille du chef de la tribu vain-cue, les Banû Moustaliq. Selon la coutume, cette jeune fille était devenue son esclave et il pouvait en toute légalité en faire sa concubine. Or, il l'épouse ! Mahomet avait son plan. Suite à ce mariage, tous les membres de la tribu sont maintenant devenus des parents du Prophète. Or, il n'est pas digne qu'un parent du Prophète soit esclave. Dès lors, tous les esclaves appartenant à cette tribu sont affranchis. En signe de gratitude, ces derniers se convertissent immédiatement à l'islam et scellent un pacte militaire avec Mahomet. Le mariage de Mahomet prend maintenant tout son sens !

La Kaba. Mahomet a intégré cet édifice préislamique dans les lieux sacrés de l'islam en lui octroyant une généalogie prestigieuse remontant à Adam mais à laquelle participent également Noé et Abraham. La Kaba contient la Pierre Noire qui serait la pierre du Paradis sur laquelle s'asseyait Adam. Lors du Grand Pèlerinage, à La Mecque, l'une des principales cérémonies consiste en une circumambulations autour de la Kaba mais sans jamais entrer dans l'édifice. Aujourd'hui, pour toutes leurs prières, les musulmans se tournent en direction de la Kaba. L'édifice est toujours recouvert entièrement par un voile de soie (*kiswa*). Les inscriptions brodées reproduisent le texte de la shahâda ou profession de foi (voir page 156).

Mahomet le planificateur

Comment donner à la religion naissante un statut vénérable ? Mahomet fit remonter cette religion, à travers la Kaba et le monothéisme primitif (hânif), à Abraham, à Noé et à Adam. Ainsi, l'islam devenait une religion plus ancienne que le christianisme et le judaïsme.

La succession de Mahomet

Le désaccord de l'islam concernant la succession de Mahomet est un fait historique. Durant les luttes de succession, plusieurs califes furent assassinés et ce désaccord est à l'origine des deux premiers schismes de l'islam (la séparation des chiites du tronc de base — maintenant appelé le sunnisme — puis le schisme entre chiites et kharadjites). Pour Paul Casanova, éminent orientaliste français, ce désaccord comporte quatre explications. Nous nous contenterons de les citer ; le lecteur intéressé par de plus amples explications se reportera à l'ouvrage de P. Casanova [38] :

« 1° Mahomet a effectivement désigné un successeur, mais les musulmans ont nié ou passé sous silence ou délibérément annulé cette désignation. C'est la thèse chiite.

2° Mahomet avait bien l'intention de désigner ce successeur; mais, la mort l'ayant surpris, il n'en a pas eu le temps.

3° Mahomet n'a pas désigné de successeur parce que cela n'avait aucune importance pour l'islam. C'est la théorie d'Ibn Khaldoûn.

4° Mahomet n'en avait pas désigné parce qu'il croyait que le monde finirait avec lui. »

Cette dernière proposition étant la préférée de l'auteur. Il est vrai qu'elle explique pas mal de comportements encore inexpliqués du Prophète comme, par exemple, son manque d'intérêt pour un Coran « écrit ». Enfin, Mahomet étant le « sceau des Prophètes » après lui devait s'accomplir le Jugement dernier !. ■

Polémique ■ Les musulmans disent que Mahomet était annoncé dans la Torah et dans le Nouveau Testament (sous le nom de Paraclet-Ahmad). Pour eux, toutes les références annonçant Mahomet ont été effacées par les juifs et les chrétiens. Signalons rapidement que si le Nouveau Testament annonce bien la venue d'un personnage (repris par certaines sectes hérétiques sous le nom de Paraclet), il n'en est rien dans l'Ancien Testament et l'on voit mal comment celui-ci, très antérieur à l'islam, aurait pu être « trafiqué » dans ce sens. Enfin, signalons que les musulmans — peu soucieux de voyelles — remplacent dans l'Évangile de saint Jean le mot *parakletos* (le consolateur) par le mot *periklytos* (le glorieux)... ce qui conforte encore l'idée que Mahomet avait été annoncé par le Nouveau Testament (periklytos = le glorieux = ahmad = Mahomet). Bien entendu, les exégèses chrétiennes infirment totalement cette interprétation.

■ Mahomet a profité de ses relations particulières avec Dieu... « Les privilèges que s'est attribués le législateur s'étendent à tous les chapitres de la Loi : ainsi, après avoir dormi profondément, il récitait à son réveil simplement les prières sans renouveler ses ablutions, alors que tous les autres croyants étaient tenus de procéder à de nouvelles ablutions, et, pour justifier l'exception faite en sa faveur, il se contente de dire : « Mes yeux dorment, mais mon âme est toujours éveillée ». De même, pendant le jeûne, il tuait parfois la longueur pesante du Ramadan en caressant sa femme Aïcha, alors que, pour les autres fidèles, les relations sexuelles en un jour de Ramadan étaient à ce point graves que les dévotions de la journée en étaient nulles et non avenues. La tradition soucieuse de défendre le Prophète a trouvé de bonne heure une justification de ce privilège : « Les baisers du Prophète sont, dit-elle, dépourvus de passion. » [44]

Ce désert de sable a été parcouru par Mahomet pendant les longues années durant lesquelles il était caravanier. C'est dans ce désert qu'il a rencontré les moines, ermites et anachorètes chrétiens qui l'ont instruit – pas toujours de manière très rigoureuse, ni selon les dogmes de l'église de Rome – dans la religion chrétienne.

Versets coraniques

« ...qui suivent l'Apôtre, le Prophète des Gentils qu'ils trouvent annoncé chez eux dans la Thora et l'Évangile... » (VII-157)

« Quand Jésus, fils de Marie, dit : Ô Fils d'Israël !, je suis l'Apôtre d'Allah envoyé vers vous, déclarant véridique ce qui, de la Thora, est antérieur à moi et annonçant un Apôtre qui viendra après moi et dont le nom sera Ahmad. » (VI-61)

Évangile selon saint Jean

« Je prierai le Père et il vous donnera un autre Directeur. » (XIV-16)

La mosquée (masjid)

La mosquée est l'édifice où le musulman accomplit les prières rituelles obligatoires (*salât*) ou les prières surérogatoires (*nawâfil*). L'importance de l'édifice dépend des moyens de la communauté. On distingue essentiellement deux types de mosquées :
* les mosquées sans chaire (*minbar*) ;
* les mosquées avec chaire.

L'importance de la chaire ou minbar

La mosquée sans *minbar* est généralement une petite mosquée (parfois une simple pièce) de quartier. En principe, elle ne convient pas pour la prière du vendredi. La mosquée avec minbar (ou grande mosquée ou *jâmi*) est le lieu de rassemblement pour la prière collective du vendredi.

Un espace de réunion et d'étude

La première mosquée — lieu de prosternation devant Dieu ou *masjid* — fut édifiée par Mahomet, à Médine, contre sa maison. Une simple tenture séparait sa chambre à coucher de la mosquée. Au fil des conquêtes et des richesses, les mosquées devinrent de plus en plus riches et imposantes (parfois d'anciennes églises furent transformées en mosquées comme c'est le cas à Sainte-Sophie ou à Cordoue). Lieu de réunion privilégié de la communauté, la mosquée devint le pôle central de la vie communautaire. Il n'est donc guère étonnant que plusieurs édifices publics y furent accolés comme, par exemple, les écoles coraniques (*madrasas*), les bibliothèques, les cantines pour les pauvres et même des hôpitaux ou des mausolées.

Lieu sacré, la mosquée ne peut être fréquentée que déchaussé et en état de pureté rituelle. C'est la raison pour laquelle des pièces d'eau sont mises à la disposition des fidèles à l'entrée de la mosquée. On notera cependant que la mosquée n'est pas — contrairement aux églises catholiques — la maison de Dieu mais seulement un espace de réunion pour se prosterner devant Dieu.

Architecture des mosquées

Les deux plus anciennes mosquées encore visibles sont le Dôme du Rocher (à Jérusalem — 691) et la Grande Mosquée des Ommeyyades (Damas — 705). Il s'agit de mosquées dites *hypostyles*, c'est-à-dire des édifices soutenus par des colonnes. On peut ainsi, à volonté, agrandir l'édifie selon la croissance de la population (comme ce fut le cas, par exemple, à Cordoue). Comme la mos-

Minbar

C'est l'équivalent de la « chaire de vérité » des églises catholiques. Elle est placée à droite du *mihrab* (niche placée dans le mur indiquant la direction de La Mecque). C'est du haut du *minbar* que l'imâm prononce le prêche (*khoutba*) qui précède la prière collective du vendredi. Certains minbars sont de véritables pièces d'architecture finement sculptées et enrichies de pierres semi-précieuses. Parfois le souverain prenait place sur une des plates-formes inférieures du minbar.

Mosquée de l'Envoyé de Dieu (masjid al-Rasûl)

C'est, à Médine, la mosquée construite à l'emplacement de la maison de Mahomet, l'envoyé de Dieu (*rasûl*). Cette mosquée reconstruite par différents califes contient le tombeau de Mahomet et celui des deux premiers califes (Abû Bakr et Omar).

quée, contrairement aux édifices religieux juifs et chrétiens, ne contient pas de marques de délimitation entre clercs et fidèles, cette architecture convenait parfaitement et fut adoptée dans le monde entier.

Le plan d'une mosquée est relativement simple : une vaste cour contient les pièces d'eau pour les ablutions rituelles et l'édifice lui-même qui contient des grandes pièces permettant de suivre facilement la direction de la prière par l'imâm.

À l'intérieur de l'édifice, on remarquera le *minbar* et le *mihrâb*. Le *minbar* étant la chaire d'où l'imâm prononce son allocution (*khoutba*) du vendredi ; le *mihrâb* étant une niche creusée dans le mur indiquant la direction de La Mecque (*qibla*).

Le sol des mosquées est recouvert de vastes tapis et les murs sont ornés de motifs calligraphiques contenant le nom de Dieu, des versets du Coran et le nom du Souverain.

Coupoles, minarets, maksouras et iwans

Extérieurement, la mosquée se démarque du paysage architectural par la présence de coupoles (dont une coupole au-dessus du *mihrâb* — la niche qui indique la direction de La Mecque) et de minarets. Les minarets sont apparus assez tardivement dans la construction. On suppose qu'ils sont inspirés des clochers des églises catholiques (dans les pays musulmans, le clocher ne pouvait dépasser le minaret). De très nombreuses formes, typiques des différents styles, ont été données à ces minarets. C'est d'un minaret que le muezzin lançait l'appel à la prière avant que sa fonction ne soit remplacée par des haut-parleurs.

Les grandes mosquées contiennent des espaces séparés (*maksoura*), parfois nettement individualisés par des colonnes et des coupoles, réservés au souverain (pour le préserver des attentats), aux femmes (on sait qu'il ne leur est pas fait obligation d'assister à la prière du vendredi mais que leur présence est bienvenue), aux érudits, etc. Les *iwans* sont des éléments architecturaux fermés sur trois côtés mais s'ouvrant sur le quatrième par un arc monumental. Ces édicules trouvaient place dans la cour de la mosquée.

Au cours des siècles, la mosquée devint réellement, à côté du Palais, qu'elle doublait, le lieu central de la vie politique et sociale. Selon les époques et les constructions, les divers services offerts étaient soit intégrés à l'espace de la mosquée (parfois sous la forme de petits édicules à colonnes disposés dans la cour de la mosquée), soit situés dans des édifices séparés à proximité de la mosquée. Signalons qu'à l'époque ommeyyade, la mosquée servait également de lieu de commerce (ce qu'atteste un hadîth ᴳ qui interdit d'y vendre du vin et les commentaires des voyageurs qui signalent qu'on pouvait à peine s'y entendre tellement était important le bruit des marchands vantant leurs produits). ■

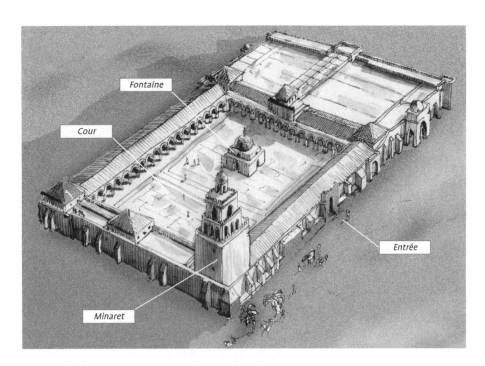

Mosquée des Omeyyades (Damas), VIIIe siècle.

Mihrâb

C'est la niche en forme d'abside creusée dans le mur indiquant la direction de La Mecque. Le *minbar* (la chaire) est à droite du *mihrâb*; différents efforts ont ainsi été fournis pour construire des niches qui amplifient la voix de l'imâm. Le *mihrâb* est souvent la partie la plus décorée de la mosquée et contient parfois un système d'éclairage. Les grandes mosquées contiennent quelquefois plusieurs *mihrâbs* (lesquels, bien entendu, sont tous orientés vers La Mecque).

Le personnel des mosquées

Bien qu'il n'existe pas de clergé en islam sunnite, une mosquée a besoin pour fonctionner d'un personnel qualifié. Le personnage le plus important est certes l'imâm qui dirige la prière. Le plus entendu est le muezzin qui annonce plusieurs fois par jour l'heure de la prière. À ses côtés, les grandes mosquées occupent également des prédicateurs (*khatib*) et des auxiliaires (*ratib*) chargés de veiller à la bonne organisation de la prière collective du vendredi.

Polémique Les mosquées mausolées sont condamnées par les sunnites car la dévotion envers une personne est interdite. Lorsqu'ils prirent possession des Lieux saints (La Mecque et Médine), les wahhabites détruisirent tous les tombeaux et mausolées. Ces mausolées sont néanmoins très prisés par la population et omniprésents dans l'islam chiite et chez les soufis. On ne s'étonnera donc pas de découvrir les plus beaux monuments en Irak, en Iran, en Turquie et en Inde (dont le fleuron est, sans conteste, le Taj Mahal).

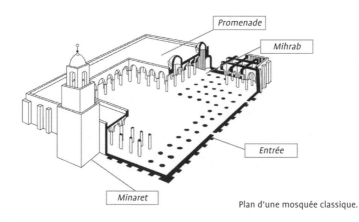

Plan d'une mosquée classique.

Quiconque aborde pour la première fois le monde islamique est quelque peu désorienté par les noms rencontrés. Il ne voit pas toujours fort bien où est le prénom, comment s'effectue la filiation, que signifient *ibn*, *ben*, etc., et surtout pourquoi le nom change d'une version à l'autre. Nous allons tenter de clarifier cela en quelques pages.

Structure d'un nom arabe

Dans l'Arabie préislamique, les différents éléments d'un nom sont les suivants :
- le prénom (*ism*) ;
- le nom généalogique (*nasab*) ;
- le nom tribal (*nisba*) ;
- le teknonyme (*kunya*) ;
- le surnom ou épithète honorifique (*laqab*).

L'ordre de succession des noms est toujours le suivant : kunya - ism - nasab- nisba - laqab. À partir du nom, on connaît ainsi pas mal d'éléments sur la personne présentée : le nom d'un de ses enfants (mais pas toujours), le nom de son père, sa tribu et éventuellement son titre ou même l'école juridique à laquelle il appartient.

Nous retrouvons ces différents éléments dans les noms utilisés en Islam mais il y a cependant un changement important : certains noms deviennent prohibés (ceux des anges, des démons, des divinités précoraniques, ceux réservés à Dieu, les noms des sourates, etc.).

Néanmoins, les noms théophores continuent à exister mais les beaux noms d'Allah sont substitués aux noms des divinités préislamiques.

Le nom généalogique (nasab)

C'est le nom qui classe l'enfant par rapport à ses frères et sœurs. En même temps qu'il reçoit son prénom, l'enfant reçoit également son nasab, c'est-à-dire sa filiation patronymique : ibn (fils de) ou bint (fille de). Prenons, pour l'exemple, les trois plus célèbres philosophes-médecins du monde arabe :
- **Maïmonide**, dont le nom est Moshe ibn Maymoun.
- **Averroès**, dont le nom est Abou el-Walid ibn Rouchd.
- **Avicenne**, dont le nom est Abou Ali El-Hosseïn ibn Sina.

Enfin, signalons que Jésus est souvent désigné sous le nom de Isâ ibn Myriam (Jésus fils de Marie).

Le nom tribal (nisba)

Il suit parfois le nom patronymique (nasab) et permet ainsi de connaître la tribu à laquelle appartient celui qui porte le nom. Mais c'est rarement le cas. Voici le nom d'un membre de la tribu de

La calligraphie était également utilisée pour les signatures.

Mahomet : Abû Bakr Abd Allah ibn Abi Quhâfa al-Taymi al-Qurashi. Nos lecteurs ont certainement reconnu le premier Calife, de la tribu des Qoraïch.

La kunya (abû ou umm)

C'est le nom par rapport à ses enfants (ou teknonyme). En d'autres mots, au lieu de dire Ghéorghiï fils de Vladimir (ce qui est le nom patronymique utilisé dans les langues slaves : Ghéorghiï Vladimirovitch) on dira Ghéorghiï père de Cyril-Igor (si c'est le nom de son fils). Exactement comme on dit Morris le père de Lucky Luke, ou Hergé le père de Tintin. En arabe, cela donnera, Abdelkader abu Sina (Abdelkader le père de Sina). Bien entendu, cette kunya peut être fictive ou satirique (comme on dirait en français Jean, le père la Bêtise). Ainsi, le nasab désigne toujours un lien de parenté mais c'est loin d'être le cas de la kunya, qui agit souvent comme un surnom (d'ailleurs quel que soit le nombre d'enfants, l'individu n'a qu'une seule kunya). On utilise *abu* pour dire *père de* et *umm* pour dire *mère de*.

Comme exemple de *kunya*, prenons le nom du premier Calife, dont le nom « usuel » est Abu Bakr mais dont l'appellation complète est :

Abu Bakr Abd Allah ibn Abi Quhâfa al-Taymi al-Qurashi

Dans son cas, la *kunya* efface et prend la place du nom et ses enfants en héritent : la kunya devient le nom. Les autres éléments du nom ne sont pas sans importance car on sait, par exemple, qu'il appartient à la tribu des Qurashi (qui était la tribu de Mahomet). Cependant, la kunya n'efface pas toujours le nom. Prenons un autre exemple. Le nom complet de l'auteur du « Livre des chansons » (*Kitâb al-Aghâni*) est Abu l-Faraj Ali ibn al-Husayn al-Isfahâni mais il est connu comme al-Isfahâni (et dans le dictionnaire il faudra chercher à la lettre « I » et non à « al »).

Les règles de politesse

On notera également que le monde arabe avait des règles très strictes pour ce qui concerne l'utilisation du *nasab* et de la *kunya*. Ainsi, Nawawi [45] indique que « la bonne éducation exige, que l'on s'adresse aux personnes qui occupent une position élevée et à ceux qui leur sont proches, y compris dans la correspondance, ou quand on rapporte leurs propos, par leur kunya ». Par contre, parlant de soi on n'utilise pas la kunya mais le nasab : je suis « fils de » mais on me connaît comme « père de ». Ce qui est assez logique, d'autant plus que je ne deviens *abu* que parce qu'un autre, mon enfant, devient, au même moment, *ibn*. ■

Motifs floraux utilisés pour la céramique et l'illustration de livres.

Prénoms (ism) des musulmans et musulmanes

Prénoms masculins

• Prénoms donnés en souvenir du Prophète : Mouhammad, Ahmad, Mahmoud, Moustapha.

• Prénoms donnés en souvenir des premiers califes : Abou Bakr, Omar, Othman, Ali.

• Prénoms donnés en souvenir des petits-fils de Mahomet : Hassan, Hussein.

• Prénoms bibliques : Ibrahim (Abraham), Ismaël, Yousof, Mousa (Moïse), Dawoud (David), Solayman (Salomon),Yahia (Jean-Baptiste), Issa (Jésus).

• Prénoms composés à partir de abd (= serviteur) et d'un nom divin. Exemple : Abd el-Khader (Abdelkader) et Abd Allah (Abdallah).

• Prénoms composés à partir de dîn (= religion). Exemple : Salâh de-Dîn (Saladin — intégrité de la religion), Nour ed-Dîn (Nourédine — lumière de la religion), etc.

Prénoms féminins

• Prénoms donnés en souvenir de la famille du Prophète : Amina (sa mère), Halima (sa nourrice), Khadîja (sa première femme), Aïcha (sa plus jeune femme et la fille du premier calife), Fâtima (sa fille et l'épouse de Ali, le quatrième calife).

• Prénoms du Nouveau Testament : Myriam (Marie, la mère de Jésus-Christ).

• Prénoms à signification particulière : Hoda (la direction que Dieu donne), Jamila (la belle), Farida (l'unique), Rachida (la droiture).

 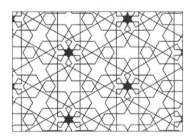

Les entrelacs géométriques sont des éléments ornementaux constitutifs de l'art musulman ; ils sont à mettre en relation avec l'aniconisme constitutif de l'islam.

Une sourate entière (XXII) est consacrée aux Pèlerinages. L'islam distingue deux pèlerinages : le majeur (ou *hajj*) que l'on ne peut effectuer qu'à une époque précise de l'année et le mineur (ou *umra*), moins complet, que l'on peut effectuer à tout moment de l'année.

Le *hajj* ou Pèlerinage rituel

Le Pèlerinage rituel à La Mecque (la ville natale de Mahomet), que tout musulman qui en a les moyens doit accomplir une fois dans sa vie — appelé le Pèlerinage majeur — s'effectue chaque année à une date précise : durant la première quinzaine du mois dhû l-hijja (le dernier mois du calendrier musulman, soit trois mois après le Ramadan). Comme il s'agit d'un calendrier^G lunaire, le *hajj* s'effectue chaque année à une date différente. Le Pèlerinage rituel fait partie des cinq piliers^G de l'islam.

Les rites du *hajj*

Le Pèlerinage du *hajj* reprend presque point par point les stations du pèlerinage préislamique. Lorsqu'il arrive à La Mecque, le pèlerin mâle doit procéder à des ablutions complètes (entre autres, se couper les cheveux et les ongles) et revêtir un vêtement spécifique (deux pièces, de tissu blanc, non cousues et des sandales). Ce vêtement doit être revêtu avant d'arriver à La Mecque. La plupart du temps, les pèlerins portent déjà ce vêtement dans l'avion qui les conduit à l'aéroport de Jeddad. Pour les femmes, les prescriptions vestimentaires sont beau-coup moins sévères. Lorsqu'il a procédé aux ablutions et revêtu le vêtement, le pèlerin est en état d'*ihram* (c'est-à-dire de sacralisation). On remarquera que les pèlerins sont tous identiques, et si ce n'est la qualité des lunettes, plus rien ne distingue un riche d'un pauvre, un puissant d'un malheureux ; l'égalité voulue par l'islam est, ici, manifeste.

Ensuite, le pèlerin doit , dans l'ordre et selon un horaire assez précis :
- effectuer les sept circumambulations autour de la kaba, sans oublier de baiser la Pierre Noire ;
- parcourir sept fois la distance entre les deux collines sacrées de Safa et de Marwa ;
- gagner (à pied ou en bus) la plaine d'Arafat, y faire la station et accomplir deux prières rituelles, à midi puis dans l'après-midi ;
- se rendre à al-Muzdalifa pour y passer la nuit ;
- se rendre à Minâ pour procéder à la lapidation rituelle du Diable (trois jours de séjour en tente) ;
- se raser les cheveux ;
- retourner à La Mecque pour procéder à une nouvelle circumambulation ;
- revenir à Minâ pour procéder à de nouvelles lapidations ;

- sacrifier un animal, à Minâ (voir aïd el-kebir) ;
- revenir à La Mecque pour effectuer de nouvelles circumambulations ;
- procéder à la désacralisation finale.

Aïd el-kebir (ou aïd el-adhâ)

C'est la plus grande fête du monde musulman ; célébrée à La Mecque (au cours du Pèlerinage) et, en même temps, dans le monde entier. Elle est célébrée le 10 du mois de *dhou al-hijja* (le dernier mois du calendrier musulman). La bête sacrifiée est partagée avec la famille, les amis et les pauvres. En Arabie Saoudite, les animaux sacrifiés sont ensuite congelés et envoyés dans le monde entier pour être distribués aux pauvres. Pour ce qui concerne l'origine du sacrifice, comme pour la plupart des éléments cultuels de l'islam, « on se trouverait en présence d'une tentative qui était probablement inédite de s'approprier, au nom de la croyance nouvelle, le rituel grand-bédouin extérieur à La Mekke qui se terminait par le sacrifice de Minâ. La présence d'un rite aussi puissant à proximité immédiate de la cité mekkoise ne permettait vraisemblablement, ni de le laisser à lui-même, ni de l'ignorer. Il ne restait dès lors qu'à l'annexer à la religion nouvelle ».[46]

Nous expliquons ailleurs dans cet ouvrage (voir l'article consacré à Abraham) comment le sacrifice d'un mouton fait référence au sacrifice d'Abraham, le hânif, sacré père de la religion islamique par la volonté et l'intelligence de Mahomet.

Arabie Saoudite

Depuis 1925, l'Arabie Saoudite est la « gardienne des Lieux saints de l'islam ». Rappelons que ce pays applique le sunnisme le plus strict (le wahhabisme — voir page 118). Malgré les conflits avec les chiites et les quotas de pèlerins par pays, ce rôle procure à l'Arabie Saoudite une dimension internationale. ■

POUR EN SAVOIR PLUS

Slimane Zeghidour. *La vie quotidienne à La Mecque de Mahomet à nos jours.* Hachette. 1989. 446 pages.

Un ouvrage désormais « classique » qui vous raconte La Mecque (interdite aux non-musulmans) comme si vous y étiez.

Pour une analyse critique du Pèlerinage, on se reportera à l'ouvrage de Jacqueline Chabbi : *Le Seigneur des Tribus.* Noêsis. 1997. (pages 313-371). 726 pages.

Les ablutions sèches ou *tayammoum* : lorsque l'utilisation de l'eau est impossible, le croyant peut utiliser une pierre, du sable ou de la terre pour effectuer les ablutions rituelles.

Polémique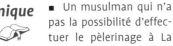

■ Un musulman qui n'a pas la possibilité d'effectuer le pèlerinage à La Mecque a le droit de se faire remplacer par un autre pèlerin, à condition que celui-ci ait déjà effectué lui-même ce pèlerinage. Cette substitution n'est pas acceptée par tous les musulmans.

■ Concernant le rite du sacrifice, J. Chabbi écrit que pour expliquer celui-ci, l'islam post-arabe des califats « ne tarda pas à se donner des mythes complètement nouveaux. Le plus productif d'entre eux passe aujourd'hui à tort pour un mythe d'origine. Il consiste à considérer que le rituel de Minâ symbolise le sacrifice d'Abraham. Ce mythe coranique a sans doute puissamment contribué à faciliter la substitution devenue aujourd'hui la référence — du mouton au chameau comme bête de sacrifice. Une mutation de ce type est sociologiquement assez extraordinaire. Elle signale une rupture de comportement et de mentalité et témoigne de l'ampleur de l'effacement des contraintes locales au profit d'un imaginaire porté par des populations nouvelles. Il serait logique de postuler, en effet, que les promoteurs de ce changement majeur étaient étrangers au milieu d'origine. Les Bédouins continuèrent évidemment, quant à eux, à sacrifier des chameaux ». [47]

Versets coraniques

« Appelle, parmi les Hommes, au Pèlerinage ! Ils viendront à pied ou sur toute monture au flanc cave. Ils viendront par tout passage encaissé, pour attester les dons qui leur ont été faits et invoquer le nom d'Allah à des jours connus, sur des bêtes de troupeaux qu'Allah leur a attribuées. Mangez de ces bêtes et nourrissez-en le miséreux et le besogneux. Qu'ils mettent fin ensuite à leurs interdits ! Qu'ils s'acquittent de leurs vœux ! Qu'ils accomplissent la circumambulation autour du Temple Antique. » (XXII-28-30)

« Le Pèlerinage a lieu en des mois connus. Pour qui s'acquitte du Pèlerinage, nulle galanterie, nul libertinage, nulle discussion au cours du Pèlerinage. Quelque bien que vous fassiez, Allah le sait. » (II-193)

Les piliers de la religion islamique (*arkân al-dîn*) — ou devoirs religieux obligatoires (*ibâdât*) pour tout musulman — sont au nombre de cinq :
1. La profession de foi ou *shahâda*.
2. La prière͞ rituelle ou *salât*.
3. Le jeûne du mois du Ramadan͞ ou *sawn*.
4. L'aumône légale ou *zakât*.
5. Le Pèlerinage͞ à La Mecque ou *hajj*.

1. *Shahâda* (la profession de foi)

Elle tient en une seule phrase : « Il n'y a de Dieu qu'Allah et Mahomet est son Prophète. » Chaque musulman prononce régulièrement cette phrase qui fait partie des prières.

2. *Salât* (la prière rituelle)

Elle doit être prononcée cinq fois par jour et uniquement en langue arabe. Les cinq prières sont prononcées à des heures fixes : aurore, midi, entre le midi et le coucher du soleil, coucher du soleil, et la dernière, une heure après le coucher du soleil. La prière doit être accomplie en état de pureté rituelle tout en se prosternant dans la direction de La Mecque (*qibla*). Pour en savoir plus, voyez l'article consacré à la prière.

3. *Sawm* (le jeûne du mois du Ramadan)

Il commence à l'aurore et dure jusqu'au coucher du soleil. Durant la période de jeûne, il est interdit de manger, de boire, de fumer, de se parfumer et d'entretenir des relations sexuelles. Les dispenses pour motifs légitimes sont temporaires (lorsque le motif disparaît, il faut remplacer les journées de dispense par un nombre équivalent de jours de jeûne ou par des œuvres de bienfaisance). Seul le jeûne du mois de Ramadan est obligatoire, les autres jeûnes sont surérogatoires.

4. *Zakât* (aumône légale)

Cette aumône est une sorte d'impôt « purifiant » dont le montant est déterminé par le Coran en fonction des biens possédés (or, argent, récolte, troupeau, arbres fruitiers, etc.). Il y a (comme pour l'impôt actuel) un seuil minimum d'imposition ; ensuite cet impôt est progressif et variable selon les biens. Plusieurs passages du Coran sont consacrés à l'aumône légale, dont le montant ne peut en principe être utilisé que pour des œuvres charitables ou humanitaires. Le Coran distingue l'aumône légale (*zakât*) de l'aumône volontaire (*sadaqa*), mais pas toujours... Bien entendu, les gouvernants ont très vite compris comment transformer cette aumône légale en impôt, tout aussi légal.

5. *Hajj* (le pèlerinage à La Mecque)

Le *hajj* (on prononce *hadj*) est, selon Massignon, « le seul centre de coordination effective, capable de donner une structure liturgique au sunnisme ». En d'autres mots, pour l'islam sunnite (qui ne possède ni clergé, ni liturgie), c'est l'un des rares rituels collectifs à structure liturgique. Concernant le pèlerinage, Mahomet n'a pas beaucoup innové et a repris (presque point par point) le cérémonial et le trajet de l'ancien pèlerinageᶜ préislamique (voir à ce sujet l'article consacré à l'Arabie préislamique). ∎

Polémique ∎ Une secte islamique schismatique (les kharijites) possède un sixième pilier : la guerre sainte (« guerre légale ») ou *jihâd*. En réalité, le *jihâd* est une obligation collective placée sous la responsabilité du calife. Selon le Coran, le *jihâd* — auquel les musulmans doivent leur extraordinaire expansion — n'est jamais accompli tant que le monde entier n'est pas soumis à l'islam (voyez également l'article consacré au *jihâd*).

∎ L'appel du muezzin à la prière est différent chez les sunnites et chez les chiites ᶜ. Le nombre de prières par jour n'est que de trois chez les chiites.

Remarque

Il y a beaucoup de versets consacrés aux obligations religieuses. Les principales obligations sont décrites dans les versets ci-après : II-192, LVII-17, LXIII-10, LVIII-13, LXX-24, LXXIII-20, XXXVI-32, XXI-73, XXVII-3.

Verset coranique

« Faites entièrement le Pèlerinage et la Umra pour Allah ! Si vous êtes empêchés, libérez-vous par ce qu'il vous sera aisé de sacrifier comme offrande ! Ne vous rasez point la tête avant que l'offrande ait atteint le lieu de son immolation ! À quiconque parmi vous sera malade ou atteint d'un mal affectant la tête, incombera rachat par un jeûne, une aumône ou un sacrifice rituel. » (II-192)

Les prières

L'islam connaît quatre sortes de prières. La prière obligatoire (*salât*) qui fait partie des cinq piliers[c] de l'islam, la prière communautaire, la prière privée et la prière mystique (ou *dhikr*).

La pureté

Il est impossible [47bis] de passer directement d'une activité quotidienne à la prière : il est nécessaire, auparavant, de se soumettre à des ablutions rituelles (c'est la raison pour laquelle une pièce d'eau jouxte chaque mosquée et que les villes arabes regorgent de hammams). L'eau est censée éteindre le feu de Satan et apaiser l'homme avant la prière. Selon son degré d'impureté, le musulman se soumettra à des ablutions partielles (*woudou*) ou à des ablutions complètes (*ghousl*).

Les ablutions doivent être effectuées dans un ordre déterminé :

1. Le musulman prend *in petto* la résolution de se purifier.

2. Il prononce la *basmala* (*bismillâh al-rahman al-rahîm*) ; c'est-à-dire la formule « au nom de Dieu, le Clément, le Miséricordieux »).

3. Il se lave les mains (exactement comme le fait un chirurgien en évitant que l'eau souillée des bras ne vienne en contact avec les mains) et se brosse les dents.

4. Il se rince la bouche et aspire par le nez de l'eau dans sa main droite (l'écoulement de cette eau s'effectuant à l'aide de la main gauche).

5. Il se lave tout le visage.

6. Il s'asperge (dans un ordre déterminé, dont nous épargnons au lecteur les détails) la tête et les oreilles.

7. Il se lave les pieds jusqu'aux chevilles (en veillant bien que l'eau s'écoule entre les orteils).

8. S'il est scrupuleux, il recommence cette opération trois fois. S'il n'était pas en état de grande souillure, il est maintenant prêt pour la prière.

S'il était en état de grande souillure (par exemple après un rapport sexuel), il doit se laver tout le corps. S'il manque d'eau, comme cela arrive souvent dans le désert, il doit utiliser la terre pour se frotter les mains et le visage.

La prière obligatoire

La prière obligatoire (*salât*) doit être prononcée cinq fois par jour et uniquement en langue arabe. Les cinq prières sont prononcées à des heures fixes : aurore/aube, midi, après-midi (entre le midi et le coucher du soleil), au coucher du soleil, le soir (une heure après le coucher du soleil). Dans les pays musulmans, le *muezzin* lance son appel du haut du minaret à des moments déterminés en fonction de la position du soleil. Ainsi, à Istanbul, où le nombre de mosquées ne manque pas,

La basmala

La formule *bismillâh al-rahman al-rahîm*, c'est-à-dire « Au nom d'Allah, le Bienfaiteur miséricordieux », est non seulement prononcée avant chaque acte important de la vie : une prière, une proclamation, un acte juridique, une promesse, etc., mais figure également comme entrée de tous les écrits (de la simple lettre à l'œuvre littéraire en passant par le dictionnaire) et, bien entendu, comme entrée de chaque sourate du Coran ᶜ (à l'exception de la sourate n° 9). Cette formule est la sourate liminaire du Coran qu'on désigne sous le nom de *Al-Fâtiha* (à ne pas confondre avec Fâtima, la fille de Mahomet, épouse d'Ali). Il est intéressant de savoir que l'Arabie préislamique connaissait une formule du même type, qui était déjà utilisée au début d'un écrit.

Au nom d'Allah, le Bienfaiteur miséricordieux
Louange à Allah, Seigneur des Mondes, Bienfaiteur miséricordieux
Souverain du Jour du Jugement !
Toi que nous adorons, Toi dont nous demandons l'aide !
Conduis-nous dans la Voie Droite, La Voie de ceux à qui Tu as donné Tes bienfaits,
qui ne sont ni l'objet de Ton courroux ni les Égarés. (I-1/7)

malgré la laïcité de l'État, le muezzin réveille vers 5 heures du matin les croyants mais aussi les bébés, les malades, les insomniaques et les touristes… La prière doit être accomplie en état de pureté rituelle tout en se prosternant dans la direction de La Mecque (*qibla*).

Cette prière obligatoire quotidienne et solitaire se double d'une prière collective (uniquement pour les hommes) qui se dit en certaines occasions précises : tous les vendredis midi, pour la fête de l'aïd el-fitr (la rupture du jeûne du Ramadan), pour la fête de l'*aïd el-kebir* (fête du sacrifice à la fin du pèlerinage de La Mecque), à la mort d'un croyant, en cas de grande sécheresse ou en cas de guerre.

Une attitude de prière.

Le lieu et la direction de la prière

Tout lieu convient à la prière pour autant qu'il soit propre. À cet effet, le musulman pieux ne se déplace pas sans son tapis de prière. La direction (*qibla*) est celle de La Mecque.

La gestuelle de la prière

La prière consiste en une séquence (*raka*) composée de paroles (dont la sourate liminaire du Coran ou *Fâtiha*, des passages coraniques de son choix et, enfin, la profession de foi ou *shahâda*) et de prosternations. Le nombre de celles-ci varie selon l'heure de la prière : deux le matin, quatre pendant la journée et trois le soir. La prosternation type de l'orant est composée d'une inclinaison effectuée en appuyant les mains sur les genoux sui-

vie d'un redressement puis d'une seconde prosternation et, enfin, de la récitation de la profession de foi ou *shahâda* (« Il n'y a pas d'autre divinité que Dieu et Mahomet est l'envoyé de Dieu »), dite, elle, en position accroupie, front à terre.

La prière collective

Nous avons décrit les occasions de cette prière, en principe réservée aux hommes. Contrairement à ce qui se passe dans la religion chrétienne — mais exactement comme chez les juifs —, celui qui dirige la prière n'est pas un prêtre mais seulement l'homme le plus apte à cette direction (ainsi, un esclave pouvait fort bien diriger la prière, s'il était le plus apte). Actuellement, c'est généralement un imâmᶜ qui dirige la prière. C'est lui qui fait également le sermon qui précède la prière ou suit celle-ci (dans les grandes fêtes). ■

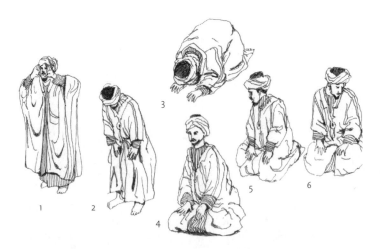

En cas d'absence d'eau ou s'il n'est pas possible d'utiliser de l'eau (par exemple sur un plâtre), l'ablution se fait avec de la terre, du sable ou encore en touchant une pierre. Ce qui est important, c'est donc de ne pas banaliser la prière en la considérant comme un acte pouvant succéder à n'importe quel autre acte. Les ablutions — quelle qu'en soit la nature — ont pour but de créer une césure entre les actes quotidiens et la prière de manière à lui apporter toute l'attention qu'elle nécessite. Ces ablutions sèches portent le nom de *Tayammoum*.

Le dhikr ou prière mystique

La prière mystique consiste à répéter inlassablement le nom de Dieu ou l'un de ses Beaux noms (il en possède 99, lesquels correspondent en partie à ses attributs). Cette prière peut être dite de manière solitaire (par exemple en utilisant le chapelet (*shuba*) ou en groupe. Les mystiques musulmans (soufisᶜ) la répètent en litanie (*dhikr*) jusqu'à l'extase. Signalons que les chrétiens orthodoxes connaissent également ce type de prière (*dobrotoloubiè* ou petite philocalie de la prière du cœur) qui était très en vogue chez les ermites russes.

Prier, mais où ?

Pour les prières hebdomadaires un tapis propre suffit. Pour la prière du vendredi, une mosquée pourvue d'un *minbar* est nécessaire. Pour les prières des deux fêtes canoniques (*aïd el-kebir* et *aïd el-fitr* — voir l'article consacré au calendrier), une esplanade (*musalla*) est recommandée.

Polémique

- On notera d'abord que l'abandon volontaire de la prière est considéré au même titre que l'apostasie. Ceci explique pourquoi les talibans forçaient les habitants des villes conquises à se rendre à la mosquée.

- Différentes écoles se sont affrontées concernant les gestes de la prière et la validité de celle-ci en cas d'omission d'un geste (les hommes sont plus exigeants que Dieu).

- Le nombre de prières dans la journée n'est pas le même chez les sunnites (cinq prières) et chez les chiites (trois). L'appel du muezzin n'est d'ailleurs pas tout à fait identique. Rappelons que lors de son « Voyage nocturne » Mahomet aurait discuté avec Dieu du nombre et de la fréquence des prières journalières (colloque auquel aurait assisté Moïse).

- La prière communautaire du vendredi n'est pratiquée que si les hommes sont au nombre de douze (ils doivent être dix chez les juifs) ou de quarante (ce chiffre varie selon les écoles juridiques).

Versets coraniques

« Quand vous accomplissez la prière, implorez Allah debout, accroupis ou couchés ! » (IV-104).

« Allah n'impose à toute âme que sa capacité : à chaque âme, ce qu'elle se sera acquis et contre elle, ce qu'elle se sera acquis. Seigneur !, ne nous reprends point si nous oublions ou fautons ! Seigneur ! ne nous charge point d'un faix accablant, semblable à celui dont Tu chargeas ceux qui furent avant nous ! Seigneur ! ne nous charge point de ce que nous n'avons pas la force de supporter ! Efface de nous ! Pardonne-nous nos fautes ! Pardonne-nous ! » (II-286)

Les prophètes

Dieu a créé l'homme pour qu'il le glorifie et mène une vie vertueuse. Comment pourrait-il accomplir cette obligation divine sans être informé de ce que Dieu attend de lui ? C'est pour lui donner cette information que Dieu a envoyé un prophète (*nabi*) à chaque nation. Les prophètes sont des intermédiaires entre Dieu et les hommes.

La chaîne des prophètes

L'islam a une vision toute particulière des prophètes, lesquels font partie d'une chaîne historique d'envoyés de Dieu. Les prophètes transmettent la volonté de Dieu et s'inscrivent dans une chaîne car le message divin forme une unité. Le prophète ne doit donc pas s'écarter de ce qui a été révélé avant lui ou pourrait l'être après lui (ceci ne s'applique naturellement pas à Mahomet, le dernier, le « sceau des prophètes », le khâtam al-anbiyâ).

Les pouvoirs des prophètes

L'islam a constaté que chaque prophète a toujours été choisi par Dieu comme étant le meilleur membre de sa communauté. Pour l'aider dans sa mission, Dieu lui a confié un pouvoir. Ce pouvoir variant selon le milieu dans lequel évolue le prophète et a été choisi par Dieu pour mieux l'aider dans sa tâche : ainsi Moïse était un grand magicien (il devait s'opposer aux Mages) ; Jésus-Christ avait la possibilité de faire des miracles (il devait s'opposer aux médecins) et Mahomet avait reçu le don de l'éloquence et de la Poésie (il devait s'opposer à l'éloquence des autres prophètes de son temps).

L'islam respecte tous les prophètes antérieurs à Mahomet et croit en leur mission car ils sont tous les messagers de Dieu. C'est ainsi que Jésus-Christ, considéré comme un prophète, est respecté par la religion islamique.

Le contenu de la prophétie

Ce contenu est, en soi, assez simple mais fondamental car il nous parle de domaines spécifiques, surnaturels et spirituels, qui ne peuvent être explorés par la science ou même par l'expérience mystique. La prophétie nous parle de Dieu et de sa création tant dans le monde visible que dans celui de l'invisible (les anges, les djinns, le Paradis, l'Enfer). Elle nous dit aussi ce que Dieu attend de nous et les récompenses que nous pouvons attendre suite à une vie exemplaire.

Le nombre de prophètes

Il est inconnu, mais le Coran dit que Dieu a envoyé un prophète à chaque nation. Certains savants musulmans (dont l'historien Tabari) disent que ce nombre est proche de 124 000. Le Coran, cependant, n'en cite que 25. Toutefois, il indique qu'il en existe d'autres dont Mahomet n'a pas entendu parler. Les prophètes les plus

Le nabi et le rasûl

Pour l'islam, il existe deux types de prophètes. Les uns ont pour rôle d'avertir simplement les hommes de l'arrivée de certains évènements et les avertir du châtiment divin : ce sont les *nabi*. Les autres, les envoyés (*rasûl*), ont un rôle complémentaire qui consiste à transmettre la parole de Dieu, laquelle sera consignée dans un livre et sera à l'origine d'une nouvelle religion. Mahomet est ainsi le *rasûl Allâh* (ou envoyé de Dieu).

Brève généalogie des prophètes

Adam : chassé du Paradis, il s'installe à l'emplacement de la Kaba.

Noé : il échoue dans sa mission mais est lui-même sauvé : c'est le premier pacte avec Dieu.

Abraham : le premier hânif, le « père » de l'islam.

Moïse : sur l'ordre d'Allah, il fit sortir son peuple « des Ténèbres vers la Lumière » (XIV-5).

David : son combat contre Goliath est légendaire.

Salomon : doté d'une sagesse proverbiale, il parlait aux animaux.

Jean-Baptiste : qui baptisa le Christ.

Marie : la mère de Jésus-Christ.

Jésus-Christ : fit des miracles et connaît l'heure fatidique de la résurrection et du jugement final (parousie).

Mahomet : le « sceau des prophètes ».

Une représentation de Mahomet (570-632) d'origine chrétienne. Dans les ouvrages musulmans, le visage de Mahomet est toujours recouvert d'un voile.

connus sont : Adam, Noé (Nûh), Abraham (Ibrâhîm), Moïse (Mûsa), David (Dâûd), Salomon (Sulaymân), Jésus (Isâ), Marie (Myriam) et Mahomet, le dernier de la liste. À cette liste, il convient d'ajouter des prophètes de l'Arabie préislamique mais dont le nom ne dirait rien à un lecteur de culture occidentale. On remarquera la présence d'une femme (Marie). Dans toutes les religions, les femmes, même lorsqu'elles n'avaient pas accès au sacerdoce, pouvaient fort bien s'adonner, avec bonheur, à la prophétie.

Le prophète Jésus

Pour les musulmans, Jésus, bien que né sans père, n'est pas Dieu mais simplement un prophète ayant reçu le pouvoir de faire des miracles et même de ressusciter des morts. Pour expliquer la création de Jésus sans père, le Coran cite l'exemple d'Adam qui fut, lui aussi, créé sans père (et sans mère) : « Jésus auprès d'Allah, est à l'image d'Adam : Il l'a créé de poussière puis a dit à son propos : « Sois ! » et il fut. » (III-59). Signalons également que, dans l'imaginaire musulman, le Nouveau Testament annonce la venue de Mahomet (voir l'encadré consacré au Paraclet, page 136).

Le prophète Mahomet

Mahomet est le dernier d'une longue série de prophètes : c'est le « sceau des prophètes », le *khâtam al-anbiyâ*. Avec Mahomet, la parole divine est définitivement close. C'est la raison pour laquelle les musulmans ne peuvent accepter les religions monothéistes apparues après l'islam (comme, par exemple, le béhaïsme). ∎

Pour les musulmans, le Christ est un prophète qui s'inscrit dans la « chaîne des prophètes » (voir page 165). Il n'est pas Dieu et n'est pas mort sur la croix. On comprend que du point de vue doctrinal les deux religions sont aux antipodes bien qu'elles adorent le même Dieu, vénèrent les mêmes patriarches et pratiquent les mêmes vertus théologales (la foi, l'espérance et la charité).

La chaîne des prophètes

Pour l'islam, les prophètes forment une chaîne ininterrompue qui commence à Adam et se termine à Mahomet, le dernier des prophètes ou « sceau des prophètes ». C'est la raison pour laquelle les musulmans considèrent que Dieu n'annoncera plus rien aux hommes après Mahomet. Tout ce qui touche de près ou de loin à la prédication divine, aux contacts privilégiés des mystiques avec Dieu, aux nouvelles révélations est extrêmement mal reçu par les musulmans pieux. Tout est dit dans le Coran. Ajoutons à cela que l'interprétation du message coranique est définitivement close depuis le XIIᵉ siècle. Ces deux éléments permettent de comprendre comment et pourquoi l'islam, malgré son ambition unique de créer déjà le Royaume de Dieu sur terre, est terriblement figé.

Polémique

■ Selon les musulmans, tant les textes originaux de la Bible hébraïque que ceux du Nouveau Testament ont été altérés de manière à supprimer les passages annonçant la venue du dernier Prophète, Mahomet (voir à ce sujet les pages 85 et 123).

■ Certaines sectes islamiques n'acceptent pas tous les prophètes. Il en est ainsi pour les kharijites, qui refusent la sourate (XII) consacrée à Joseph (Yusuf) et estiment que cette sourate n'est pas authentique.

■ Pour certaines sectes chiites ᶜ, les principaux prophètes sont suivis par l'apparition d'un imâm ᶜ.

Versets coraniques

« Dites : "Nous croyons en Allah, à ce qu'on a fait descendre vers nous et à ce qu'on a fait descendre vers Abraham, Ismaël, Isaac, Jacob et les Douze Tribus, à ce qui a été donné à Moïse et à Jésus, à ce qui a été donné aux Prophètes venant de leur Seigneur. Nous ne distinguerons point l'un d'entre eux. Au Seigneur nous sommes soumis." » (II-136).

« Et nous avons accordé à Abraham, Isaac et Jacob. Nous avons dirigé chacun d'eux. Et Noé. Nous l'avons dirigé auparavant ainsi que, parmi sa descendance , David, Salomon, Job, Joseph, Moïse, Aaron. Ainsi nous récompenserons les bienfaisants. Zacharie, Jean, Jésus, Elie, chacun d'eux fut parmi les Saints... » (VI-84-85)

Le Ramadan

Le mois de Ramadan est le neuvième mois du calendrier de l'hégire. Au moment où il fut fixé, par Mahomet, au début de son installation à Médine, comme mois de jeûne, c'était un mois de grandes chaleurs (*Ramadan*). Comme le calendrier musulman est lunaire, la fête du Ramadan tombe en différents moments de l'année. L'application stricte des règles est donc plus ou moins pénible selon le mois durant lequel il est célébré. Le mois du Ramadan est également le mois pendant lequel on célèbre la « Nuit du Destin ». Dans l'Arabie préislamique, le mois de Ramadan était également celui de la trêve durant laquelle les guerres et razzias entre tribus étaient interdites.

Les obligations du Ramadan

Le jeûne du Ramadan est légal et fait partie des cinq piliers^c de l'islam. Pendant le mois de Ramadan, le musulman doit s'abstenir, pendant la journée, de manger, boire, fumer, de toute relation sexuelle et même de tout plaisir des sens (comme écouter de la musique). Après le coucher du soleil, toutes ces interdictions tombent. Le musulman pieux exploite également les possibilités offertes durant ce mois pour accomplir de bonnes actions, fréquenter plus régulièrement la mosquée, prier Dieu, accomplir certains gestes sociaux. Seuls les enfants en bas âge, les malades, les voyageurs, les femmes enceintes (ou réglées) sont dispensés du jeûne du Ramadan. Malgré cela, durant ce mois, la plupart des musulmans se sentent réellement solidaires de la communauté (*umma*^c) et participent au jeûne, même lorsque leur condition physique ne le leur permet pas (ainsi, en Tunisie, nous avons constaté,

durant la période du Ramadan, plusieurs perforations d'ulcères gastriques). En principe, toute journée non jeûnée doit être rattrapée par la suite ou compensée par une action charitable. Par contre, comme le rappelle Cheikh Si Hamza Boubakeur, « l'usage du cure-dents appelé *sawak*, les injections, les lavements, les saignées et les transfusions sanguines n'entraînent nullement la rupture du jeûne.(...) Celui qui est pris de vomissements pendant le jeûne n'est pas tenu de s'acquitter d'un jeûne ultérieur compensatoire à moins qu'il ne le provoque lui-même, malicieusement ».[48]

La « Nuit du destin » (Laylat al-quadar)

C'est la nuit du vingt-septième jour du mois de ramadam. Cette nuit est particulièrement sainte car c'est durant cette nuit que Mahomet a reçu sa première révélation coranique, que le Coran est « descendu » sur Mahomet. L'islam

Nuit de la Destinée (ou Nuit du Destin)

La « Nuit de la Destinée », ou laylat al-qadar, est célébrée pendant la nuit du 26e au 27e jour du mois de ramadan. C'est durant cette nuit qu'Allah – par l'intermédiaire de l'ange Gabriel – révéla à Mahomet l'entièreté du Coran :

> « Nous l'avons fait descendre durant la Nuit de la Destinée.
> Qu'est-ce qui t'apprendra ce qu'est la Nuit de la Destinée ?
> La Nuit de la Destinée vaut mieux que mille mois. » (XCVII-1/3)

C'est durant cette nuit que les Anges et l'Esprit descendent sur terre « pour régler toutes choses ».

Retenons le parallèle entre cette « Nuit de la Destinée » et le « Jour du Grand Pardon » (*yom hakippurim*) des juifs où Dieu remit à Moïse les secondes Tables de la Loi et qui est également un jour de jeûne pour les juifs. Les exégètes retiennent d'ailleurs d'autres similitudes entre ces deux fêtes religieuses juives et musulmanes et rappellent, par exemple, que le premier jeûne fut fixé pour la fête d'Achoura (voir page 169).

Si en pratiquant le jeûne durant le Ramadan, les musulmans peuvent éviter l'Enfer, ils peuvent obtenir des grâces spéciales en récitant le Coran durant cette nuit.

---

populaire affirme que durant cette nuit le destin de chaque homme est fixé par Dieu : les prières sont donc particulièrement intenses, d'autant plus que les vœux formulés cette nuit seront exhaussés.

La petite fête ou aïd el-fitr

C'est la fête qui marque la fin du Ramadan. Marquée par des signes d'allégresse et des prières, il est classique d'y manger des sucreries. Elle porte également le nom d'aïd al-saghir et, en turc, celle de « fête du sucre ». C'est l'une des deux fêtes canoniques de l'islam (l'autre étant la « grande fête » ou aïd el-kebir – voir page 153).

Organisation sociale du Ramadan

Dans un pays musulman, il est inimaginable pour un musulman de ne pas jeûner durant le Ramadan. Il en résulte que la vie sociale prend une autre dimension : les activités sont au ralenti, les bureaux ferment plus tôt, les commerces ouvrent à des heures différentes, les terrasses sont vides, les radios et télévisions diffusent des enregistrements du Coran, la nuit remplace le jour, etc. Les rues sont silencieuses et aucune musique forte ne trouble la tranquillité religieuse ambiante. Par contre, les mosquées sont remplies et tous les habitants se concilient les grâces de Dieu en se réconciliant avec leurs ennemis, en rendant visite aux malades, etc., car il est dit que « si quelqu'un accomplit son devoir durant le Ramadan, cela équivaut à 70 devoirs accomplis durant d'autres mois ». Dans certaines régions (c'est le cas, par exemple, au Maroc), des veilleurs sont chargés de réveiller les dormeurs avant l'aube de manière à ce qu'ils puissent prendre une dernière collation avant l'instauration du jeûne. Ainsi, durant un mois une nouvelle organisation de la vie s'instaure dans la plupart des villages (les villes, elles, ne pouvant, bien entendu, vivre au ralenti). Les prières, les rassemblements, les réveils de nuit ponctuent les heures du mois de Ramadan, lui donnant ainsi un cachet particulier, qui en assure certainement le charme auprès des musulmans, qu'ils soient pieux ou non. ■

Le Pèlerinage du Ramadan n'est obligatoire que si on dispose des moyens pour le faire : « Allah veut pour vous de l'aise et ne veut point de gêne » (II-181).

Polémique

■ Certaines sectes musulmanes — comme les alévis — ne jeûnent que quelques jours durant le mois de Ramadan.

■ Dans plusieurs pays musulmans, les autorités civiles ont tenté d'organiser un Ramadan plus souple mais, semble-t-il, sans rencontrer grand succès ni auprès des savants de la religion, ni même auprès des fidèles qui considèrent comme un honneur de participer au Ramadan.

■ Le premier jeûne imposé par Mahomet fut celui d'une seule journée pour la fête de l'Achoura (le 10 du mois de *muharram* — voir l'article consacré au calendrier).

Ce jeûne d'une journée était calqué sur celui des juifs, le 10 du mois de *tichri*. Par la suite, lorsque Mahomet se disputa avec les juifs, il changea la direction de la prière (*qibla*) de Jérusalem vers La Mecque et institua le jeûne au mois de Ramadan (il le voulut aussi plus sévère que chez les juifs et les chrétiens). Néanmoins, le jeûne de l'Achoura est toujours respecté dans les différentes communautés musulmanes, où il prend cependant des significations différentes. Pour les sunnites, c'est simplement le rappel d'une disposition de Mahomet ; pour les chiites, cette journée de jeûne et de deuil commémore l'assassinat d'al-Husseyn, le petit-fils de Mahomet et le troisième imâm des chiites (tué à Karbala, le 10 octobre 680).

Verset coranique

« Le mois du Jeûne est le mois de Ramadan dans lequel on fait descendre la Révélation comme Direction pour les hommes et Preuves (sic) de la Direction et de la Salvation. Quiconque verra de ses yeux la nouvelle lune, qu'il jeûne ce mois ! Celui qui, parmi vous, sera malade ou en voyage jeûnera un nombre égal d'autres jours : Allah veut pour vous de l'aise et ne veut point de gêne. » (II-181).

Les schismes

Dans l'introduction de son ouvrage classique consacré aux *Schismes dans l'Islam*, H. Laoust écrit qu'au-delà de l'« adhésion de foi fondamentale, l'islam contrairement à une opinion fort répandue, n'est pas un. De fort bonne heure, il s'est diversifié en une pluralité étonnante de sectes ou d'écoles, qui se sont combattues et parfois même mutuellement condamnées, chacune d'elles se présentant comme la détentrice par excellence de la vérité révélée... »

De ces sectes beaucoup ont disparu mais certaines sont toujours actives de nos jours et méritent qu'on s'y intéresse pour montrer que, malgré la « fermeture de l'ijtihâd^G », l'islam est toujours vivant, polymorphe et certainement capable d'une adaptation au monde moderne sans pour autant renier ses fondements.

La grande discorde

Les schismes (*firaq*/*firqa*) sont très vite apparus dans l'islam, dès les premiers califes. Comme « l'histoire, dans l'islam, est une théologie et la théologie une histoire »[49], on ne s'étonnera pas que la plupart des schismes ont pour moteur une raison politique.

Tout commence en fait à la mort de Mahomet, qui, n'ayant pas laissé d'héritier mâle, ni de testament et n'ayant adoubé personne pour lui succéder, laissa le monde musulman dans un grand désarroi. Il n'est pas question ici de raconter l'histoire de l'islam mais il n'est pas inutile de savoir que dès sa mort certaines tribus se détournèrent de l'islam (voir l'article sur l'apostasie) et furent sévèrement châtiées. Si la succession des deux premiers califes ne posa guère de problèmes, il n'en fut pas de même avec les deux suivants (Uthman et Ali). Les vrais ennuis commencent avec l'assassinat du Calife

Uthman (656 — 24 ans après la mort de Mahomet) et la « grande discorde » (*al-fitna al-kûbra*) qui s'ensuit. Elle aboutit à la séparation de la communauté en deux branches principales : les sunnites^G (les plus nombreux) et les chiites^G (les dissidents). Parmi ces derniers une partie n'accepte pas certaines décisions et crée une nouvelle secte : les kharijites. C'est donc pour une question politique (le choix d'un calife) que l'islam de Mahomet se sépare en trois branches. Ces trois branches initiales de l'islam (sunnites, chiites et kharijites) vont elles-mêmes connaître de nombreuses dissensions, lesquelles aboutiront à la création de nouvelles sectes.

Pas de schismes chez les sunnites

Le sunnisme n'a pas connu de véritables mouvements schismatiques[49 bis]. Les quelques différends d'interprétation du Coran se sont concrétisés dans la nais-

Famille sunnite.

sance de quatre écoles juridiques⁀ (les malikites, les hanéfites, les hanbalites et les châfiites). Ces écoles juridiques sont toujours actives aujourd'hui et rien n'interdit à un musulman d'adhérer à une école plutôt qu'à une autre (pour autant qu'il y ait des représentants de cette autre école juridique dans son pays, ce qui n'est pas toujours le cas). Ces différentes écoles interprètent certains versets du Coran de manière différente, ce qui engendre des applications différentes de la loi au niveau de la famille, de l'héritage, etc.

Les schismes des chiites

C'est essentiellement parmi les chiites, la première branche à se séparer de la communauté originale (les sunnites), que l'on trouvera le plus de mouvements schismatiques, aboutissant ainsi à un véritable filet de sectes différentes. Il est cependant intéressant de noter que si les différentes sectes continuent à s'accorder sur les dogmes⁀ de l'islam (qui sont d'ailleurs peu nombreux), elles divergent quant aux fondements du droit, à l'application de la charia (la loi islamique), aux pratiques religieuses et à l'organisation de la vie religieuse. Le mouvement schismatique le plus important est représenté par les chiites (10 % des musulmans dans le monde) mais d'autres mouvements font également parler d'eux ; tels les ismaéliens de l'Aga Khan, les alévis de Turquie, les mutazilites, etc. Le chiisme a connu de nombreux schismes et, aujourd'hui, on peut lui rattacher les sectes suivantes :

- les zaydites ;
- les ismaéliens ;
- les mustaliens ;
- les nizârites ;

- les sulaymânites ;
- les dâoudites ;
- les duodécimains ;
- les usulis ;
- les akhbâris ;
- les chaykhîs ;
- les bahâis ;
- les alaouites ;
- les druzes ;
- les murjites ;
- les jahmites ;
- les ghulât ;
- etc. ■

Polémique Certains de ces mouvements schismatiques ont fortement modifié la profession de foi du musulman (*shahâda*) en déifiant, par l'exemple, l'imâm Ali (les *alh-i-haqq*) ; d'autres encore (comme les druzes ou les bahaïs) se considèrent comme des religions monothéistes nouvelles créant ainsi un véritable défi à l'islam dont Mahomet est le « sceau des prophètes » (c'est-à-dire qu'il clôt les prophéties en proposant la religion la plus achevée). Défi également mal accepté que celui des sectes qui annoncent de nouveaux prophètes (en son temps Mahomet a d'ailleurs dû affronter un rival du nom de Mousailama). On comprend l'intolérance des « purs » musulmans face à ces mouvements schismatiques. Certains musulmans leur refusent même le qualificatif de musulmans et brandissent les versets contre l'apostasie.

POUR EN SAVOIR PLUS

L'histoire des sectes musulmanes est tout à fait passionnante et mérite autre chose que ces quelques notes. Pour compléter son information le lecteur lira l'ouvrage désormais classique (mais épuisé) de H. Laoust, *Les schismes dans l'islam*, paru chez Payot.

S'il est vraiment intéressé, il prendra le temps de décrypter l'ouvrage classique de al-Shahrastâni, le premier historien des religions, le *Kitâb al-Milal* (*Les dissidences de l'Islam*), Geuthner, 1988, 350 pages.

Pour une excellente description de toutes les communautés musulmanes (mais aussi juives et chrétiennes) — complétée par un arbre généalogique des sectes et communautés religieuses — le lecteur se procurera l'ouvrage *Les Fils d'Abraham*, aux éditions Brepols, 1987, 264 pages + dépliant.

Les musulmans kurdes : les *yezidis* et les *alévis*

Le conflit irako-kurde a fait ressurgir de l'oubli quelques sectes schismatiques dont les *yezidis* et les *alévis*. La secte des **yezidis**, qui n'est ni chiite, ni sunnite, prend naissance après la bataille de Kerbela où al-Hussein, le petit-fils de Mahomet, fut tué. Elle doit son nom au calife Omeyyade Yazîd, qui régnait alors. La doctrine des yezidis, très œcuménique, est un mélange de données provenant de plusieurs religions : juive, chrétienne, musulmane, zoroastrienne, sabéenne, manichéenne et gnostique. La religion est monothéiste mais Dieu est entouré de sept anges dont le plus important est Satan, réhabilité. Aujourd'hui, les yezidis, des Kurdes, sont surtout disséminés autour de Mossoul (Irak) et d'Alep (Syrie). Pour les musulmans, les yezidis sont tout simplement des adorateurs du Diable.

Les **alévis** représentent un quart des musulmans de Turquie (c'est-à-dire une quinzaine de millions de personnes) et sont plus ou moins apparentés au chiisme (leur nom provient de *alawi* : qui rend un culte à Ali). La moitié des alévis sont Kurdes. Ils pratiquent un islam assez peu orthopraxe (par exemple le jeûne du Ramadan est réduit à quelques jours et ils ne fréquentent pas les mosquées), sont mystiques et antiétatiques. Toujours persécutés car différents, ils pratiquent la « dissimulation religieuse » (*takya*) pour survivre, comme cela est autorisé par la religion islamique.

Derviche en méditation
(dessin du XVIᵉ siècle).

Un hadîth du Prophète

« Ma communauté se divisera en soixante-treize sectes.

Toutes iront en enfer, à l'exception d'une seule. »

173

Contrairement au regard du monde chrétien sur la sexualité, celui du monde musulman n'est empreint ni de péché, ni de culpabilité. Pour les musulmans, l'acte sexuel (*niqâh*) — un avant-goût du paradis — n'est pas destiné exclusivement à assurer la survie de l'espèce, comme c'est le cas dans la tradition chrétienne classique. Le plaisir sexuel est un plaisir sain... mais pas avec n'importe qui, ni à n'importe quel moment.

Les relations sexuelles licites et illicites

Comme, en Islam, rien n'échappe à la religion, les relations sexuelles sont très classifiées. Puisque le Coran est assez peu prolixe sur le sujet (à l'exception de l'homosexualité, à laquelle il consacre une trentaine de versets), les docteurs de la loi se sont substitués à ce Livre en trouvant dans la Tradition du prophète, et surtout dans les hadîths ᶜ (dont on sait que la plupart ont été créés de toute pièce quand la nécessité s'en faisait sentir), toutes les interdictions nécessaires pour rendre illicites certaines conduites sexuelles, jugées dangereuses par le pouvoir en place. Mahomet n'ayant lu, et pour cause, ni Havellock Ellis, ni Masters et Johnson, ni Freud, ni W. Reich, ni Krafft-Ebing, ses connaissances dans le domaine de la sexualité étaient assez limitées. Ce qui n'a pas empêché les docteurs de la loi d'autoriser ou d'interdire certaines pratiques en fonction du comportement sexuel de Mahomet ou de ce qu'il en disait... Il n'est cependant pas inintéressant de noter que même les relations, en principe, interdites par le Coran

sont vécues dans le monde islamique sans drame et sans passion (il suffit qu'elles restent discrètes).

Quoi qu'il en soit, le comportement sexuel en islam est un mélange, pas toujours cohérent, de sexualité débridée (harems, polygamie, concubinage, mariage temporaire [*muta*], etc.) et d'interdits divers (homosexualité, sodomie, etc.). N'oublions pas, non plus, que c'est d'Islam que nous viennent le *Contes des mille et une nuits*... Ce que nous dit le Coran et l'islam sur la sexualité, les femmes et les rapports sexuels est sans doute très en avance pour son époque mais, comme dans tous les domaines, la « fermeture de l'ijtihâd ᶜ » a pour conséquence une fixation des mœurs sur un modèle déterminé : celui d'une classe sociale précise vivant au XIIᵉ siècle. On comprend que l'affrontement avec les mœurs du XXIᵉ siècle soit un véritable problème pour l'Islam, sauf s'il accepte de faire siennes ces paroles d'Ibn Hazm (991-1063) : « Pour le musulman, il suffit qu'il s'abstienne des choses prohibées par Allah — dont la gloire soit proclamée — et ne commette point volontairement ces

Ce qui est autorisé et ce qui ne l'est pas

DIVORCE (répudiation)	oui
FÉCONDATION IN VITRO	oui (au sein du couple)
MASTURBATION	oui
PILULE CONTRACEPTIVE	oui
POLYGAMIE	oui
PRÉSERVATIFS	oui
RÉPUDIATION	oui
SEXE ORAL	oui
ADULTÈRE	non (puni par la loi)
FORNICATION (*ZINA*)	non (punie par la loi, mais celle-ci est complexe[50])
HOMOSEXUALITÉ (*LIWAT*)	non
IVG	non (sauf dans certains pays comme la Tunisie)
ZOOPHILIE	non (mais très courante et vécue, selon Malek Chebel (voir page suivante), sans culpabilité excessive)
SODOMIE	non

La danse du ventre, danse de la fertilité, est pratiquée dans de nombreux pays musulmans. Elle a inspiré tous les peintres orientalistes de D. Roberts à J.L. Gérôme en passant par E. Delacroix. Pour en savoir plus, consultez le site : *www.bellydancemuseum.com*

graves péchés dont il lui sera demandé compte au jour de la Résurrection. Mais trouver beau ce qui est beau, se laisser gagner par l'amour, c'est une chose naturelle qui n'est ni ordonnée, ni interdite par la Loi)[51]. Ibn Hazm, nous rappelle ainsi, qu'en islam tout ce qui n'est pas interdit est autorisé et qu'il n'y a pas de péché sans volonté de transgression. Ajoutons pour être plus complet qu'Allah pardonne facilement et que la discrétion est une qualité qui diminue considérablement le péché.

Le Paradis

Rappelons qu'au Paradis, le musulman aura droit aux soins de femmes éternellement vierges : « Dans ces jardins seront des vierges aux regards modestes que ni Hommes, ni Démon n'aura touchées avant eux » (LV-56), « des Houris, cloîtrées dans les pavillons » (LV-72). Rappelons aussi que toute relation sexuelle est interdite durant la journée pendant le mois du Ramadan et que toucher ses organes sexuels ou avoir un rapport sexuel nécessite une purification avant la prière. Les organes génitaux et l'acte sexuel ne sont donc pas anodins... d'autant plus qu'une *baraka* (voir page 75) peut être rattachée à l'acte sexuel. Enfin, notons que parmi les nombreuses violences ressenties en Orient, la violence pornographique de l'Occident est l'une des plus traumatisantes et explique peut-être une certaine montée de l'intégrisme dans le domaine de la sexualité. ■

POUR EN SAVOIR PLUS

Abdessamad Dialmy. *Logement, sexualité et Islam*. EDDIF. 394 pages. Casablanca. 1995.

Ahmed ibn Souleimân. *Le bréviaire arabe de l'amour*. Philippe Picquier. Paris 2002. 288 pages.

Malek Chebel. *Encyclopédie de l'amour en Islam* (2 tomes). Petite bibliothèque Payot. Paris. 2003. 900 pages.

Malek Chebel. *L'imaginaire arabo-musulman*. PUF Quadrige. Paris. 2002. 388 pages.

Touhfat al-Arouss. *Le mariage islamique bienheureux*. Dar el Fiker. Beyrouth. 2000. 264 pages.

Les mille et une nuits

Qui n'a jamais entendu parler des contes arabo-indo-persans qui constituent « Les mille et une nuits » (*Alf laïla ou laïla*) dont le cinéma s'est inspiré pour de nombreux films[1] ? Rappelons, en bref, le canevas de ces contes. Cocu et humilié un roi perse décide de ne plus jamais faire confiance aux femmes et de ne jamais s'attacher plus d'une nuit à l'une d'elles. Pour s'en assurer, la femme est tuée au petit matin. Lorsqu'arrive le tour de Schéhérazade, celle-ci trouve le moyen d'éviter la mort en ne finissant pas son récit avant le petit matin. Elle arrive ainsi à garder le suspense pendant 1001 nuits. Enceinte et aimée du roi, elle évite ainsi sa mort et celle de toutes les vierges qui auraient dû lui succéder dans le lit du souverain. Dans la version non expurgée de ces contes figurent toutes les « perversions » sexuelles que l'on trouve habituellement seulement décrites dans les ouvrages de psychiatrie ou de sexologie clinique. Ce qui est remarquable c'est que l'évocation de toutes ces formes d'expression sexuelles passe pour être tout à fait normale ; mieux, une communion avec la vie. En lisant ces textes (et bien d'autres encore), et en comparant cela avec la sexualité actuelle du monde musulman, on se demande ce qui s'est passé en islam pour en arriver à cette peur maladive de l'érotisme. La réponse, une fois encore, est certainement à chercher dans l'isolement global auquel a conduit la fermeture de la porte de l'ijtihâd[c].

Signalons que la traduction la plus diffusée de ces contes est celle de A. Galland, « professeur et lecteur royal, et antiquaire du Roi ». Elle date de 1704 et a été rééditée des centaines de fois.

[1] *Le Fils du cheikh* (avec Rudolf Valentino) et le film éponyme de Pier Paolo Pasolini sont, sans doute, les deux films cultes ayant le mieux exploité cette veine.

Polémique Signalons, ce qui est moins connu, que les femmes (et elles seules ?) ne seront pas oubliées au Paradis ainsi que l'indiquent ces versets :

« Pour les servir, parmi eux circuleront des éphèbes à leur service qui sembleront perles cachées. » (LII-24)

« Parmi eux circuleront des éphèbes immortels tels qu'à les voir tu les croirais perles détachées. » (LXXVI-19)

Versets coraniques

« *Vos femmes sont un (champ de) labour pour vous. Venez à votre (champ de) labour, comme vous voulez, et œuvrez pour vous-même à l'avance.* » (II-223)

« *En vérité, par concupiscence, vous commettez l'acte de chair avec des hommes et non avec des femmes. Vraiment vous êtes un peuple impie.* » (VII-79)

Le soufisme

Le soufisme (*tasawwuf*) est le mouvement mystique de l'islam. Son nom proviendrait du mot laine (*sûf*), matière dans laquelle étaient fabriquées les bures des premiers adeptes de cette secte de l'islam. Certains éléments de vie des soufistes imitent les moines chrétiens.

Un mouvement mystique

Ce mouvement, né en Syrie et en Égypte, est apparu très tôt dans l'islam, sans doute au contact des anachorètes chrétiens des déserts arabiques. Comme ces anachorètes et ermites, les soufistes prônaient un détachement des biens du monde et une totale soumission à Dieu. Comme les anachorètes chrétiens, leur combat était dirigé contre les passions humaines (le grand jihâd℅) tout en cherchant à atteindre le contact avec Dieu par l'extase. Divers moyens étaient utilisés pour atteindre cette extase, dont le *dhikr* ou prière mystique, laquelle consiste à répéter inlassablement le nom de Dieu ou l'un de ses Beaux noms. Les soufis répètent cette prière en litanie (*dhikr*) jusqu'à l'extase. Dans l'islam ancien, les soufis — comme les anachorètes — devenaient des modèles respectés, parfois même assimilés à des saints (ce qui ne correspond pas au mode de pensée musulman).

Des professions de foi peu orthodoxes

Jusqu'au XIᵉ siècle, le soufisme était essentiellement l'affaire de mystiques isolés qui, même s'ils professaient des doctrines en contradiction avec la foi islamique, ne gênaient pas trop le monde musulman, même si certains furent condamnés à mort. Ainsi, l'un d'entre eux, Husayn al-Hallâj, exécuté en 922, professait qu'il n'était pas nécessaire de faire le pèlerinage à La Mecque (pourtant l'un des piliers de l'islam) car on pouvait trouver la Kaba en son cœur. Le même, dans ses moments mystiques, criait « Je suis Dieu ». Ce n'est cependant qu'à partir du moment où ils se groupèrent en confréries sous la direction d'un directeur de conscience (ou *cheikh*) qu'ils posèrent quelques problèmes au monde musulman, d'autant que plusieurs de leurs pratiques étaient en contradiction flagrante avec les concepts musulmans (don des larmes, célibat, ascèse, direction spirituelle, etc.).

Abû Hamid el-Ghazâli

Lorsqu'on parle du soufisme, on ne peut s'empêcher de faire référence à son plus illustre représentant, Ghazâli (décédé en 1111). Théologien, juriste et philosophe, Ghazâli réconcilia le soufisme avec le sunnisme et la charia en étudiant scrupuleusement le Coran et la Sunna. Partisan de l'abandon total au père spirituel, il utilise divers procédés (jeûne, retraite, musique, danse, etc.) pour accéder à l'extase mais reste prudent quant à l'interprétation de la fusion mystique avec Dieu.

Particulièrement sensible aux expériences des mystiques chrétiens, il avoue : « le christianisme serait l'expression absolue de la vérité, n'était son dogme de la Trinité et sa négation de la mission divine de Mahomet »[52]. Mis à l'index par certaines écoles musulmanes (dont les hanbalites et leurs affidés, les wahhabites), il n'en est pas moins considéré par l'islam comme l'un de ses prestigieux docteurs. ■

Derviche tourneur
(gravure du XIXe siècle).

Al-Hallâj, un mystique soufi

Al-Hallâj naît en Iran, en 858. Impliqué très tôt dans les mouvements mystiques soufis, il prêche l'amour divin, la pénitence et la prière. Il prétendait connaître le cœur de chacun, ce qui lui vaut le sobriquet de « cardeur du cœur » (al-hallâj). Il abandonne la robe des soufis pour la tenue des ascètes et se mêle à la population, à laquelle il prêche son amour de Dieu et fait part de son union mystique avec Dieu. Il utilise divers mécanismes (dont le dihkr) pour arriver à l'extase. Durant ses moments d'extase, d'union mystique avec Dieu, il affirme « Je suis la Vérité », c'est-à-dire Dieu. Cela lui vaut de sérieux ennuis avec le pouvoir en place qui, compte tenu de l'unicité divine, ne pouvait admettre de fusion humaine avec Dieu. Emprisonné durant de longues années, puis traduit en justice, Al-Hallâj est condamné, en 922, au gibet puis à la décapitation. L'acte d'accusation note que Al-Hallâj est coupable d'avoir dit qu'il était inutile de faire le Grand Pèlerinage à La Mecque[C] alors qu'on pouvait trouver Dieu en son cœur. Déclaré apostat, il devait être condamné à mort en fonction de la Loi (charia[C]).

Pour le grand orientaliste Louis Massignon (qui a consacré deux gros volumes à Al-Hallâj), la parole de Hallâj « C'est dans la religion du gibet que je mourrais ; La Mecque et Médine ne me sont plus rien » est une allusion directe à la « religion de la croix », donc au christianisme. On notera que, paradoxalement, bien que le mysticisme soit en marge de l'islam, c'est généralement à travers lui que les chrétiens se convertissent à l'islam. C'est à Al-Hallâj également que l'on doit cette extraordinaire formule : « Dieu, je te déclare libre de tout ce que tes amis et tes ennemis disent. »

Un poème mystique de al-Hallâj

Je Te veux, je ne Te veux pas en raison de la récompense
Mais je Te veux en raison de la punition
Car j'ai tout obtenu de ce que je désire
Sauf les délices de ma passion dans la souffrance[53]

Le martyre de al-Hallâj (d'après une gravure du XVIIIe siècle).

Pour atteindre l'extase, les derviches tourneurs se livrent à des danses, des chants et des litanies (voir dhikr, page 161). Le centre historique de cet ordre mystique musulman est à Konya (Turquie).

POUR EN SAVOIR PLUS

Une édition très abordable du *Dîwân* de Husayn Mansûr Hallâj (traduite et présentée par Louis Massignon) est disponible dans la collection Sagesses des Éditions du Seuil, n°44.

Pour comprendre les anachorètes des déserts d'Égypte et de Syrie (qu'ils soient chrétiens ou musulmans), je recommande vivement le petit ouvrage de Jacques Lacarrière, *Les hommes ivres de Dieu* (Seuil, Points Sagesse, n° 33).

Une parole de Husayn Mansûr Hallâj [54]

« J'ai renié le culte dû à Dieu, et ce reniement m'était un devoir — alors qu'il est pour les musulmans un péché. »

Une réflexion de Ghazâli

« D'où vient que l'enfant d'un chrétien soit chrétien, que l'enfant d'un musulman soit musulman, que l'enfant d'un juif soit juif ? Quel peut être le critère de la vérité et de la certitude ? »

Les sourates

Une sourate est un chapitre du Coran. Chaque sourate porte un nom et un numéro (par exemple Sourate VIII, *Le Butin* (*Al-Anfâl*)). Le Coran est composé de 64 sourates.

Classement des sourates

Le classement actuel des sourates est tout à fait particulier : à l'exception de la première (*La Liminaire — Al-Fâtiha*), toutes les sourates sont classées par ordre décroissant de longueur. Or, les sourates les plus longues sont celles de Médine et non celles de La Mecque où le Coran est descendu sur Mahomet. On lit donc le Coran dans l'ordre inverse où il a été reçu. En outre, le *corpus* est aussi un mélange de sourates mekkoises et de sourates médinoises. Personne ne comprend la raison pour laquelle le Calife Uthman a souhaité une Vulgate proposant un tel rangement des sourates.

L'exégèse historique

Pour déterminer si une sourate est médinoise ou mekkoise, les exégètes utilisent quantités d'éléments tels que le style, le contenu, le vocabulaire, etc. Toute une science s'est établie sur ce sujet. Les exégètes considèrent qu'il y a quatre périodes dans l'apostolat de Mahomet. Le style de la première période est fait de versets courts, à rime unique. Ces sourates contiennent également beaucoup de formules, lesquelles sont souvent répétées. Les sourates de la seconde période sont composites et exposent des points de doctrine. Le ton n'est plus passionné, la rime est presque abandonnée. Il n'y a plus, non plus, de clichés. Les sourates de la troisième période, qui s'adressent à un public plus vaste, contiennent fréquemment l'expression « Ô gens ! Ô hommes ! ». Les sourates de la quatrième et dernière période sont maintenant celles d'un chef qui commande et lutte contre les juifs, les hypocrites, les polythéistes, etc. Les textes deviennent nettement plus denses et ont trait à l'organisation de la vie. Certaines locutions nouvelles surgissent mais surtout Mahomet organise sa religion (c'est à cette époque, par exemple, qu'Abraham devient le père de l'islamisme, etc.). ■

POUR EN SAVOIR PLUS

L'Internet regorge d'informations consacrées à l'Islam. Signalons trois sites : une boutique spécialisée tout à fait intéressante (*www.iqrashop.com*), un site consacré à l'islam pratique dans la vie quotidienne où les questions que se posent les musulmans sont résolues en fonction du Coran et de la Sunna (*www.muslimfr.com*), un site généraliste sur tout ce qui concerne l'Islam (*www.fleurislam.net*). Sachez également qu'il est possible, sur divers sites, de télécharger le Coran au format Word (allez dans le moteur de recherche Google et tapez **Coran + téléchargement**).

Versets coraniques

La sourate Liminaire

C'est, selon l'expression de Goldziher, « le Pater Noster de l'Islam » :

1 Au nom d'Allah, le Bienfaiteur miséricordieux

2 Louange à Allah, Seigneur des Mondes,

3 Bienfaiteur miséricordieux

4 Souverain du Jour du Jugement !

5 Toi que nous adorons, Toi dont nous demandons l'aide !

6 Conduis-nous dans la Voie Droite,

7 La Voie de ceux à qui Tu as donné Tes bienfaits, qui ne sont ni l'objet de Ton courroux ni les Égarés.

La Sunna (« conduite ») est la seconde source, après le Coran, du droit religieux (*fiqh*). La Sunna du Prophète est la transmission de sa conduite, de son « plan de vie » ; c'est-à-dire de ses paroles et de ses actions. Ce n'est donc pas la biographie de Mahomet, laquelle est connue sous le nom de **sira** (voir l'article consacré à Mahomet) et constitue seulement une première approche, une introduction à la Sunna.

La Tradition du Prophète : rien n'est gratuit

Dans la religion musulmane, le concept de caprice ou de gratuité n'existe pas. Dieu n'a pas créé le monde par amusement mais selon un plan, une « conduite ». Il en est exactement de même avec la « conduite », la Sunna, de Mahomet : rien n'est gratuit, rien n'est caprice... ainsi tout ce qui nous éclaire sur sa conduite peut servir pour déterminer les règles du droit religieux.

On comprend mieux, ainsi, pourquoi les musulmans sont tellement attachés à l'étude des moindres gestes et paroles de Mahomet sources du droit et exemple à suivre. Ceci explique également pourquoi ces gestes et paroles ont été dogmatisés sous le nom de Tradition.

Contenu de la Sunna

Le contenu de la Sunna relève d'une double source : les paroles du Prophète et tous les témoignages de ses compagnons (concernant son comportement, ses faits,

ses gestes, ses actions, ses désapprobations, ses silences même...). Ce contenu est divisé en trois corpus :

- les **dits du Prophète** : ce sont les paroles rapportées du Prophète : on les désigne sous le nom de **hadîths** ᶜ (ces paroles ont été regroupées dans d'énormes corpus contenant plusieurs milliers de dits) ;
- les **hâdiths quansi** : ce sont les paroles du Prophète rapportées comme étant d'origine divine mais n'étant pas insérées dans le Coran (elles ne sont pas coraniques car elles n'ont pas été révélées par l'intermédiaire de l'ange Gabriel mais au cours d'un songe ou d'une inspiration) ;
- le **khabar** : ce sont les paroles de Mahomet (ou de ses proches compagnons) rapportées fidèlement, comme il était d'usage dans la transmission du savoir des tribus.

Le khabar

Tout comme le hadîth, le khabar doit s'appuyer sur une chaîne de transmetteurs (*isnâd*). Son authenticité dépend de la qualité des transmetteurs. Plus encore que le hadîth, le khabar sera promu comme « gardien et garant du passé ». En pratique, on parlera aujourd'hui de hadîths pour tout ce qui concerne les paroles du Prophète et de Sunna pour ce qui concerne ses faits et gestes, tout en ayant à l'esprit que les hadîths font partie de la Sunna. ∎

« Il n'y a de Dieu qu'Allah et Mahomet est son prophète. »

La shahâda ou profession de foi en écriture coufique géométrique (Turquie, XIXe siècle).

Polémique ■ On s'est longtemps demandé pourquoi Mahomet n'attachait guère d'importance à l'écriture de son Coran (celle-ci n'ayant été réalisée qu'une vingtaine d'années après sa mort). Plusieurs hypothèses ont été proposées : pour les uns, Mahomet ne savait ni lire, ni écrire (ce qui nous apparaît aujourd'hui comme inexact) ; pour d'autres — dont P. Casavona — Mahomet (comme beaucoup de prédicateurs de son époque) croyait à l'imminence des fins dernières et n'attachait donc pas d'importance à la constitution d'un recueil pour les générations futures. Enfin, une troisième hypothèse peut être proposée : le « Seigneur des tribus » qu'est Mahomet a la ferme conviction que l'oral prime sur l'écrit, lequel est réellement secondaire.

■ Pour le monde chiite, les deux sources de la religion sont également le Coran et la Tradition (Sunna). Cependant, la chaîne des « bons » rapporteurs est différente de celle admise par les sunnites (le meilleur canal de transmission est la famille du Prophète ou encore un imâm). Ainsi, les ouvrages de compilation des hadîths sont différents dans les deux branches du monde musulman. Si pour les sunnites, les deux meilleurs ouvrages — les *Sahîh*, « les *Authentiques* » — sont l'œuvre de Boukhari et de Muslim, pour les chiites l'ouvrage de base est celui de al-Kulayni, *al-Kâfi* (« *Le Livre qui suffit* »).

■ Notons encore, pour terminer, que parfois le Coran et la Sunna (les hadîths) s'opposent. Que faire ? Que choisir ? Les docteurs musulmans ont résolu le problème avec les règles de l'abrogeant et de l'abrogé (voir l'article Abrogation) et, fort curieusement, en cas de doute, c'est le hadîth qui abroge le verset coranique.

Titres honorifiques portés par les musulmans

Amir al-mouminin
Commandeur des croyants. Ce titre était jadis réservé au calife.

Alem
Docteur de la loi (pluriel oulémas), savant en sciences religieuses.

Ouléma
Docteur de la loi, savant en sciences religieuses.

Oustaz
Maître.

Hajj
Pèlerin ayant fait le grand pèlerinage de La Mecque.

Ayatollah
Chez les chiites : signe miraculeux de Dieu.

Shahîd
Martyr, mort au champ d'honneur.

Le pluriel des mots

La transcription vers le français des mots arabes n'étant pas normalisée, il n'est pas facile de retrouver un mot arabe dans un dictionnaire (il existe, par exemple, cinq manières différentes d'écrire Mahomet ou Sunna). Le problème se complique encore avec les pluriels qui, en arabe, n'ont rien à voir avec le singulier. Il ne suffit pas, comme en français, d'ajouter un « s » ou un « x » ; parfois l'orthographe du mot est totalement différente (ce qui explique que le pluriel des mots est parfois indiqué en regard de ceux-ci). Ainsi, le mot *khabar* (récit) donne au pluriel *akhbâr*.

Les caravanes

Le transport de personnes et de biens par caravanes (de chameaux, mulets et chevaux) a été pendant très longtemps le mode de circulation le plus utilisé dans les territoires de l'Islam. Mahomet, lui-même, a été chamelier pendant de nombreuses années. Connaissant bien les mœurs et l'organisation des caravanes, c'est par l'attaque de ces dernières qu'il a assuré la solidité de la première communauté islamique. C'est aussi le long des routes caravanières que l'islam s'est propagé. Par effet de retour, cette islamisation des terres, est aussi à l'origine de nouvelles routes pour la plus grande prospérité des marchands et de l'Islam. La durée d'une expédition durait plusieurs mois et nécessitait une véritable logistique. Rappelons que La Mecque était un nœud caravanier important, ce qui explique sa position religieuse (voir l'article consacré à la Kaba, page 16) avant même l'apparition de l'islam. Outre les caravanes commerciales, on pouvait rencontrer dans les déserts d'Arabie, des caravanes religieuses, comptant plusieurs dizaines de milliers de pèlerins, se rendant à l'un ou l'autre lieu saint.

Le sunnisme

Le monde musulman est composé de dizaines de sectes différentes (le mot secte n'a, ici, aucun sens péjoratif). Les deux sectes les plus importantes étant les sunnites (près de 85% du monde musulman) et les chiites (10 % des musulmans). Les sunnites représentent les héritiers de la première communauté musulmane dont se sont séparés les chiites et les autres sectes. Ils incarnent donc (pour autant que cela ait un sens dans le monde musulman) l'orthodoxie musulmane, une certaine tradition religieuse et doctrinale.

Le sunnisme est la « norme »

Du point de vue historique, le premier gouvernement exclusivement sunnite est celui des Omeyyades. Du point de vue terminologique, les sunnites doivent leur nom à la Sunna, la Tradition du Prophète car leur foi se base sur le Coran et la Sunna (ils sont ahl al-sunna wa-l-jamâa : « partisans de la Sunna et de l'union communautaire »). Lorsqu'on parle de l'islam, c'est généralement à l'islam majoritaire que l'on fait allusion, donc à l'islam sunnite. Pour ce qui concerne les dogmes, il n'existe pas de réelles différences entre les diverses sectes musulmanes. C'est essentiellement au niveau de l'interprétation de la loi et des coutumes que les différences se manifestent (voir l'article consacré au chiisme).

Dans cet ouvrage, nous avons constamment fait référence au sunnisme, considéré comme la norme. Il n'est donc pas nécessaire de lui consacrer un article important car il est présent dans la totalité de cet ouvrage (par contre, lorsqu'il existe — pour une coutume, une prière, une école juridique, etc. — des particularités chiites, elles sont toujours signalées).

Les écoles juridiques

Rappelons cependant que, contrairement au chiisme, le sunnisme n'a pas connu véritablement de chismes. Les différentes interprétations possibles n'ont pas donné lieu à des sectes mais seulement à quatre écoles juridiques, ayant toute le même statut. Ces écoles juridiques sunnites sont nommées — d'après le nom de leur fondateur — le malikisme, le hanafisme, le chaféisme et le hanbalisme (ou traditionalisme). Chacune de ces écoles interprète le droit à sa manière et toutes les quatre jouissent d'une même estime. Néanmoins, chacune des écoles juridiques possède son champ géographique d'application. Ainsi, le hanbalisme est surtout actif en Arabie Saoudite (voir l'article consacré à l'islamisme).

Les écoles théologiques

Parallèlement aux écoles juridiques (*fiqh*), des écoles théologiques (*kalâm*) se constituèrent durant les premiers siècles de l'islam. Ces écoles de théologie spéculative (qui portent un discours sur Dieu, sa nature, ses attributs) n'eurent jamais l'importance des écoles juridiques. Les

Acharisme

Vers le deuxième siècle de l'islam, un théologien mutazilite fonde une école qui se situe entre le traditionalisme et le mutazilisme. Cette école théologique définit ainsi la nature et les attributs de Dieu — position qui est maintenant celle de tous les sunnites :

- les attributs divins (les Beaux noms de Dieu) existent mais on ne peut les expliquer (il y a un risque d'anthropomorphisme à tenter de les expliquer) ;
- l'homme possède un libre arbitre, mais les actes humains sont prédéterminés par Dieu ;
- la création est continue (création du monde, Adam, Ève, les Prophètes).

principales écoles théologiques sont : le traditionalisme (le respect littéral des textes), le mutazilisme (ou l'islam rationnel), le maturidisme (proche du mutazilisme), l'acharisme (ou néo-traditionalisme) et le réformisme (tendance moderne aussi désignée comme salafisme — voir l'article consacré à l'islamisme).

Pour ce qui concerne les écoles théologiques, le sunnisme a adopté majoritairement les thèses de l'acharisme. On est donc en droit de dire que l'islam (du Xe siècle à aujourd'hui) est majoritairement sunnite acharite. ■

Polémique ■ Certaines sectes ou confréries sont difficilement classables. En effet, où placer les soufis, les alévis, les bahaïs (ou béhaïs)? Selon les auteurs, on leur colle l'étiquette de sunnites (s'ils ne sont pas trop « mystiques) ou de chiites (s'ils semblent s'écarter par trop de l'orthodoxie) ou encore celle de nouvelles religions.

■ Les sunnites hanbalistes refusent d'accorder le moindre intérêt aux écoles théologiques (*kâlam*) car ils estiment que Dieu est tel qu'il S'est décrit. Il est répréhensible d'en discuter et il y a un vrai danger d'en discuter avec ses adversaires car on risque d'accepter certaines de leurs thèses ou d'arriver ainsi à un compromis.

Moins que les autres religions, l'islam utilise cependant quelques symboles, dont certains sont plutôt politiques (comme par exemple le croissant), d'autres appartiennent à l'islam populaire (la main de Fâtima) et d'autres encore appartiennent à la sphère du religieux (le Coran).

Une brève description de ces symboles et de leur signification n'est pas inutile pour mieux comprendre l'islam dans son application quotidienne 54 bis.

Ablutions (*taâwoudh*)

Dieu n'accepte que les prières d'un croyant purifié. Selon son état, il peut se contenter d'une simple purification (*woudou*) ou d'une purification complète (*ghousl*). La purification s'effectue avec de l'eau selon un rituel codé. Si l'eau manque, le croyant peut se purifier au moyen de sable ou d'une pierre (cette purification est connue sous le nom de *tayammoum*).

Allah

Allah est le Dieu unique des musulmans. Il n'a pas été engendré et n'a pas engendré. Il n'a pas d'associé. L'associationnisme (*shirk*) est le pire des péchés.

Amulettes (*tamâim*)

Amulettes et talismans sont en principe proscrits par la foi musulmane. Néanmoins, ils participent à la vie quotidienne du musulman. C'est l'islam populaire du culte des saints, de la divination, de l'astrologie, de la géomancie, de l'oniromancie, de la protection contre le mauvais œil, etc.

Aumône (*zakât*)

L'aumône légale — prescrite par le Coran — fait partie des cinq piliers c de l'islam. Comme la prière, l'aumône est une purification et en tant que telle sera récompensée au Paradis.

Calame (*qalam*)

Plume taillée dans du bambou ou du roseau. Le calame est un des outils de la puissance divine. Une sourate entière (pas des plus limpides, malheureusement) lui est consacrée (LXVIII). Elle commence par ces mots : « Par le Calame et ce qu'ils écrivent ! grâce au bienfait de ton Seigneur, tu n'es pas possédé ! » Le calame serait la première création de Dieu, créée de lumière. La sourate XCVI, sans doute la première révélation à Mahomet, dit dans ses cinq premiers versets : « Prêche au nom de ton Seigneur qui créa ! qui créa l'Homme d'une adhérence. Prêche !, ton Seigneur étant le Très Généreux qui enseigna par le Calame et enseigna à l'Homme ce qu'il ignorait. » La longueur du calame divin serait de cinq cents ans de marche et, sur ordre divin, il écrit sur les tablettes tout ce qui concerne les hommes et la création.

Le drapeau de l'Arabie Saoudite.

Chapelet (*soubha* ou *misbaha*)

Le chapelet musulman est fait de 33 ou 99 grains (qui symbolisent les 99 beaux noms de Dieu). Le chapelet complet est divisé en trois sections de 33 grains. Introduit vraisemblablement par les mystiques musulmans (les soufis⊂) qui réci-·taient des litanies ininterrompues (*wird*), le chapelet fait aujourd'hui partie de l'univers de tous les musulmans, qui s'en servent comme support pour la prière.

Circoncision (*khitân*)

Certains (même des musulmans informés) pensent que la circoncision est l'acte qui rend l'homme musulman. Il n'en est rien. La circoncision n'est qu'une habitude des peuples de l'Orient : elle n'est en rien obligatoire et il n'en est pas fait mention dans le Coran. On peut donc être un vrai musulman non circoncis ; néanmoins, la circoncision est entrée dans les mœurs et fait souvent l'objet d'une fête.

Coran

C'est le livre sacré des musulmans. Il contient la Parole de Dieu transmise à Mahomet par l'ange Gabriel (Jibrîl). La langue du Coran est l'arabe : il n'est sacré qu'en cette langue. Un bon musulman ne s'approche du Coran qu'en état de purification. Il lui réserve une place de choix dans sa maison et veille à ce qu'il ne soit ni déposé par terre, ni recouvert par un autre ouvrage.

Croissant de lune

Ce symbole fait partie de nombreux drapeaux de pays musulmans (Algérie, Comores, Malaisie, Maldives, Mauritanie, Ouzbékistan, Pakistan, Tunisie, Turkménistan et Turquie) ; il est aussi utilisé (sur

Le croissant de lune symbolise le temps rituel.

fond blanc) par le Croissant rouge (l'équivalent de la Croix rouge). Le calendrier musulman (comme de nombreux computs religieux) est lunaire. Le croissant de lune symbolise donc le temps rituel. Rappelons que l'observation du premier croissant de lune détermine, durant le Ramadan, la fin de la journée.

Étoile à cinq branches

Elle figure à côté du croissant dans de nombreux drapeaux de pays musulmans. L'Étoile à cinq branches symbolise les cinq piliers⁽ᵍ⁾ de l'islam.

Excision (*khifâda*)

Pratique d'origine africaine mais adoptée par certains pays islamisés (Égypte, Soudan, Somalie). Cette pratique n'a rien à voir avec le monde musulman et il n'en est pas fait mention dans le Coran.

Imâm

C'est le musulman qui dirige la prière rituelle (*salât*). L'islam étant une religion très égalitaire, cette personne — du moment qu'elle satisfait aux conditions de pureté rituelle — peut être n'importe

Le turban

Sans être un objet du culte, le turban est un symbole de l'islam. D'abord utilisé comme une pièce d'apparat (l'équivalent d'une couronne), le turban a, peu à peu, envahi le monde musulman pour en devenir rapidement l'un des symboles. Sa couleur, sa forme (et même son tissu) indiquaient le rang ou la profession de celui qui le portait. Ainsi, les turbans verts étaient exclusivement réservés aux dignitaires descendants de la famille du Prophète.

quel musulman (dans les temps anciens, cela pouvait même être un esclave). Rappelons que dans le chiisme, l'imâm^c est le descendant d'Ali.

Jeûne (*sawm*)

C'est un des cinq piliers^c de l'islam. Mahomet a instauré le jeûne car celui-ci existait dans les autres religions du Livre (chez les juifs et chez les chrétiens). Le jeûne collectif est, par ailleurs, un très puissant ferment de cohésion d'un groupe, qu'il soit religieux ou laïque.

Kaba

Édifice de La Mecque. L'emplacement de cet édifice — qui contient la Pierre Noire — aurait été choisi par Dieu, qui y aurait fait descendre une tente pour abriter Adam et Ève. Par la suite, l'édifice aurait été sauvegardé du Déluge par Noé puis reconstruit par Abraham et son fils. C'est le point central du Pèlerinage à La Mecque. La Kaba a toujours été recouverte d'un riche tissu (étoffe rayée ou voile brodé : *kiswa*).

Madrasa

« Lieu d'étude » consacré à l'enseignement du droit religieux ou jurisprudence islamique (*fiqh*). Les étudiants des madrasas sont les *tâlibs* (ou talibans). Chaque madrasa dépend d'une école juridique^c déterminée (parfois aussi elle est complétée par un sanctuaire).

Mahomet (Muhammad) (570-632)

C'est le Prophète (*nabi*) et l'Envoyé de Dieu (*rasûl*). Par l'intermédiaire de l'ange Gabriel, la Parole de Dieu est descendue sur lui en langue arabe pure. Il a transmis cette Parole sous la forme des versets qui constituent le Coran.

Main de Fâtima

La main avec ses cinq doigts protège en principe celui qui la porte contre le mauvais œil auquel on croit beaucoup dans le monde arabe. D'autres amulettes contenant également le chiffre cinq (cinq dessins, cinq formes, etc.) sont également efficaces contre le mauvais œil.

Mihrab et minbar

Le mihrab est une niche qui, dans une mosquée, indique la direction de La Mecque. Le minbar est le fauteuil surélevé duquel l'imâm prononce la prière du vendredi (*khoutba*).

Mecque (La)

Lieu saint de l'Islam. C'est le lieu de naissance de Mahomet, c'est le lieu vers lequel on se tourne pour la prière ; c'est le lieu du grand Pèlerinage du hajj ; c'est le lieu où Dieu a placé la Kaba. Une partie de la ville est par ailleurs interdite aux non-musulmans.

Mihrab

C'est, dans une mosquée, la niche en forme d'abside, destinée à matérialiser la direction de La Mecque.

Minbar

C'est l'équivalent de la « chaire de vérité » des églises catholiques. C'est du haut du minbar que l'imâm prononce le prêche (*khoutba*) qui précède la prière collective du vendredi.

Mosquée (*masjid*)

Édifice destiné à la prière rituelle (*salât*). Certaines mosquées modestes sont destinées à la prière quotidienne, d'autres, plus importantes, sont attribuées à la prière du vendredi, laquelle est accompagnée d'une allocution (*khoutba*).

Mouton

Animal du sacrifice d'Abraham, lequel substitue cet animal à son fils Ismaël. Aujourd'hui, lors de la fête de l'aïd el-Kebir (aïd-el-adha) on continue à sacrifier un animal : mouton, chèvre, bélier. Dans les premiers temps de l'islam, le sacrifice le plus répandu était certainement celui d'un chameau.

Tous les motifs peuvent être utilisés pour créer des arabesques. Ici, une arabesque du XIIᵉ siècle (Iran).

Muezzin (*mou adhdhin*)

Musulman qui, du haut du minaret, fait l'appel à la prière (*adhân*) du vendredi et des cinq prières quotidiennes. Le premier muezzin fut un esclave noir du nom de Bilâl, connu pour sa belle voix. L'appel à la prière date du tout début de l'hégire et, aujourd'hui, varie selon qu'il s'agisse d'une mosquée sunnite ou chiite (dans ce cas, le muezzin chante une formule de plus).

Pèlerinage

Il s'agit d'un des cinq piliers^C de l'islam (avec la profession de foi, la prière, l'aumône et le jeûne).Le grand pèlerinage (*al-Hajj*) s'effectue à une date déterminée (il se termine à la fête de l'aïd el-kebir/aïd-al-adha) et dure plusieurs jours. Outre La Mecque et la Kaba, il comprend une station à Arafat et un séjour à Mina. Chaque geste et chaque moment en est parfaitement codifié. À côté du grand pèlerinage (*al-Hajj*) prennent place le petit pèlerina-ge ou *oumra* (qui se limite au *haram*, à La Mecque et à ses abords immédiats ; il peut être effectué à n'importe quel moment de l'année) et la visite aux lieux saints (*ziyara*).

Pierre Noire (*al-hajar al-aswad*)

Pierre encastrée dans un mur de la Kaba. Les pèlerins touchent cette pierre lors de la circumambulation autour de la Kaba lors du grand ou du petit pèlerinage^C. La légende dit que cette pierre — qui, au Paradis, servait de siège à Adam — était blanche à l'origine et est devenue noire suite aux péchés des croyants. De nombreuses légendes gravitent autour de cette pierre qui était déjà vénérée à l'époque préislamique.

Prières obligatoires (*salât*)

Le musulman pieux dit les prières^C obligatoires cinq fois par jour. Pour ce faire, il doit d'abord se purifier, se tourner vers La Mecque et adopter certaines postures.

Profession de foi (*shahâda*)

Elle tient en une seule phrase : « Il n'y a de Dieu qu'Allah et Mahomet est son Prophète. » Chaque musulman prononce régulièrement cette phrase qui fait partie des prières ᶜ.

Qibla

C'est la direction indiquant La Mecque. Dans les premiers temps de l'islam, la *qibla* indiquait la direction de Jérusalem. Dans les mosquées, la *qibla* est indiquée par une petite niche (*mihrâb*).

Ramadan

C'est le neuvième mois du calendrier musulman. Durant ce mois, le musulman jeûne durant la journée et s'abstient également de relations sexuelles. C'est également un mois réservé à la lecture du Coran et aux prières particulières avec prosternations. Deux fêtes surviennent durant cette période : la « Nuit du Destin » (*laylat al-qadar*), nuit où Allah révéla à Mahomet tout le message coranique, et l'aïd-el-fitr, qui clôt le Ramadan. Le jeûne durant tout le mois de ramadan vaut l'absolution de tous les péchés. Historiquement, le Ramadan fut fixé au mois de la victoire de Badr.

Sima

C'est la trace laissée sur le front des musulmans pieux par les nombreux contacts avec le sol. Pour certains, elle est un signe visible de leur piété. Signalons que les chiites portent sur eux un petit pavé d'argile sainte pour poser le front au moment de la prière. Le Coran fait allusion à cette marque : « Leur marque propre est sur leur visage ; à la suite de leur prosternation. » (XLVIII-29)

Tapis de prière

Le tapis (*bisat/sajjâda*) est non seulement un ornement des demeures et des mosquées mais c'est aussi un accessoire de la prière permettant la prosternation. D'énormes tapis, aux somptueux motifs, ornent toutes les mosquées. Le petit tapis individuel ou « tapis de prière » (*sajjâda*) est généralement orné d'un motif évoquant le *mihrab* (niche indiquant la direction de La Mecque). Pour les musulmans mystiques (les soufis ᶜ), le tapis peut transmettre l'influence surnaturelle dont bénéficie le saint.

Vendredi (*juma*)

C'est le jour de la prière commune, qui a toujours lieu dans une mosquée. La prière commune (qui a lieu lorsque le soleil a dépassé le méridien) est généralement précédée d'un prêche (*khoutba*) fait par l'imâm. Le thème du prêche, assez libre, dépend des convictions de l'imâm. La prière collective du vendredi (*salât al-joumoua*) est obligatoire pour les hommes pubères. Sans être obligatoire pour les femmes elle ne leur est cependant pas interdite. Dans les pays musulmans, le vendredi n'est pas un jour chômé car contrairement au Dieu des chrétiens, Allah a créé le monde en six jours et n'a pas eu besoin de repos le septième jour.

On notera que la prière collective du vendredi est une obligation coranique : « Ô vous qui croyez !, quand on vous appelle à la Prière, le vendredi, accourez à l'invocation d'Allah et laissez vos affaires ! Cela sera un bien pour vous, si vous vous trouvez savoir. » (LXII-9)

Vert (couleur)

C'est la couleur de l'islam car c'est la couleur du Prophète, la couleur des Élus du Paradis (XVIII-31), la couleur des sofas du Paradis (LV-76) et la couleur de la robe d'Ali. Il est donc présent dans les mosquées, sur les drapeaux, etc. Par contre, le vert est rarement utilisé pour les tapis de prière.

Vêtements

La pudeur est une constante permanente dans l'habillement des hommes et des femmes musulmans. Pour les deux sexes, il est recommandé des vêtements amples qui dissimulent les formes (ainsi, en France, l'interdiction des *boxer shorts* dans les piscines publiques est une source d'embarras pour les jeunes musulmans). Pour ne pas stimuler le désir la femme musulmane porte un voile ᶜ : « Dis aux croyantes de baisser leurs regards, d'être chastes, de ne montrer de leurs atours que ce qui en paraît. Qu'elles rabattent leurs voiles sur leurs gorges ! Qu'elles montrent seulement leurs atours à leurs époux... » (XXIV-31). On a beaucoup discuté de ce que Mahomet entendait par « voile » : en tout cas ce n'était pas le vêtement complet grillagé qui recouvre tout le visage. Au départ, le voile avait essentiellement pour mission d'éviter qu'on ne confonde les femmes du Prophète avec les prostituées. Sans entrer dans un débat qui dépasse très largement les limites de ce petit ouvrage, signalons, au passage, que l'obligation du voile a été pour certaines femmes une libération et une émancipation : ainsi elles pouvaient se libérer de la tutelle de leur père et de leurs frères et sortir, fréquenter les universités, etc. ■

La main de Fâtima : dans l'islam populaire elle est supposée éloigner le mauvais œil.

La Communauté des croyants ou umma (terme coranique) est l'une des premières dispositions prises par Mahomet, à son arrivée à Médine, pour assurer la cohésion et la solidarité au sein de son groupe et assurer sa propre sécurité. Les règles de cette communauté furent définies dans ce qu'il est convenu d'appeler la « Constitution de Médine ».

Les règles de la umma

En gros, les règles de la umma prévoyaient, du point de vue social, la solidarité entre les membres de la communauté ; du point de vue politique, la défense du chef de la communauté et du point de vue religieux, l'importance du consensus, l'un des fondements du droit religieux. Ainsi que le signalent D. et J. Sourdel[55], ce texte « avait pour objet de remplacer la solidarité tribale ancienne par la solidarité entre membres de la communauté. Il fondait donc l'existence d'une société organisée à base religieuse, qui est l'essence de l'islam. Il précisait qu'il ne devait y avoir de guerre que décrétée par l'ensemble des croyants… ». Comme nous avons déjà eu l'occasion de le signaler (voir l'article sur Mahomet), les idées du Prophète pour ce qui concerne la solidification de l'islam naissant et son devenir étaient d'une très grande lucidité politique. Il en est ainsi de l'idée de faire remonter l'islam à Abraham, il en est de même de la création de la umma, véritable matrie de la civilisation islamique.

Le rôle de la umma

La umma a pour mission de continuer la Tradition du Prophète et de garder intacte l'unité des croyants. Elle est donc garante de l'orthodoxie religieuse. Chez les sunnites — majoritaires dans l'islam — son rôle est extrêmement important car il se manifeste dans l'élection du calife, dans la vie politique, dans la vie sociale, etc.

Aujourd'hui, la notion de communauté islamique est une entité toujours vivante qui se manifeste — malgré les oppositions entre États — chaque fois que des musulmans sont attaqués dans le monde. Elle apparaît également au sein des communautés immigrées en pays non musulman. On peut ainsi parler de la umma des musulmans (qui regroupe tous les musulmans du monde dans une communauté de foi) et aussi de la umma des musulmans de France (voir l'article consacré à l'Islam de France). Cette umma est également à l'origine de la création des différentes instances internationales regroupant les États arabes ou musulmans. ∎

Polémique Si la umma joue un rôle fondamental au sein du sunnisme (qui sont les « gens de la Sunna et de la communauté »), entre autres pour l'élection de l'imâm, il n'en est pas de même dans le monde chiite, qui conteste le rôle de la umma par rapport à celui de l'imâm (voir l'article consacré au chiisme).

Dignitaires persans (gravure du XIXᵉ siècle).

Verset coranique

« Vous êtes la meilleure communauté qu'on ait fait surgir pour les Hommes : vous ordonnez le Convenable, interdisez le Blâmable et croyez en Allah. » (III-106)

Les versets sataniques

Tout le monde en a entendu parler depuis que l'imâm Khomeini a lancé une *fatwa*[56] contre Salman Rushdie, l'auteur du roman *Les versets sataniques*. Qu'en est-il exactement ? Que sont ces versets sataniques ?

Les versets sataniques

Ils ne sont pas nombreux et ne figurent pas dans les versions orthodoxes du Coran. On les trouve cependant sous forme de versets « bis » ou de notes dans certaines traductions, dont celles de R. Blachère, d'A. Chouraqui et de M. Hamidullah (concernant ce sujet, voir l'article consacré au Coran). Ce sont deux versets de la sourate 53.

La sourate 53

C'est la sourate *L'Étoile* (*An-Najm*). Cette courte sourate de 62 versets contient dans la traduction de R. Blachère deux versets complémentaires numérotés par le savant : 20 bis et 20 ter. Pour en comprendre le sens, il faut également citer les versets 19 et 20. Voici ces 4 versets :

19   *Avez-vous considéré al-Lât et al-Ozzä*

20   *et Manât, cette troisième autre*

20bis   *Ce sont les Sublimes Déesses*

20ter   *Et leur intercession est certes souhaitée.*

Deux versets en apparence anodins mais qui ont fait beaucoup de bruit. Pourquoi ?

Trois Sublimes Déesses

Il faut savoir que ces *trois sublimes déesses* dont parle le Prophète (*al-Lât, al-*

Ozza et *Manât*) sont des divinités préislamiques, des divinités polythéistes. Elles représentent exactement ce contre quoi luttait Mahomet pour installer son monothéisme pur, « sans associés ».

Or, au lieu de fustiger ces déesses, ce à quoi on devait s'attendre, Mahomet dit qu'elles sont sublimes (dans la traduction de Chouraqui elles sont seulement les *principales* déesses) et que leur intercession est souhaitée. Dans quoi Mahomet s'est-il fourvoyé ?

L'abrogation des versets

L'explication réside dans ce que ces versets ont été soufflés à Mahomet par Satan. Pour réparer ces versets impies, Dieu utilise une méthode simple et qu'il connaît bien car il dit à son Prophète (dans la sourate XXII, versets 51 et 52) : « Avant toi, Nous n'avons envoyé nul Apôtre et nul Prophète, sans que le Démon jetât l'impureté dans leur souhait, quand ils le formulaient. Allah abrogera donc ce que le Démon jette, puis Allah confirmera Ses témoignages. Allah est omniscient et sage. » La méthode de Dieu est simple : il abroge simplement un verset pour le remplacer par un autre (voir l'article consacré à l'abrogation). Ces versets abrogés ne figurent plus dans la Vulgate. ■

Polémique ▪ La polémique concernant ces versets sataniques est celle concernant tous les versets abrogés : pourquoi Dieu n'a-t-il pas été en mesure de dicter immédiatement le verset parfait ? Pourquoi Dieu a-t-il laissé Satan s'exprimer ? Voici parmi d'autres deux questions cruciales que se posent depuis des siècles les exégètes du Coran. Mais ce n'est pas tout : si Mahomet a pu se laisser surprendre par Satan une fois, qui dit qu'il n'existe pas d'autres versets sataniques dans le Coran ? Voici une question bien plus grave, dont la seule formulation par un musulman peut être source d'ennuis considérables.

▪ Dans son ouvrage très apprécié, *Le Seigneur des Tribus, l'Islam de Mahomet*, Jacqueline Chabbi, qui, par empathie, se met souvent à la place de Mahomet, insiste sur le fait que les versets sataniques n'étaient peut-être pas aussi sataniques que cela et qu'il pouvait s'agir d'une perche lancée par Mahomet aux polythéistes, *d'une tentative d'arrangement* (page 219). Ce n'est que devant leurs sarcasmes que Mahomet abrogea ces versets. *On peut penser que, d'une certaine façon, le « monothéisme » musulman est né de cet échec initial* (page 220). Thèse, on le conçoit, particulièrement explosive...

POUR EN SAVOIR PLUS

Pour découvrir la manière dont le Coran s'est construit, petit pas après petit pas, par séduction/opposition à sa tribu, aux juifs et aux chrétiens, trois ouvrages méritent d'être lus :

Introduction au Coran, de Régis Blachère (Maisonneuve & Larose, publié en 1959, longtemps épuisé, et réédité en 2002), 310 pages. Un ouvrage remarquable par sa clarté et sa concision. Un esprit vif et incisif : un bonheur de lecture, surtout lorsqu'on ignore presque tout sur le sujet.

Le Seigneur des Tribus, de Jacqueline Chabbi (Noêsis, 1997, 726 pages). L'ouvrage qui couronne une vie d'universitaire. Un ouvrage tout à fait original qu'aurait certainement aimé S. Freud pour sa psychologie historique. Ce n'est cependant pas un ouvrage grand public; sa lecture est difficile et les notes et commentaires occupent plus de 200 pages. Néanmoins, une lecture attentive de cet ouvrage enrichira considérablement son lecteur.

Les fondations de l'islam, Alfred-Louis de Prémare (Seuil, 2002, 444 pages). Une description rigoureuse des premières années de l'islam. L'ouvrage contient, en outre, quelques textes rares traduits par l'auteur ainsi qu'une biographie, par ordre alphabétique, des principaux auteurs arabes, ce qui, à ma connaissance, constitue une première.

Le voile islamique a fait couler tellement d'encre que le lecteur s'attend certainement à trouver dans cet ouvrage d'initiation une entrée consacrée à ce sujet. Nous avons déjà traité du voile dans certains articles mais celui-ci résume ce qui a été dit ci et là.

La pudeur

La société musulmane est particulièrement pudique tant pour les hommes que pour les femmes. Il est donc conseillé aux uns et aux autres de se couvrir de vêtements amples. Cette habitude a peut-être été prise suite à une longue fréquentation des déserts dans lesquels rien ne protège mieux du soleil qu'un vêtement couvrant. Il est également conseillé de se couvrir la tête par respect pour Dieu (comme c'était également l'habitude dans l'Église catholique jusqu'il y a peu de temps, et comme c'est toujours le cas chez les juifs ; ce commandement n'a donc rien d'exceptionnel).

Le voile

Dans le Coran, Mahomet s'exprime plusieurs fois par rapport au voile :

« Dis aux croyantes de baisser leurs regards, d'être chastes, de ne montrer de leurs atours que ce qui en paraît. Qu'elles rabattent leurs voiles sur leurs gorges ! Qu'elles montrent seulement leurs atours à leurs époux... » (XXIV-31). On a beaucoup discuté de ce que Mahomet entendait par « voile » : en tout cas ce n'était pas le vêtement complet grillagé qui recouvre tout le visage. Au départ, le voile avait essentiellement pour mission d'éviter qu'on ne confonde les femmes du Prophète avec les prostituées. Sans entrer dans un débat qui dépasse très largement les limites de ce petit ouvrage, signalons, au passage, que l'obligation du voile a été pour certaines femmes une libération et une émancipation : ainsi elles pouvaient sortir, fréquenter les universités, etc.

La portée religieuse du voile

Dans les premiers temps de l'islam, le voile n'avait aucune portée religieuse. Le voile, comme la réclusion, n'avaient pour seul but que d'établir une distinction de classe : le voile et le vêtement étaient les signes distinctifs entre les femmes nobles — les femmes du Prophète d'abord, les autres plus tard — et les prostituées. D'ailleurs, la question se posa par la suite de savoir si les concubines et les esclaves devaient également se voiler. Un grand savant estima... que les esclaves belles devaient se voiler, les autres non. Il faut également noter que le voile utilisé par les femmes de Mahomet ne cachait pas le visage mais devait plutôt être considéré comme un foulard. Mahomet ne souhaitait pas que ses femmes puissent être confondues avec des prostituées. C'est la raison pour laquelle il leur commanda d'être voilées lorsqu'elles quittaient la maison. Toutes les traditions sont d'accord « pour nous rapporter que les femmes du Prophète, s'étant trouvées obligées de sortir le soir pour satisfaire des besoins corporels, furent poursuivies par des hommes de mœurs dissolues dans un dessein malhonnête. Elles se plaignirent à Mahomet. Les coupables s'excusèrent de s'être mépris, et d'avoir pris des femmes libres pour des esclaves. En vue de prévenir pareille erreur, Mahomet prescrivit aux femmes libres de se distinguer des autres par leur tenue. En somme la religion et la loi religieuse sont, au moins directement, hors de cause en ce qui concerne le voile. [57]

Femme revêtue d'un tchador (vêtement qui recouvre tout le corps et le visage).

Signification du voile

Restreindre le voile à l'intégrisme est certainement réducteur. Le voile a acquis la valeur de symbole : c'est la raison pour laquelle de nombreuses femmes portent aujourd'hui le voile avec un certain défi. Le voile permet un certain anonymat : pour cette raison des femmes trouvent pratique de se voiler pour sortir et être à l'abri des regards. Le voile leur permet également de se libérer de la tutelle de la famille et ainsi de retrouver une certaine liberté pour étudier, travailler, s'amuser.

Quel voile ?

Du simple foulard, porté parfois par coquetterie, au « grillage » (*khimar*) des femmes afghanes, la distance est grande. Jamais le Coran n'a imposé le voile, jamais le Coran n'a même imaginé la « prison vestimentaire » dans laquelle les talibans enfermaient les femmes. Pas plus qu'il n'a imposé aux hommes le port de la barbe, de la moustache ou du turban, il n'a imposé le voile aux femmes. Comme quoi les obligations vestimentaires ne sont souvent qu'une manifestation de pouvoir. ■

Le voile est utilisé par les femmes du monde entier par humilité ou coquetterie.
Aujourd'hui, c'est aussi un symbole d'identification, de fierté.

Annexes

Table chronologique

570	Naissance de Mahomet
610	Premières révélations
613	Début de la prédication publique
622	Émigration de Mahomet à Yathrib (la future Médine). Début de l'Hégire.
623	Bataille de Nakhla
624	Bataille de Badr
624	La tribu juive des Banû Qaynuqâ est expulsée de Médine
625	Bataille d'Uhud
625	La tribu juive des Banû Nadîr est expulsée de Médine
627	Bataille du Fossé
628	Bataille de Khaybar
630	Reddition de La Mecque
630	Bataille de Hunayn
632	Pèlerinage « de l'Adieu »
632	Mort de Mahomet. Il est enterré à Médine
632-661	Les califes bien inspirés : Abû Bakr, Omar, Uthman et Ali
661	Assassinat d'Ali
661-750	Dynastie des Omeyyades
680	Bataille de Karbala et martyre de Husayn (troisième imâm des chiites)
732	Bataille de Poitiers
750	Début de la dynastie des Abbassides (elle durera jusqu'en 1258)
756	Une principauté omeyade s'installe à Cordoue, en Espagne (elle deviendra un califat)
805	Fondation de l'école juridique hanafite
827	Le mutazilisme est imposé comme doctrine officielle (jusqu'en 849)
849	Début de la persécution des mutazilites
854	Fondation de l'école juridique malikite
855	Fondation de l'école juridique hanbalite
870	Mort de al-Bukhârî (le principal compilateur des hadîths)

878	Fondation de l'école juridique shâfiite
910	Début du calife Fatimide
923	Début de la « fermeture de la porte de l'ijtihâd »
934	Institution des sept lectures canoniques du Coran
941	Occultation du 12e imâm des chiites
972	Fondation de l'Université al-Azhar (par les chiites)
1031	Fin du califat de Cordoue
1036-1147	Dynastie des Almoravides au Maghreb
1037	Mort d'Avicenne (ibn Sînâ)
1095-1291	Croisades
1099	Prise de Jérusalem par les Croisés
1163-1186	Gouvernement almohade
1187	Saladin reprend Jérusalem aux Croisés
1198	Mort d'Averroès (ibn Ruchd)
1250	Début du règne des mamelouks
1258	Fin du califat abbasside
1273	Mort de Jalâl al-Dîn Rûmi (poète et initiateur des derviches tourneurs)
1405	Mort de Tamerlan
1451-1481	Le sultan Mehmed II
1481-1512	Le sultan ottoman Bâyezid II
1512-1520	Le sultan ottoman Selîm 1er
1772	Début du droit anglo-musulman
1798-1801	Napoléon en Égypte
1808-1839	Le sultan Mahmûd II : début des réformes dans l'empire ottoman
1830	Conquête de l'Algérie : début du droit musulman-algérien
1875	Codification du droit hanafite familial et des successions
1877	Promulgation de la mejelle (code civil ottoman)
1917	Loi ottomane sur les droits familiaux
1918	Démembrement de l'Empire ottoman
1924	La Turquie abolit le califat
1926	Abolition du droit islamique en Turquie
1947	Création du Pakistan (premier État moderne fondé sur un critère religieux)
1979	Révolution islamique en Iran
2001	Attentats du 11 septembre à New York et à Washington

Bibliographie

Selon l'habitude, al-Hallaj est placé à Hallaj, al-Bukhari est à Bukhari, etc.

Ahmed ibn Souleimân. *Le bréviaire arabe de l'amour.* Philippe Picquier. Paris. 2002. 288 pages.

al-Arouss (Touhfat). *Le mariage islamique bienheureux.* Dar El Fiker (Beyrouth). 2000. 264 pages.

Al-Razi (Muhammad ibn Zakariyyâ). *La médecine spirituelle.* GF Flammarion. 2003. 206 pages.

al-Shahrastâni. *Kitâb al-Milal* (*Les dissidences de l'Islam*). Geuthner. 1988. 350 pages.

Andrae (Tor). *Mahomet, sa vie et sa doctrine.* Librairie d'Amérique et d'Orient. 1979. 192 pages.

Arkoun (Mohammed). *L'Islam.* Jacques Grancher. 1998. 288 pages.

Arkoun (Mohammed). *La pensée arabe.* PUF. « Que sais-je ? » 1979. 128 pages.

Arnaldez (Roger). *L'homme selon le Coran.* Hachette Pluriel. 2002. 218 pages.

Averroès. *L'Islam et la raison.* GF Flammarion. 2000. 218 pages.

Babès (L.) et Oubrou (T.) *Loi d'Allah, loi des hommes.* Albin Michel. 2002. 364 pages.

Ballanfat (Paul). *Le petit Retz de l'Islam.* Retz. 1988. 160 pages.

Beaugé (Gilbert) et coll. *L'image dans le monde arabe.* CNRS Éditions. 1995. 322 pages.

Beaugé (Gilbert) et coll. *Les capitaux de l'islam.* Presses du CNRS. 1990. 274 pages.

Ben-Ami (Issachar). *Culte des saints et pèlerinages judéo-musulmans au Maroc.* Maisonneuve & Larose. 1990. 260 pages.

Bencheikh (Jamerl Eddine). *Poétique arabe.* Gallimard Tel. 1989. 280 pages.

Benkheira (Mohammed H.). *Islam et interdits alimentaires.* PUF. 2000. 220 pages.

Benkheira (Mohammed H.). *L'amour de la Loi. Essai sur la normativité en islam.* PUF. 1997. 408 pages.

Blachère *(Régis). Introduction au Coran.* Maisonneuve & Larose. 2002. 310 pages.

Blachère *(Régis). Le Coran.* Maisonneuve & Larose. 2002. 748 pages.

Blachère *(Régis). Le Coran.* PUF. « Que sais-je ? ». 1969. 128 pages.

Bled de Braine (J.F.). *Cours de langue arabe.* Théophile Barrois. 1846

Boivin (Michel). *Les Ismaéliens. Les fils d'Abraham.* Brepols. 1998. 224 pages.

Boubakeur (Cheikh Hamza). *Traité moderne de théologie islamique.* Maisonneuve & Larose. 1993. 488 pages.

Boudjenou (M.). *Djinns et démons selon le Coran et la Sunna.* Tawhid. 1994. 94 pages

Bousquet-Labouérie (Christine). *Initiation à l'islam des origines.* Ellipses. 2000. 174 pages.

Branine (Saïd) et coll. *L'islam est-il rebelle à la libre critique ?* Panoramiques. Éditions Corlet. 2001. 224 pages.

Brunel (René). *Le monachisme errant dans l'Islam.* Maisonneuve & Larose. 2001. 472 pages.

al-Bukhari. *Le sommaire du sahih al-Bukhari* (2 tomes). Dar al-Kotob al-ilmiyah (Liban). 1993. 940 pages.

Cahen (Claude). *L'Islam des origines au début de l'Empire ottoman.* Hachette Pluriel. 2002. 416 pages.

Casanova (P.). *Mohammed et la fin du Monde. Deuxième fascicule.* Geuthner. 1924. Pages 169-244.

Chabbi (Jacqueline). *Le Seigneur des Tribus.* Noêsis. 1997. 726 pages.

Chebel (Malek). *Dictionnaire des symboles musulmans.* Albin Michel. 2000. 502 pages.

Chebel (Malek). *Encyclopédie de l'amour en islam* (2 tomes). Petite bibliothèque Payot. Paris. 2003. 900 pages.

Chebel (Malek). *Les symboles de l'Islam.* Assouline. 1999. 128 pages.

Chebel (Malek). *L'imaginaire arabo-musulman.* Puf Quadrige. Paris. 2002. 388 pages.

Chouraqui (André). *Le Coran. L'Appel.* Robert Laffont. 1990. 1424 pages.

Clerc (Jean-Pierre). *L'Afghanistan otage de l'Histoire.* Les essentiels Milan. 2002. 64 pages.

Collectif. *Le point sur l'islam en France.* La documentation française. 2001. 78 pages.

Corbin (Henry). *Histoire de la philosophie islamique.* Folio essais. 1999. 548 pages.

Coulson (Noël J.). *Histoire du Droit islamique.* PUF. 1995. 234 pages.

Daddy (Ali). *Le Coran contre l'intégrisme.* Labor. 2000. 176 pages.

de Prémare (Alfred-Louis). *Les fondations de l'Islam.* Seuil 2002. 444 pages.

De Vitray-Meyerovitch (Éva). *Islam, l'autre visage.* Albin Michel. 2001. 170 pages.

Delacampagne (Christian). *Une histoire de l'esclavage.* Livre de Poche références. 2002. 320 pages.

Delahoutre (Michel). *Les Sikhs. Les fils d'Abraham.* Brepols. 1989. 244 pages.

Delcambre (Anne-Marie). *L'islam*. La Découverte. 2000. 120 pages.

Delcambre (Anne-Marie). *Mahomet. La parole d'Allah*. Découvertes Gallimard. 1987. 192 pages.

Dermenghem (Émile). *Le culte des saints dans l'islam maghrébin*. Gallimard Tel. 1982. 352 pages.

Diagne (Souleymane Bachir). *Cent mots pour dire l'Islam*. Maisonneuve & Larose. 2002. 88 pages.

Dialmy (Abdessamad). *Logement, sexualité et Islam*. EDDIF. Casablanca. 1995. 394 pages.

Djebbar (Ahmed). *Une histoire de la science arabe*. Points Seuil. 2001. 384 pages.

Dokali (Rachid). *Les Mosquées de la période turque à Alger*. SNED (Alger). 1974. 128 pages.

Du Pasquier (Roger). *Découverte de l'Islam*. Seuil Sagesses. 1984. 178 pages.

Ducellier (A.) et Micheau (F.) *Les pays d'Islam (VIIᵉ-XVᵉ siècles)*. Hachette. 2000. 160 pages.

Dupont (Marie). *Les Druzes. Les fils d'Abraham*. Brepols. 1994. 224 pages.

El-Saïd (Rifaat) et coll. *Contre l'intégrisme islamique*. Maisonneuve & Larose. 1994. 192 pages.

Encyclopédie de l'Islam. Nouvelle édition. E.J. Brill et G.P. Maisonneuve. 1960-2003. 11 volumes.

Etienne (Bruno). *Islam, les questions qui fâchent*. Bayard. 2003. 178 pages.

Fahmy (Mansour). *La condition de la femme dans l'Islam*. Éditions Allia. 2002. 144 pages.

Faure (Claude). *Shalom, Salam*. Fayard. 2002. 432 pages.

Feuillet (Michel). *Vocabulaire du christianisme*. PUF. « Que sais-je ? » 2001. 128 pages.

Filali-Ansary (Abdou). *L'islam est-il hostile à la laïcité ?* Sindbad. Actes Sud. 2002. 144 pages.

Fils d'Abraham. Brepols. 1987. 264 pages (+ dépliant).

Fritsch (Laurence). *Islam : foi et loi*. Presses Pocket. 2002. 252 pages.

Gafouri (Dr Abdul Hâdi). *Islam et économie*. Éditions Al Bouraq (Liban). 2000. 356 pages.

Gardet (Louis). *Les hommes de l'Islam*. Éditions Complexe. 1994. 444 pages.

Gaudefroy-Demonbynes (M.) et Blachère (R.). *Grammaire de l'arabe classique*. Maisonneuve et Cie. 1952. 508 pages.

Ghéorghiu (Virgil). *La vie de Mahomet*. Presses Pocket. 1984. 382 pages.

Gobillot (Geneviève). *Les Chiites. Les fils d'Abraham*. Brepols. 1998. 224 pages.

Grabar (Oleg). *L'ornement. Formes et fonctions dans l'art islamique*. Flammarion. 1996. 180 pages.

Guellouz (Azzedine). *Le Coran*. Flammarion Dominos. 1996. 128 pages.

Hachlaf (Sidi Ali). *Les chorfa. Les nobles du Monde musulman* (édition bilingue). Publisud. 1995. 156 pages.

Haghighat (Chapour). *Iran, la révolution islamique*. Éditions Complexe. 1989. 254 pages.

al-Hallaj (Hussein Mansour). *Dîwân*. Seuil Sagesses. 1992. 58 pages.

al-Hallaj (Hussein Mansour). *Poèmes mystiques*. Albin Michel. 1998. 128 pages.

Hanafi (Hassan). *Les méthodes d'exégèse essai sur La Science des Fondements de la Compréhension*. Thèses universitaires. Le Caire. 1965. 564 pages.

Hanoun (Leïla). *Le Harem impérial au XIXᵉ siècle*. Éditions Complexe. 2000. 302 pages.

Hirsch (E) et coll. *Islam et droits de l'homme*. Librairie des libertés. 1984. 246 pages.

Holt (P.M.) et coll. *Encyclopédie générale de l'Islam* (5 volumes). S.I.E.D. (Lausanne). 1986. 1500 pages.

Hourari (Albert). *Histoire des peuples arabes*. Seuil Histoire. 2000. 732 pages.

Hoveyda (Fereydoun). *L'Islam bloqué*. Robert Laffont. 1992. 250 pages.

Hunke (Sigrid). *Le soleil d'Allah brille sur l'Occident*. Albin Michel. 1991. 414 pages.

Iogna-Prat (D.) et coll. *Histoire des hommes de Dieu*. Flammarion. 2003. 298 pages.

Irwin (Robert). *Le monde islamique*. Flammarion. Tout l'art. contexte. 1997. 272 pages.

Jomier (Jacques). *L'Islam*. Cerf. 1994. 198 pages.

Kalisky (René). *L'Islam*. Marabout. 1991. 324 pages.

Kasimirski. *Le Coran*. Maxi-Livres. 2002. 672 pages.

Khawam (R). *Le livre des ruses*. Phébus libretto. 2001. 448 pages.

Khoury (Adel T.) et coll. *Dictionnaire de l'Islam*. Brepols. 1995. 366 pages.

Lacarrière (Jacques). *Les hommes ivres de Dieu*. Seuil Sagesses. 1983. 288 pages.

Lacoste (Jean-Yves). *Dictionnaire critique de théologie*. PUF Quadrige. 2002. 1314 pages.

Lammens (H.) s.j. *L'Islam, croyances et institutions*. Imprimerie catholique Beyrouth. 1926. 288 pages.

Laoust (Henri). *Les schismes dans l'Islam*. Payot. 1965. 468 pages.

Lecomte (Gérard). *Grammaire de l'arabe*. PUF. « Que sais-je ? » 1968. 128 pages.

Lelong (Père Michel). *L'Église catholique et l'Islam*. Maisonneuve & Larose. 1993. 126 pages.

Lenoir (F.) et Tardan-Masquelier (Y.) *Encyclopédie des religions* (deux volumes). Bayard Éditions. 2000. 2514 pages.

Lewis (Bernard). *Comment l'islam a découvert l'Europe*. Gallimard Tel. 1992. 340 pages.

Lewis (Bernard). *Histoire de l'Islam*. NRF Gallimard. 1985. 428 pages.

Lewis (Bernard). *Juifs en terre d'Islam*. Champs Flammarion. 1989. 258 pages.

Lewis (Bernard). *Les Arabes dans l'histoire*. Office de Publicité (Bruxelles). 1958. 192 pages.

Lewis (Bernard). *Race et esclavage au Proche-Orient*. NRF Gallimard. 1993. 266 pages.

Mandel-Khân (Gabrielle). *L'écriture arabe*. Flammarion. 2001. 180 pages.

Marson (Pascale). *Le guide des religions et de leurs fêtes*. Presses Pocket. 1999. 218 pages.

Massoudy (H. et L.). *ABCdaire de la calligraphie arabe*. Flammarion. 2002. 120 pages.

Maurer (Andréas). *ABC de l'Islam*. Ourania (Lausanne). 2002. 156 pages.

Meddeb (Abdelwahab). *La maladie de l'islam*. Seuil. 2002. 224 pages.

Merad (Ali). *L'islam contemporain*. PUF. « Que sais-je ? » 1987. 128 pages.

Merad (Ali). *La tradition musulmane*. PUF « Que sais-je ? » 2001. 128 pages.

Mervin (Sabrina). *Histoire de l'islam*. Flammarion Champs Université. 2002. 312 pages.

Minces (Juliette). *Le Coran et les femmes*. Hachette Pluriel. 1996. 184 pages.

Nath (R.). *An illustrated glossary of indo-muslim architecture*. Jaipur (India). 1986

Olender (Maurice). *Les langues du Paradis*. Le Seuil Essais. 2002. 284 pages.

Piccolomini (Enea Silvio - Pape Pie II). *Lettre à Mahomet II*. Payot et Rivages. 2002. 180 pages.

Reeber (Michel). *Le Coran*. Les essentiels Milan. 2002. 64 pages.

Remacle (Xavière). *Comprendre la culture arabo-musulmane*. Éditions Vista. 2002. 228 pages.

Ricard (P.). *Pour comprendre l'art musulman*. Hachette. 1924. 352 pages.

Richard (Yann). *L'islam chiite*. Fayard. 304 pages. 1991

Riesler (Jacques C.). *La civilisation arabe*. Payot Paris. 1955. 332 pages.

Roty (Yacoub). *J'apprends à faire les ablutions*. Maison d'Ennour (Maroc). 1999. 48 pages.

Roy (Olivierà). *Généalogie de l'islamisme*. Hachette Pluriel. 2002. 120 pages.

Saïd (Edward). *L'orientalisme*. Seuil. 1980. 394 pages.

Santoni (Eric). *L'Islam*. Marabout Flash. 94 pages. 1991

Schacht (Joseph). *Introduction au droit musulman*. Maisonneuve & Larose. 1999. 254 pages.

Sérouya (Henri). *La pensée arabe*. PUF. « Que sais-je ? » 1960. 128 pages.

Sfeir (Antoine) et coll. *Dictionnaire mondial de l'islamisme*. Plon. 2002. 518 pages.

Smith (W.C.). *L'Islam dans le monde moderne*. Payot Paris. 1962. 388 pages.

Souleimân (Ahmed ibn). *Le bréviaire arabe de l'amour*. Éditions Philippe Picquier. 2002. 288 pages

Sourdel (D. et J.). *Dictionnaire de l'islam historique*. PUF. 1996. 1010 pages

Sourdel (D. et J.). *Vocabulaire de l'islam*. PUF. « Que sais-je ? » 2002. 128 pages.

Sourdel (Dominique). *L'islam*. PUF. « Que sais-je ? » 1988. 128 pages.

Stahl (Robert). *Les mandéens et les origines du christianisme*. Éditions Rieder. 1930. 214 pages.

Sublet (Jacqueline). *Le voile du nom. Essai sur le nom propre arabe*. PUF. 1991. 208 pages.

Talbi (M.) et Jarczyk (G.). *Penseurs libres en Islam*. Albin Michel. 2002. 424 pages.

Tawfik (Younis). *Islam*. Liana Levi. 1997. 144 pages.

Thoraval (Yves). *Dictionnaire de Civilisation musulmane*. Larousse. 2001. 344 pages.

Thoraval (Yves). *ABCdaire de l'Islam*. Flammarion. 2000. 120 pages.

Touati (François-Olivier). *Vocabulaire historique du Moyen Âge*. 2002. 334 pages.

Touhfat al-Arouss. *Le mariage islamique bienheureux*. Dar el Fiker. Beyrouth. 2000. 264 pages.

Ullmann (Manfred). *La médecine islamique*. PUF. 1995. 156 pages.

Universalis. *Dictionnaire de l'Islam*. Albin Michel. 1997. 922 pages.

Urvoy (Dominique). *Les penseurs libres dans l'Islam classique*. Champs Flammarion. 2002. 262 pages.

Von Grunenbaum (G.E.). *L'identité culturelle de l'islam*. Gallimard Tel. 1989. 294 pages.

Wade (Makine). *Destinée du mouridisme*. Cote West Informatique. Dakar. 1987. 194 pages.

Weber (Edgar). *L'islam sunnite contemporain. Les fils d'Abraham*. Brepols. 2001. 228 pages.

Weber (Edgar). *L'islam sunnite traditionnel. Les fils d'Abraham*. Brepols. 1993. 220 pages (+ cahier couleur).

Weber (Edgar). *Petit dictionnaire de mythologie arabe et des croyances musulmanes*. Éditions Entente. 1996. 386 pages.

Yetkin (S.K.). *L'architecture turque en Turquie*. Maisonneuve & Larose. 1962. 174 pages (+ planches).

Zeghidour (Slimane). *La vie quotidienne à La Mecque de Mahomet à nos jours*. Hachette. 1992. 446 pages.

Notes

1. Pour une lecture sur la civilisation musulmane actuelle qui ne présente pas un « islam à l'eau de rose », je conseille la lecture de l'ouvrage *Le Radeau de Mahomet*, de Jean-Pierre Péroncel-Hugoz, correspondant au journal *Le Monde* à Alger puis au Caire (254 pages. Champs Flammarion n° 141. 1983).

1bis. Les chrétiens, notons-le, n'ont plus à effectuer ce sacrifice car Jésus est « l'Agneau de Dieu qui efface les péchés du monde ». (Jean 1:29)

2. On n'est pas loin, ici, du baptême de désir des chrétiens.

3. Mots homographes : ce sont des mots qui s'écrivent de la même manière mais dont le sens est différent comme, par exemple, en français, *pêcher* (prendre du poisson) et *pécher* (commettre des fautes). On notera que le signe diacritique sur la lettre *e* n'est cependant pas suffisant car *pêcher* pourrait aussi désigner l'arbre ; le contexte est donc également important pour la discrimination des mots.

4. Pétra : cité nabatéenne située actuellement en Jordanie (les extraordinaires vestiges de ces cités sont visités par des millions de touristes).

5. Une racine trilitère est composée de trois consonnes. Lorsqu'elle en a quatre, on dira qu'elle est quadrilitère.

5bis. Au sujet de la soudaine éclosion d'une culture arabo-musulmane, Pierre Lory écrit qu'aux VIe et VIIe siècles des cercles « possédaient de vastes connaissances, non pas en sciences ou en philosophie grecque classique, mais dans ce savoir magico-gnostique syncrétiste qui constituait le fonds commun de la culture religieuse du Proche-Orient (…) et qui incluait l'astrologie, l'arithmosophie et bien d'autres sciences occultes. L'existence d'une telle élite à tendance ésotériste pourrait éclairer l'éclosion d'une culture paraissant parfois achevée dès le moment de sa naissance, ce que matérialise en quelque sorte l'architecture islamique d'époque omeyyade avec l'achèvemenrt du Dôme du Rocher à Jérusalem (692) ou de la Grande Mosquée de Damas (715). » (*Alchimie et mystique en terre d'Islam*). Folio essais n° 425. 2003. Page 18.

6. Parèdre : du grec paredros : assistant. On désigne ainsi un dieu inférieur associé à un dieu plus puissant.

6bis. Une des principales différences entre sunnites et chiites réside dans le choix du calife. Pour les sunnites, il suffit qu'il soit un membre de la tribu de Mahomet. Pour les chiites, il doit être un membre de la famille de Mahomet. Signalons encore les dissidents karéjites pour lesquels peu importe l'origine du calife : il doit être le plus digne et le plus pieux des musulmans.

7. Ainsi qu'il a été expliqué dans l'article traitant du Coran, un verset pouvait donner lieu à plusieurs lectures. Ainsi, pour ne prendre qu'un exemple, la compensation que devait l'époux à sa femme répudiée était-elle obligatoire ou seulement soumise à la sagesse du mari ?

8. Le droit islamique n'a rien à apprendre de la société car il est une émanation directe de Dieu et préexiste à toute société : la loi n'était pas faite pour la société mais c'est à la société de s'adapter à la loi divine.

9. Pour ce qui concerne le « fœtus endormi », le droit hanafite considère que la durée entre la conception et la naissance d'un enfant est de deux ans. Les autres écoles admettent des délais encore plus longs : pour les chaféites et les hanbalites, ce délai est de 4 ans et il est de 7 ans pour les malikites. On imagine sans peine les ravages (ou les avantages) d'une telle conception…

9bis. Rien n'est jamais fortuit. Si, chez les chiites, les règles régissant les héritages privilégient davantage les filles que chez les sunnites, il faut en chercher la raison du côté de Fâtima, la fille de Mahomet, et d'Ali, son époux. En effet, dans le droit sunnite, quand il n'y a pas de fils, l'oncle a plus de droit d'héritage que la fille. Donc l'oncle du Prophète avait plus de droit que la fille du Prophète (Fâtima) et, a fortiori, que son mari Ali. Ainsi, par analogie, selon le droit, ce n'était pas à Ali de devenir Calife mais bien à l'oncle de Mahomet. On comprend que les chiites aient préférés changer tout le système légal.

10. Pour le droit hanafite, le seul motif valable permettant à une femme de réclamer le divorce est l'impuissance du mari. Le droit malikite, lui, est plus compréhensif et les motifs admis sont, outre l'impuissance, l'incapacité à subvenir aux besoins, la désertion du foyer, une maladie qui rendrait les relations sexuelles nocives.

11. Geneviève Gobillot. *Les Chiites*. 1998. Brepols. Page 197.

11bis. Ce petit cal noir sur le front est l'une des conséquences des nombreuses prosternations sur une pierre en provenance de La Mecque. En arabe, ce cal porte le nom de *zebiba*.

12. Le seul fils de Mahomet étant décédé en bas âge, sa position « virile » dans une société tribale machiste était assez difficile — mais cela est déjà une autre histoire qui dépasse le cadre de ce petit ouvrage d'initiation.

13. Père Michel Lelong. *L'Église catholique et l'Islam*. 1993. Maisonneuve & Larose. Page 11.

14. Les chrétiens étaient appelés, selon les époques, *masihiyyin* (disciples du Messie), *nasranis* (nazaréens) ou *roumis* (romains/byzantins).

15. Cité par le père M. Lelong, *op. cit.* Page 18.

16. Enea Silvio Piccolomini (Pape Pie II). *Lettre à Mahomet II*. 2002. Payot et Rivages. Page 32.

17. Andréas Maurer. *ABC de l'Islam*. Lausanne. 2002. Ourania.

18. Père Michel Lelong. *L'Église catholique et l'Islam*. Page 96.

19. A.-L. de Prémare. *Les Fondations de l'Islam*. 2002. Seuil. Page 304.

20. Régis Blachère. *Introduction au Coran*. 2002. Maisonneuve & Larose. Page 221.

20bis. Il est intéressant de noter que selon un philologue allemand (Christoph Luxenberg), de nombreuses expressions du Coran proviennent d'un dialecte arabe parlé en Syrie. Si on lit le Coran en se servant du vocabulaire de cette région, de nombreux passages obscurs deviennent immédiatement beaucoup plus clairs ; le Coran y perd seulement un peu de sa magie. Ainsi, les houris éternelles vierges qui, au paradis, attendent les martyrs, deviennent tout simplement des raisins. L'ouvrage de C. Luxenberg apporte réellement un regard neuf sur la lecture du Coran. Malheureusement, à l'heure actuelle, il n'est disponible qu'en langue allemande (*Die Syro-Aramäische Lesart des Koran. Ein Beitrag zur Entschlüsselung der Koransprache*, 312 pages. Schiler Verlag.). On notera qu'une critique de cet ouvrage a paru dans la revue *Critique* du mois d'avril 2003.

21. Pour rallier les polythéistes à sa cause, Mahomet a utilisé différents arguments selon l'état dans lequel il se trouvait lui-même : fugitif recherché ou puissant chef de tribu, misérable doutant de tout ou glorieux serviteur de Dieu.

22. Cité par R. Blachère dans son Introduction au Coran, page 65.

22bis. Les dogmes de l'islam (comme ceux du judaïsme) sont très peu nombreux. Il faut croire qu'il n'y a qu'un seul Dieu (Allah) et que Mahomet est son prophète. En outre, la croyance aux anges, aux prophètes et au Jugement dernier font également partie du dogme.

23. J. Coulson. *Histoire du Droit islamique*. 1995. PUF. Page 176.

24. J.Schacht. *Introduction au droit musulman*. 1999. Maisonneuve et Larose. Page 61.

24bis. Le spécialiste du monde arabe, Bernard Lewis écrit « D'un point de vue musulman traditionnel, abolir l'esclavage relevait quasiment de l'inconcevable. Interdire ce que Dieu permet est un crime presque aussi grand que de permettre ce qu'Il interdit. L'esclavage était licite et les règles qui le régissaient faisaient partie intégrante de la charia » (*Que s'est-il passé ?* Gallimard. 2002. Page 116).

25. Mansour Fahmy. *La condition de la femme dans l'Islam*. 2002. Éditions Allia. Page 55. Il s'agit d'une thèse de doctorat publiée en Sorbonne en 1913.

26. Cité par Mansour Fahmy. *Op. cit.* Page 94.

27. Mansour Fahmy. *Op. cit.* Page 21.

28. J. Schacht. *Introduction au droit musulman*. Page 47.

29. Cité par J. Schacht. *Introduction au droit musulman*, page 52.

29bis. Les mazdéens ne sont pas cités par Mahomet mais sont néanmoins considérés comme des Gens du livre ; ce qui prouve bien qu'une adaptation du Coran est toujours possible. Une autre « adaptation » est le comportement actuel des musulmans vis à vis de l'esclavage alors qu'il était parfaitement admis par Mahomet.

30. Citée dans *L'Islam en France*, La Documentation française, 2001.

31. C'est-à-dire qui n'apparaît qu'une fois.

32. *Encyclopédie de l'Islam*. Nouvelle édition. Leyde 1993. Brill et Maisonneuve et Larose. Article *ilm al-kalâm*.

33. Signalons, au passage, que c'est grâce aux Arabes — traducteurs des grands textes — que l'Occident a pu bénéficier de l'enseignement des Grecs et des Romains.

34. E.I, article ilm al-kalâm.

35. H. Motzki, cité par A.-L. de Prémare dans *Les Fondations de l'Islam*, Seuil. 2002.

36. Tabari, un historien musulman, raconte que la Kaba contenait même une image de la Vierge Marie.

37. R. Blachère. *Introduction au Coran*. 2002. Maison-neuve & Larose. Page 238.

37bis. Après la victoire de Badr, on ne parlera plus de razzia mais de jihâd.

38. P. Casanova. *Mahomet et la fin du monde*. Deuxième fascicule, notes complémentaires. 1924. Geuthner. Page 179.

39-40. *ib*. Page 23.

41-42. *ib*. Page 27.

43. *ib*. Page 34.

44. Mansour Fahmy. *La condition de la femme dans l'Islam*. 2002. Éditions Allia. Page 29.

45. Cité par M. H. Benkheira. *L'amour de la Loi. Essai sur la normativité en islam*. 1997. PUF. Page 380.

46. J. Chabbi. *Le Seigneur des tribus*. 1997. Noêsis. Page 334.

47. J. Chabbi. *Le Seigneur des tribus*. 1997. Noêsis. Page 362.

47bis. La religion islamique possède énormément de points communs avec la religion juive tant du point des dogmes que des interdits (alimentaires ou autres) et de la pratique quotidienne. Comme le fait très justement remarquer Josef van Ess, « pour l'islam, l'orthopraxie est plus importante que l'orthodoxie. Au niveau de l'action, dans la liturgie aussi bien que dans la vie quotidienne, le détail comptait beaucoup. Quiconque voulait désigner l'unité de la foi en désignant les musulmans en tant que tels, sans égard pour leur confession, disait : *ahl al-salât*, à savoir "tous ceux qui font la prière à la façon musulmane", ou *ahl al-qibla*, parce qu'ils se dirigeaient tous, pendant la prière, dans la même direction » (*Prémices de la théologie musulmane*. Chaire de l'I.M.A. Albin Michel. Page 22).

48. Cheikh Hamza Boubakeur. *Traité moderne de théologie islamique*. 1993. Maisonneuve & Larose. Page 304.

49. H. Laoust. *Les schismes dans l'islam*. Payot.

49bis. « La question de savoir quel mouvement formait une secte et lequel ne l'était pas ne fut pas tranchée par le dogme, mais par l'avis de la majorité locale ou encore par l'insuccès de la minorité ; la persécution n'était pas une affaire de définitions et de lois mais de circonstances et de tempérament » (Joseph van Ess. *Prémices de la théologie musulmane*. Chaire de l'I.M.A. Albin Michel. Page 37).

50. La preuve du délit de fornication est très difficile à valider devant un tribunal de la charia. Il faut, en effet, que quatre hommes probes témoignent avoir assisté visuellement à l'acte charnel.

51. Cité par M. Chebel. *Encyclopédie de l'amour en Islam* (tome 1). Petite bibliothèque Payot. 2003. Page 15.

52. Cité par H. Lammens dans *Islam, croyances et Institutions*, page 134, Imprimerie Catholique de Beyrouth, 1926.

53. Al-Hallâj *Poèmes mystiques* traduits par Sami-Ali. Spiritualités vivantes. Albin Michel. 1998. Page 37.

54. Hallâj, l'un des grands mystiques du soufisme a été accusé de panthéisme par les chiites et les sunnites. En l'an 922, il fut crucifié à Bagdad.

54bis. Le lecteur intéressé par la manière dont l'Occident a « créé » son Orient — à travers ses explorateurs, pèlerins, penseurs et érudits (Sylvestre de Sacy, Ernest Renan, Louis Massignon, etc.) — lira avec intérêt *L'Orientalisme*, ouvrage du Palestinien Edward Saïd. En conclusion de son ouvrage, l'auteur écrit (page 353) : « Je considère que l'échec de l'orientalisme a été un échec humain tout autant qu'un échec intellectuel ; en effet, en ayant à s'opposer irréductiblement à une région du monde qu'il considère comme "autre" que la sienne, l'orientaliste n'a pas été capable de s'identifier à l'expérience humaine, ni même de la considérer comme une expérience. (…) La connaissance de l'orientalisme peut avoir un sens, qui est de rappeler comment, de quelle manière séduisante, peut se dégrader la connaissance, n'importe quelle connaissance, n'importe où, n'importe quand. Et peut-être plus aujourd'hui qu'hier. » (E. Saïd. *L'Orientalisme. L'Orient créé par l'Occident*. 400 pages. Seuil. 1980).

55. D et J Sourdel. *Dictionnaire de l'islam historique*. 1996. PUF.

56. Dans l'islam sunnite, une *fatwa* n'est qu'une simple consultation juridique. En Iran chiite, par contre, une *fatwa* est une décision juridique à valeur exécutoire. Elle ne peut être prise que par les membres les plus éminents du clergé.

57. Mansour Fahmy. *La condition de la femme dans l'Islam*. 2002. Éditions Allia. Page 55.

Index

Table des matières

Dans le cadre de sa politique développement durable, Jouve initie en 2007
une démarche visant à la certification ISO 14001.
Cet ouvrage est imprimé sur papiers Amber Graphic des papeteries Arctic Paper pour l'intérieur
et Ensocoat des papeteries Stora Enso pour la couverture.
Ces papiers sont fabriqués sur des sites papetiers certifiés ISO 14001
et enregistrés EMAS à partir de bois issus de forêts gérées durablement.

Imprimé en France. - JOUVE, 11, bd de Sébastopol, 75001 PARIS
N° 459335S - Dépôt légal : Juin 2008